CB130065

Questões **DE DIREITO PREVIDENCIÁRIO** *comentadas*

246 Questões atualizadas conforme a Emenda 103/2019

abdr ASSOCIAÇÃO BRASILEIRA DE DIREITOS REPROGRÁFICOS
Respeite o direito autoral

FREDERICO AMADO

EDNEY BORGES NASCIMENTO

Questões DE DIREITO PREVIDENCIÁRIO *comentadas*

246 Questões atualizadas conforme a Emenda 103/2019

EDITORA JusPODIVM

www.editorajuspodivm.com.br

EDITORA *Jus*PODIVM
www.editorajuspodivm.com.br

Rua Canuto Saraiva, 131 – Mooca – CEP: 03113-010 – São Paulo – São Paulo
Tel: (11) 3582.5757
• Contato: https://www.editorajuspodivm.com.br/sac

Copyright: Edições *Jus*PODIVM

Capa e diagramação: Maitê Coelho e Cendi Coelho (cendicoelho@gmail.com)

A481q Amado, Frederico

Questões de Direito Previdenciário Comentadas: 246 Questões atualizadas conforme a EC 103/2019 / Frederico Amado e Edney Borges Nascimento - São Paulo: Editora Juspodivm, 2022.

320 p.

Inclui Bibliografia

ISBN 978-85-442-3963-6

1. Direito Previdenciário 2 Concursos – Provas 3. Métodos de estudo I. Amado, Frederico II. Nascimento, Edney Borges III. Título.

CDD 341.33312

Todos os direitos desta edição reservados a Edições *Jus*PODIVM.

É terminantemente proibida a reprodução total ou parcial desta obra, por qualquer meio ou processo, sem a expressa autorização do autor e das Edições *Jus*PODIVM. A violação dos direitos autorais caracteriza crime descrito na legislação em vigor, sem prejuízo das sanções civis cabíveis.

Apresentação

Trata-se de uma obra com questões comentadas atualizadas de Direito Previdenciário a partir do ano de 2019 chegando ao ano de 2022 para preparar o leitor para diversas bancas examinadoras de concursos públicos.

O foco da obra é o estudo do Direito Constitucional Previdenciário e do Regime Geral de Previdência Social para concursos públicos, com a apresentação de questões resolvidas de diversas bancas examinadoras: Cebraspe, Vunesp, FCC, Fadesp, FURB, IDHTEC, Comperve, AMEOSC, Consulpam, IBADE, FDC, Fepese, Fafipa, Fauel, Fundatec, Covest-Copset, Instituto Excelência, Cetrede, UFMA, IESES, COPS-UEL, Instituto Mais, Contemax, Quadrix, IBFC, Cesgranrio, Ameosc, CEV-URCA, FGV e Instituto AOCP.

As questões foram organizadas em ordem cronológica crescente, iniciando pelas provas de 2019 e finalizando com as questões de 2022.

Bom estudo!

OS AUTORES

Apresentação

Sumário

Questões de 2019 **9**

Questões de 2020 **191**

Questões de 2021 **251**

Questões de 2022 **293**

QUESTÕES DE 2019

QUESTÃO 1

Ano: 2019 • Banca: FADESP • Órgão: Prefeitura de Marabá - PA • Prova: FADESP - 2019 - Prefeitura de Marabá - PA - Assistente Social

A seguridade social, segundo a Constituição Federal de 1988, compreende um conjunto integrado de ações de iniciativa dos poderes públicos e da sociedade, destinadas a assegurar os direitos relativos à saúde, à previdência e à assistência social. Compete ao poder público, nos termos da lei, organizar a seguridade social, com base nos seguintes objetivos:

I. universalidade da cobertura e do atendimento;

II. uniformidade e equivalência dos benefícios e serviços às populações urbanas e rurais;

III. tratamento diferenciado para a seguridade profissional e a não profissional;

IV. irredutibilidade do valor dos benefícios;

V. equidade na forma de participação no custeio;

VI. respeito aos valores éticos e sociais da pessoa e da família;

VII. caráter democrático e descentralizado da administração, mediante gestão quadripartite, com participação dos trabalhadores, dos empregadores, dos aposentados e do governo nos órgãos colegiados.

Estão corretos os itens:

Alternativas:

A) I, II, III; IV; V.

B) I, II, V, VI, VII.

C) I, II, IV, V, VII.

D) I, II, III, VI, VII.

COMENTÁRIOS: A questão versa sobre os princípios da seguridade social, cobrando a literalidade do art. 194 da Constituição Federal.

A questão lista os princípios da seguridade social, cabendo ao examinando identificar que "tratamento diferenciado para a seguridade profissional e a não profissional" e "respeito aos valores éticos e sociais da pessoa e da família " não pertencem àquele rol de princípios.

Gabarito oficial: C

■ QUESTÃO 2

Ano: 2019 • Banca: FURB • Órgão: Prefeitura de Porto Belo - SC • Prova: FURB - 2019 - Prefeitura de Porto Belo - SC - Advogado

Analise a seguinte situação hipotética: A aposentada Joana das Dores, residente no município de Poço Azedo, está incomodada com uma situação: ela percebeu que, quando vai ao mercado fazer compras de mantimentos para a sua casa, tem adquirido cada vez menos produtos. Tal situação a obriga a pedir ajuda a parentes para a sua mantença. Joana está ainda mais incomodada porque leu na internet que um dos princípios que regem o Direito Previdenciário é o que determina que os benefícios recebidos de órgãos previdenciários devem ser reajustados para lhes preservar, em caráter permanente, o valor real, conforme critérios definidos em lei.

Considerando a situação acima, assinale a alternativa que contém o princípio de Direito Previdenciário lido pela aposentada:

Alternativas:

A) Garantia do benefício mínimo.

B) Preservação do valor real dos benefícios.

C) Universalidade da cobertura e do atendimento.

D) Equilíbrio financeiro atuarial.

E) Correção monetária dos salários de contribuição.

COMENTÁRIOS: A questão trata de um dos Princípios da Previdência Social, conforme rol do art. 201 da Constituição Federal.

Gabarito oficial: B

QUESTÃO 3

Ano: 2019 • Banca: IDHTEC • Órgão: Prefeitura de Maragogi - AL Provas: IDHTEC - 2019 - Prefeitura de Maragogi - AL - Advogado

Com relação à Seguridade Social, é incorreto afirmar:

Alternativas:

A) A seguridade social tem como um de seus objetivos a seletividade e distributividade na prestação dos benefícios e serviços.

B) Uma das formas de custeio da seguridade social provém das contribuições sociais pagas pelo empregador, empresa e entidade a ela equiparada na forma da lei, incidentes sobre o lucro.

C) As receitas dos Estados, do Distrito Federal e dos Municípios destinadas à seguridade social integram o orçamento da União.

D) A proposta de orçamento da seguridade social será elaborada de forma integrada pelos órgãos responsáveis pela saúde, previdência social e assistência social, tendo em vista as metas e prioridades estabelecidas na lei de diretrizes orçamentárias, assegurada a cada área a gestão de seus recursos.

E) A pessoa jurídica que estiver em débito com o sistema da seguridade social não poderá contratar com o Poder Público nem dele receber benefícios ou incentivos fiscais ou creditícios.

COMENTÁRIOS: A questão cobra a literalidade dos artigos 194 e seguintes da Constituição Federal. O erro está na alternativa C, visto que há um erro na transcrição do art.195, §1º, uma vez que as receitas dos Estados, do Distrito Federal e dos Municípios destinadas à seguridade social constarão dos respectivos orçamentos, mas não integram o orçamento da União.

Gabarito oficial: C

QUESTÃO 4

Ano: 2019 • Banca: COMPERVE • Órgão: Câmara de Parnamirim - RN • Prova: COMPERVE - 2019 - Câmara de Parnamirim - RN - Procurador

Ana Carolina, jovem cidadã preocupada com o seu futuro ao atingir a terceira idade, após ouvir reiteradas notícias na televisão a respeito de possíveis reformas no âmbito da seguridade social nacional, decidiu se informar melhor sobre o assunto. Nesse contexto, após exaustiva leitura da Constituição Federal de 1988, Ana Carolina observou que

Alternativas:

A) O município não financia a seguridade social, ficando a União e os estados responsáveis diretamente pelo seu custeio integral, na forma da legislação complementar atinente ao assunto, especialmente diante de interesse público superveniente.

B) A seguridade social será organizada com foco no caráter democrático e descentralizado da administração, mediante gestão tripartite, com participação dos trabalhadores, dos empregadores e do Governo nos órgãos colegiados.

C) O pescador artesanal, que exerça as suas atividades em regime de economia familiar, sem empregados permanentes, contribuirá para a seguridade mediante a aplicação de uma alíquota sobre o resultado da comercialização da produção e fará jus aos benefícios nos termos da lei.

D) A pessoa jurídica em débito com o sistema da seguridade social, como estabelecido em lei, não poderá contratar com o Poder Público nem dele receber benefícios ou incentivos fiscais ou creditícios, salvo em razão de excepcional interesse público superveniente.

COMENTÁRIOS: A alternativa A pode ser resolvida com a leitura do *caput* do art. 195 da CF. O erro está na falta de financiamento da seguridade social por parte do Município. Conforme art. 195, o custeio da Seguridade Social se dá por toda sociedade, "mediante recursos provenientes dos orçamentos da União, dos Estados, do Distrito Federal e dos Municípios, e das seguintes contribuições sociais".

A alternativa B demanda a leitura do art. 194 da CF. A gestão da Seguridade Social, conforme leitura do art. 194, VII, é quadripartite, e não tripartite, possuindo participação também dos aposentados.

A alternativa C demanda a leitura do art. 195, §8º da CF. Trata-se de transcrição literal desse artigo, evidenciando que o pescador artesanal é considerado como segurado especial.

A alternativa D trouxe uma transcrição incorreta do art. 195, §3º da CF. Com efeito, a pessoa jurídica em débito com o sistema de seguridade social não poderá contratar com o poder público, não havendo qualquer exceção a essa regra.

Gabarito oficial: C

QUESTÃO 5

Ano: 2019 • Banca: AMEOSC • Órgão: Prefeitura de Anchieta - SC • Prova: AMEOSC - 2019 - Prefeitura de Anchieta - SC - Fiscal de Tributos e Obras

Ainda de acordo com a Lei nº 8.212, de 24 de julho de 1991, a contribuição do empregador doméstico incidente sobre o salário de contribuição do empregado doméstico a seu serviço é de:

Alternativas:

A) 6%

B) 8%

C) 10%

D) 12%

COMENTÁRIOS: A questão trata de um assunto cuidado pela Lei de Custeio da Previdência Social, a Lei 8.212/91. O art. 24 da mencionada lei afirma que a contribuição do empregador doméstico incidente sobre o salário de contribuição do empregado doméstico a seu serviço é de 8%.

Gabarito oficial: B

QUESTÃO 6

Ano: 2019 • Banca: AMEOSC • Órgão: Prefeitura de Anchieta - SC • Prova: AMEOSC - 2019 - Prefeitura de Anchieta - SC - Fiscal de Tributos e Obras

De acordo com a Lei nº 8.212, de 24 de julho de 1991, no âmbito federal, o orçamento da Seguridade Social é composto das seguintes receitas:

I. Receitas da União;

II. Receitas das contribuições sociais;

III. Receitas de outras fontes.

Dos itens acima:

Alternativas:

A) Apenas o item I está correto.

B) Apenas os itens I e II estão corretos.

C) Apenas os itens II e III estão corretos.

D) Todos os itens estão corretos.

COMENTÁRIOS: As assertivas tratam de todas as receitas da seguridade social, conforme disposto no art. 11 da Lei de Custeio da Previdência Social.

Gabarito oficial: D

QUESTÃO 7

Ano: 2019 • Banca: AMEOSC • Órgão: Prefeitura de São Miguel do Oeste - SC • Prova: AMEOSC - 2019 - Prefeitura de São Miguel do Oeste - SC - Advogado

A Constituição Federal estabelece que a seguridade social compreende um conjunto integrado de ações de iniciativa dos Poderes Públicos e da sociedade, destinadas a assegurar os direitos relativos à saúde, à previdência e à assistência social. São objetivos base, por meio dos quais compete ao Poder Público organizar a seguridade social, exceto:

Alternativas:

A) Diversidade da base de financiamento.

B) Seletividade e distributividade na prestação dos benefícios e serviços.

C) Redutibilidade do valor dos benefícios.

D) Universalidade da cobertura e do atendimento.

COMENTÁRIOS: A questão trata da literalidade do art. 194 da Constituição Federal, transcrevendo incorretamente a alternativa C. Com efeito, um dos objetivos da seguridade social é a irredutibilidade do valor dos benefícios.

Gabarito oficial: C

QUESTÃO 8

Ano: 2019 • Banca: FADESP • Órgão: Prefeitura de Marabá - PA • Prova: FADESP - 2019 - Prefeitura de Marabá - PA - Médico Perito

O valor da aposentadoria por invalidez do segurado que necessitar da assistência permanente de outra pessoa será acrescido de

Alternativas:

A) 30%.

B) 40%.

C) 20%.

D) 25%.

COMENTÁRIOS: a questão versa sobre o auxílio acompanhante, benefício previsto no art. 45 da Lei 8.213/91:

> *"Art. 45. O valor da aposentadoria por invalidez do segurado que necessitar da assistência permanente de outra pessoa será acrescido de 25% (vinte e cinco por cento)."*

Gabarito oficial: D

QUESTÃO 9

Ano: 2019 • Banca: FADESP • Órgão: Prefeitura de Marabá - PA • Prova: FADESP - 2019 - Prefeitura de Marabá - PA - Médico Perito

A Lei 8.212, que dispõe sobre a organização da Seguridade Social, no seu Artigo 8°, prevê que as propostas orçamentárias anuais ou plurianuais da Seguridade Social serão elaboradas por comissão integrada por representantes, sendo

Alternativas:

A) 01 (um) da área da saúde, 02 (dois) da área da previdência social e 01 (um) da área da assistência social.

B) 01 (um) da área da saúde, 01 (um) da área da previdência social e 02 (dois) da área da assistência social.

C) 01 (um) da área da saúde, 01 (um) da área da previdência social e 01 (um) da área da assistência social.

D) 02 (dois) da área da saúde, 01 (um) da área da previdência social e 01 (um) da área da assistência social.

COMENTÁRIOS: Conforme mencionado no preâmbulo da questão, foi cobrada a Lei 8.212/91, mais especificamente o art. 8º:

> *"As propostas orçamentárias anuais ou plurianuais da Seguridade Social serão elaboradas por Comissão integrada por 3 (três) representantes, sendo 1 (um) da área da saúde, 1 (um) da área da previdência social e 1 (um) da área de assistência social.".*

Gabarito oficial: C

QUESTÃO 10

Ano: 2019 • Banca: FADESP • Órgão: Prefeitura de Marabá - PA • Prova: FADESP - 2019 - Prefeitura de Marabá - PA - Médico Perito

A perícia médica do INSS deixa de caracterizar a natureza acidentária da incapacidade, quando constatar a inexistência de nexo técnico epidemiológico entre o trabalho e o agravo, decorrente da relação entre a atividade da empresa ou do empregado doméstico e a entidade mórbida motivadora da incapacidade. Considera-se acidente do trabalho a doença

Alternativas:

A) Endêmica.

B) Profissional.

C) Degenerativa.

D) Inerente a grupo etário.

COMENTÁRIOS: A questão trata das exceções à caracterização do acidente de trabalho. Tais exceções estão previstas no art. 20, §1° da Lei 8.213/91:

> *"Art. 20, §1° Não são consideradas como doença do trabalho:*
>
> *a) a doença degenerativa;*
>
> *b) a inerente a grupo etário;*
>
> *c) a que não produza incapacidade laborativa;*
>
> *d) a doença endêmica adquirida por segurado habitante de região em que ela se desenvolva, salvo comprovação de que é resultante de exposição ou contato direto determinado pela natureza do trabalho.*
>
> *§ 2° Em caso excepcional, constatando-se que a doença não incluída na relação prevista nos incisos I e II deste artigo resultou das condições especiais em que o trabalho é executado e com ele se relaciona diretamente, a Previdência Social deve considerá-la acidente do trabalho."*

Gabarito oficial: B

QUESTÃO 11

Ano: 2019 • Banca: FADESP • Órgão: Prefeitura de Marabá - PA • Prova: FADESP - 2019 - Prefeitura de Marabá - PA - Médico Perito

O Decreto nº 3048, de 6 de maio de 1999, inciso VI, que aprova o Regulamento da Previdência Social, no seu Artigo 13, prevê que, após a cessação das contribuições, o segurado facultativo mantém a qualidade de segurado pelo prazo de até

Alternativas:

A) doze meses.

B) quatro meses.

C) seis meses.

D) nove meses.

COMENTÁRIOS: A questão trata do período de graça do segurado facultativo, fixado no Regulamento da Previdência Social (art. 13, VI) e na Lei 8.213/91 (art. 15, V) como sendo de 6 meses.

Gabarito oficial: C

QUESTÃO 12

Ano: 2019 • Banca: FADESP • Órgão: Prefeitura de Marabá - PA • Prova: FADESP - 2019 - Prefeitura de Marabá - PA - Médico Perito

A Lei 8.213, que dispõe sobre os Planos de Benefícios da Previdência, em seu Artigo 93, obriga a empresa com 100 (cem) ou mais empregados a preencher um percentual de seus cargos com beneficiários reabilitados ou pessoas portadoras de deficiência, habilitadas. Para uma empresa com 800 empregados, a proporção obrigatória é de

Alternativas:

A) 4%.

B) 5%.

C) 2%.

D) 3%.

COMENTÁRIOS: A questão cobra a literalidade do art. 93 da Lei 8.213/91, que estabelece que A empresa com 100 (cem) ou mais empregados está obrigada a preencher de 2% (dois por cento) a 5% (cinco por cento) dos seus cargos com beneficiários reabilitados ou pessoas portadoras de deficiência, habilitadas, à razão de 4% quando possuir entre 501 e 1.000 funcionários.

Gabarito oficial: A

QUESTÃO 13

Ano: 2019 • Banca: CONSULPAM • Órgão: Prefeitura de Resende - RJ • Prova: CONSULPAM - 2019 - Prefeitura de Resende - RJ - Médico do Trabalho

O auxilio doença é o benefício a que tem direito o segurado que, após cumprir a carência, quando for o caso, ficar incapaz para o trabalho (mesmo que temporariamente), por doença por mais de 15 dias consecutivos. Esse benefício deixa de ser pago EXCETO:

Alternativas:

A) Quando o segurado recupera a capacidade para o trabalho.

B) Quando esse benefício se transforma em aposentadoria por invalidez.

C) Quando o segurado solicita e não tem a concordância da perícia médica do INSS.

D) Quando o segurado volta voluntariamente ao trabalho.

COMENTÁRIOS: A redação da questão cobra exceções à hipótese de cessação do benefício de auxílio doença (atual benefício por incapacidade temporária). Os motivos de cessação do benefício de auxílio-doença estão descritos no art. 78 do Dec 3048/99: "Art. 78. O auxílio por incapacidade temporária cessa pela recuperação da capacidade para o trabalho, pela concessão de aposentadoria por incapacidade permanente ou, na hipótese de o evento causador da redução da capacidade laborativa ser o mesmo que gerou o auxílio por incapacidade temporária, pela concessão do auxílio-acidente.

Gabarito oficial: C

QUESTÃO 14

Ano: 2019 • Banca: CONSULPAM • Órgão: Prefeitura de Resende - RJ • Prova: CONSULPAM - 2019 - Prefeitura de Resende - RJ - Médico do Trabalho

A Lei 8.212 de 24 de julho de 1991, dispõe sobre a organização da Seguridade Social, institui Plano de Custeio, e dá outras providências. No Art. 1° A Seguridade Social compreende um conjunto integrado de ações de iniciativa dos poderes públicos e da sociedade, destinado a assegurar o direito relativo à saúde, à previdência e à assistência social.

A Seguridade Social obedecerá aos seguintes princípios e diretrizes, EXCETO:

Alternativas:

A) Universalidade da cobertura e do atendimento.

B) Atendimento integral, com prioridade para as atividades preventivas.

C) Seletividade e distributividade na prestação dos benefícios e serviços.

D) Irredutibilidade do valor dos benefícios.

COMENTÁRIOS: A questão mistura os princípios da seguridade social, incluindo erroneamente entre eles o princípio do atendimento integral, com prioridade para as atividades preventivas, que é um princípio da saúde pública, e não um princípio da seguridade social.

Gabarito oficial: B

QUESTÃO 15

Ano: 2019 • Banca: IBADE • Órgão: Prefeitura de Itapemirim - ES • Prova: IBADE - 2019 - Prefeitura de Itapemirim - ES - Psicólogo

A Lei 8689/93, de 27 de julho de 1993, que entrou em vigor na data de sua publicação, dispõe sobre a:

Alternativas:

A) Aprovação das Normas e Diretrizes do Programa de Agentes Comunitários de Saúde e do Programa de Saúde da Família.

B) Criação do Instituto Nacional de Assistência Médica da Previdência Social (INAMPS) e dá outras providências.

C) Regulamentação do Sistema Nacional de Auditoria no âmbito do Sistema Único de Saúde.

D) Extinção do Instituto Nacional de Assistência Médica da Previdência Social (INAMPS) e dá outras providências

E) Orientação aos gestores municipais do Sistema Único de Saúde quanto à organização do sistema municipal de saúde.

COMENTÁRIOS: Trata-se de questão versando sobre o conteúdo da Lei 8.689/93, que "Dispõe sobre a extinção do Instituto Nacional de Assistência Médica da Previdência Social (Inamps) e dá outras providências.".

Gabarito oficial: D

QUESTÃO 16

Ano: 2019 • Banca: FDC • Órgão: SEHAC - RJ • Prova: FDC - 2019 - SEHAC - RJ - Médico Cardiologista

Considere as seguintes afirmações e assinale a alternativa CORRETA:

I – Os Institutos de Aposentadoria e Pensão (IAP) foram a primeira modalidade de seguro de saúde oferecida no Brasil para a população em geral.

II – O movimento que originou a Reforma Sanitária brasileira na década de 70 foi impulsionado pela concepção da determinação social da saúde e, por isso, defendia a construção de um modelo de saúde centrado na atenção médica e hospitalar.

III – A Constituição Federal de 1988 é o arcabouço jurídico ao que se refere aos serviços de saúde e às ações para promoção, proteção e recuperação da saúde como direito de todos.

IV – Na Constituição Federal de 1988, a Saúde está inserida em uma lógica de Seguridade Social, em conjunto com as políticas de Previdência e Assistência Social.

Alternativas:

A) I e II estão corretas.

B) I e III estão corretas.

C) II e III estão corretas.

D) II e IV estão corretas.

E) III e IV estão corretas.

COMENTÁRIOS: Os Institutos de Aposentadorias e Pensões, que existiram entre 1933 e 1967, ofertaram planos de previdência às categorias profissionais previstas em lei, não sendo um seguro saúde.

O movimento da Reforma Sanitária nasceu no contexto da luta contra a ditadura, no início da década de 1970. A expressão foi usada para se referir ao conjunto de ideias que se tinha em relação às mudanças e transformações necessárias na área da saúde. Essas mudanças não abarcavam apenas o sistema, mas todo o setor saúde, em busca da melhoria das condições de vida da população[1].

Dessa forma, os itens I e II são falsos. Já os itens III e IV estão de acordo com os artigos 203 e 204 da Constituição, pois a saúde integra a seguridade social, sendo a CF/1988 o seu arcabouço jurídico fundamental.

Gabarito oficial: E

1. Disponível em: https://pensesus.fiocruz.br/reforma-sanitaria#:~:text=O%20movimento%20da%20Reforma%20Sanit%C3%A1ria,necess%C3%A1rias%20na%20%C3%A1rea%20da%20sa%C3%BAde.

QUESTÃO 17

Ano: 2019 • Banca: FEPESE • Órgão: Prefeitura de Florianópolis - SC • Prova: FEPESE - 2019 - Prefeitura de Florianópolis - SC - Médico do Trabalho

A Lei nº 8.213 de 24 de julho de 1991 estabelece que a Previdência Social, mediante contribuição, tem por fim assegurar aos seus beneficiários meios indispensáveis de manutenção, por motivo de incapacidade, desemprego involuntário, idade avançada, tempo de serviço, encargos familiares e prisão ou morte daqueles de quem dependiam economicamente. Em casos de acidente de trabalho com incapacidade temporária, o benefício é gerado após um período de afastamento ao trabalho de:

Alternativas:

A) Mais de 21 horas.
B) Mais de 48 horas.
C) Mais de 7 dias.
D) Mais de 15 dias
E) Mais de 30 dias.

COMENTÁRIOS: A questão cobra a literalidade do *caput* do art. 59 da Lei 8.213/91:

> *"O auxílio-doença será devido ao segurado que, havendo cumprido, quando for o caso, o período de carência exigido nesta Lei, ficar incapacitado para o seu trabalho ou para a sua atividade habitual por mais de 15 (quinze) dias consecutivos.".*

Gabarito oficial: D

QUESTÃO 18

Ano: 2019 • Banca: FAFIPA • Órgão: Prefeitura de Nova Esperança - PR • Prova: FAFIPA - 2019 - Prefeitura de Nova Esperança - PR - Advogado

A Previdência Social, mediante contribuição, tem por fim assegurar aos seus beneficiários meios indispensáveis de manutenção, por motivo de incapacidade, desemprego involuntário, idade avançada, tempo de serviço, encargos familiares e prisão ou morte daqueles de quem dependiam economicamente. Desta forma, sobre os segurados obrigatórios, em conformidade com a Lei n° 8.213/1991, assinale a alternativa CORRETA:

Alternativas:

A) É segurado obrigatório como empregado aquele que, contratado por empresa de trabalho temporário, definida em legislação específica, presta serviço para atender a necessidade transitória de substituição de pessoal regular e permanente ou a acréscimo extraordinário de serviços de outras empresas.

B) É segurado obrigatório como empregado o trabalhador avulso.

C) É segurado obrigatório como especial o ministro de confissão religiosa e o membro de instituto de vida consagrada, de congregação ou de ordem religiosa.

D) É facultado a todo aquele que exercer, concomitantemente, mais de uma atividade remunerada sujeita ao Regime Geral de Previdência Social, a escolher a qual se filiar.

E) É segurado obrigatório como contribuinte individual aquele que presta serviço no Brasil a missão diplomática ou a repartição consular de carreira estrangeira e a órgãos a elas subordinados, ou a membros dessas missões e repartições, excluídos o não brasileiro sem residência permanente no Brasil e o brasileiro amparado pela legislação previdenciária do país da respectiva missão diplomática ou repartição consular.

COMENTÁRIOS: A questão trata dos segurados obrigatórios do Regime Geral de Previdência Social. Para resolução, é necessário conhecer o artigo 11 da Lei 8.213/1991, que traz as características de cada segurado.

A assertiva B erra ao caracterizar o trabalhador avulso como uma espécie de segurado empregado. Ao revés, o trabalhador avulso é aquele que presta, a diversas empresas, sem vínculo empregatício, serviço de natureza urbana ou rural definidos no Regulamento.

O erro da assertiva C é caracterizar como segurado especial o ministro de confissão religiosa e o membro de instituto de vida consagrada. Estes são contribuintes individuais, conforme literalidade do art. 11, V, c da Lei 8.213/91.

A assertiva D falha ao apontar que a filiação ao RGPS é facultativa ao segurado que exerce mais de uma atividade remunerada. Em verdade, a filiação é obrigatória, conforme art. 11, §2º da Lei de Benefícios: "Todo aquele que exercer, concomitantemente, mais de uma atividade remunerada sujeita ao Regime Geral de Previdência Social é obrigatoriamente filiado em relação a cada uma delas".

Ademais, a alternativa E também erra ao classificar o trabalhador que presta serviço no Brasil a missão diplomática ou a repartição consular de carreira estrangeira e a órgãos a elas subordinados, ou a membros dessas missões e repartições, excluídos o não brasileiro sem residência permanente no Brasil e o brasileiro amparado pela legislação previdenciária do país da respectiva missão diplomática ou repartição consular. Em verdade, esses contribuintes são caracterizados como empregados, e não contribuintes individuais.

Gabarito oficial: A

QUESTÃO 19

Ano: 2019 • Banca: FAFIPA • Órgão: Prefeitura de Nova Esperança - PR • Prova: FAFIPA - 2019 - Prefeitura de Nova Esperança - PR - Advogado

Segundo a Lei n.º 8.212/1991, constituem outras receitas da Seguridade Social, salvo:

Alternativas:

A) As multas, a atualização monetária e os juros moratórios.

B) As doações, legados, subvenções e outras receitas eventuais.

C) 15% (quinze por cento) dos valores arredados com impostos estaduais e municipais.

D) As receitas provenientes de prestação de outros serviços e de fornecimento ou arrendamento de bens.

E) 40% (quarenta por cento) do resultado dos leilões dos bens apreendidos pelo Departamento da Receita Federal.

COMENTÁRIOS: O rol de outras receitas da seguridade social consta no art. 27 da Lei 8.212/1991:

> *"Art. 27. Constituem outras receitas da Seguridade Social:*
>
> *I – as multas, a atualização monetária e os juros moratórios;*
>
> *II – a remuneração recebida por serviços de arrecadação, fiscalização e cobrança prestados a terceiros;*
>
> *III – as receitas provenientes de prestação de outros serviços e de fornecimento ou arrendamento de bens;*
>
> *IV – as demais receitas patrimoniais, industriais e financeiras;*
>
> *V – as doações, legados, subvenções e outras receitas eventuais;*
>
> *VI – 50% (cinqüenta por cento) dos valores obtidos e aplicados na forma do parágrafo único do art. 243 da Constituição Federal;*
>
> *VII – 40% (quarenta por cento) do resultado dos leilões dos bens apreendidos pelo Departamento da Receita Federal;*
>
> *VIII – outras receitas previstas em legislação específica.*
>
> *Parágrafo único. As companhias seguradoras que mantêm o seguro obrigatório de danos pessoais causados por veículos automotores de vias terrestres, de que trata a Lei nº 6.194, de dezembro de 1974, deverão repassar à Seguridade Social 50% (cinqüenta por cento) do valor total do prêmio recolhido e destinado ao Sistema Único de Saúde-SUS, para custeio da assistência médico-hospitalar dos segurados vitimados em acidentes de trânsito."*

Gabarito oficial: C

QUESTÃO 20

Ano: 2019 • Banca: FAFIPA • Órgão: Prefeitura de Nova Esperança - PR • Prova: FAFIPA - 2019 - Prefeitura de Nova Esperança - PR - Advogado

Sobre a organização da Seguridade Social, nos termos da Lei Orgânica da Seguridade Social (Lei N° 8.212/1991), analise as assertivas a seguir e assinale a alternativa CORRETA:

I. As ações nas áreas de Saúde, Previdência Social e Assistência Social, conforme o disposto na Constituição Federal, serão organizadas em Sistema Nacional de Seguridade Social, na forma desta Lei.

II. As propostas orçamentárias anuais ou plurianuais da Seguridade Social serão elaboradas por Comissão integrada por 6 (seis) representantes, sendo 2 (dois) da área da saúde, 2 (dois) da área da previdência social e 2 (dois) da área de assistência social.

III. As áreas de Saúde, Previdência Social e Assistência Social são objeto de leis específicas, que regulamentarão sua organização e funcionamento.

Alternativas:

A) Apenas a assertiva I está correta.
B) Apenas a assertiva II está correta.
C) Apenas as assertivas II e III está correta.
D) Apenas as assertivas I e III estão corretas.
E) Todas as assertivas estão corretas.

COMENTÁRIOS: A seguridade social, nos termos do artigo 194 da Constituição, é formada pela saúde, previdência e assistência social, tendo leis específicas: Leis 8.212/91, 8.080/90 e 8.742/93.

Já o item II viola a Lei 8.212/91:

> *"Art. 8º As propostas orçamentárias anuais ou plurianuais da Seguridade Social serão elaboradas por Comissão integrada por 3 (três) representantes, sendo 1 (um) da área da saúde, 1 (um) da área da previdência social e 1 (um) da área de assistência social."*

Gabarito oficial: D

QUESTÃO 21

Ano: 2019 • Banca: FAFIPA • Órgão: Prefeitura de Nova Esperança - PR • Prova: FAFIPA - 2019 - Prefeitura de Nova Esperança - PR - Advogado

A Lei Nº 8.212/1991 dispõe sobre a organização da Seguridade Social, institui o Plano de Custeio além de outras providências. Nesse sentido, são princípios ali elencados, EXCETO:

Alternativas:

A) Uniformidade e equivalência dos benefícios e serviços às populações urbanas e rurais.

B) Proporcionalidade na forma de participação no custeio.

C) Diversidade da base de financiamento.

D) Caráter democrático e descentralizado da gestão administrativa com a participação da comunidade, em especial de trabalhadores, empresários e aposentados.

E) Seletividade e distributividade na prestação dos benefícios e serviços.

> **COMENTÁRIOS:** A questão cobra os princípios da seguridade social reproduzidos no art. 1º da Lei de Custeio, a Lei 8.212/91. O erro da assertiva B está na palavra "proporcionalidade", uma vez que o correto é o princípio da "eqüidade na forma de participação no custeio".

Gabarito oficial: B

QUESTÃO 22

Ano: 2019 • Banca: FAUEL • Órgão: Prefeitura de Jandaia do Sul - PR • Prova: FAUEL - 2019 - Prefeitura de Jandaia do Sul - PR - Educador Social

O benefício no valor de 01 (um) salário mínimo, pago aos idosos, a partir de 65 (sessenta e cinco) anos, que não possuam meios para prover sua subsistência, nem de tê-la provida por sua família, conforme previsto na Lei Orgânica de Assistência Social e no Estatuto do Idoso, é o:

Alternativas:

A) Seguro social.

B) Auxílio doença.

C) Bolsa família.

D) Benefício de prestação continuada.

COMENTÁRIOS: A questão informou o conceito do benefício de prestação continuada previsto no art. 203, V da Constituição Federal, que é o Benefício de Prestação Continuada regulamentado pela Lei Orgânica da Assistência Social, a Lei 8742/93.

Gabarito oficial: D

QUESTÃO 23

Ano: 2019 • Banca: FUNDATEC • Órgão: Prefeitura de Congonhinhas - PR Provas: FUNDATEC - 2019 - Prefeitura de Congonhinhas - PR - Enfermeiro

Sabendo que nenhum dos dependentes recebe qualquer auxílio financeiro, analise as seguintes situações dos servidores ativos e de baixa renda, todas verificadas em agosto de 2019:

Catarina é viúva e cuida sozinha de seu filho de 04 anos.

Por complicações durante a gestação, a filha de Amadeu nasceu com paralisia cerebral.

Os filhos gêmeos de Serafim, Rita e Raul, completarão 23 anos em dezembro desse ano, mês da formatura de ambos: ela em Ciências Sociais e ele em Tecnologia da Informação.

O padrasto de Marli sofreu um atropelamento quando estava indo encaminhar sua aposentadoria, ficando acamado e sem perspectiva de voltar a andar. Ela, filha única, acabou por levá-lo para sua casa, a fim de facilitar a rotina de cuidados de que ele necessita.

Considerando apenas as informações expostas, segundo a Lei n° 300/2001, o salário-família está sendo pago a quais desses servidores?

Alternativas:

A) Somente a Serafim.

B) Somente a Catarina e Amadeu.

C) Somente a Serafim e Marli.

D) Somente a Catarina, Amadeu e Marli.

E) Catarina, Amadeu, Serafim e Marli.

COMENTÁRIOS: O salário-família e devido ao segurado de baixa renda que possua filhos ou equiparados menores de 14 anos ou inválidos, nos termos dos artigos 65 e 66 da Lei 8.213/91. Por isso, somente a situação de Catarina e Amadeu gera a concessão do benefício. Nos demais casos não temos o enquadramento legal.

Gabarito oficial: B

QUESTÃO 24

Ano: 2019 • Banca: COVEST-COPSET • Órgão: UFPB • Prova: COVEST-COPSET - 2019 - UFPB - Assistente Social

De acordo com o Art. 19 da Lei n° 8.213 de 24/07/1991, com redação dada pela Lei Complementar n° 150, de 1/6/2015, acidente do trabalho é o que ocorre pelo exercício do trabalho a serviço de empresa ou de empregador doméstico, ou pelo exercício do trabalho dos segurados especiais, provocando lesão corporal ou perturbação funcional que cause a morte ou a perda ou redução, permanente ou temporária, da capacidade para o trabalho. Para efeitos desta Lei, equiparam-se também ao acidente do trabalho:

1) o acidente ligado ao trabalho que tenha sido a causa única para a morte do segurado, para redução ou perda da sua capacidade para o trabalho, ou produzido lesão que exija atenção médica para a sua recuperação.

2) o acidente sofrido pelo segurado no local e no horário do trabalho, em consequência de ato de agressão; ofensa física intencional; ato de imprudência; ato de pessoa privada do uso da razão; desabamento, inundação, incêndio e outros casos fortuitos ou decorrentes de força maior.

3) a doença proveniente de contaminação acidental do empregado no exercício de sua atividade.

4) o acidente sofrido pelo segurado, apenas no local e horário de trabalho, na execução de ordem ou na realização de serviço, sob a autoridade da empresa, com a finalidade de evitar prejuízo ou proporcionar proveito.

Estão corretas:

Alternativas:

A) 1 e 4, apenas.

B) 2 e 3, apenas.

C) 1, 3 e 4, apenas.

D) 2, 3 e 4, apenas.

E) 1, 2, 3 e 4.

COMENTÁRIOS: O examinador busca avaliar o conhecimento do candidato a respeito do acidente de trabalho por equiparação, conforme previsão do artigo 21 da Lei 8.213/91:

> *"Art. 21. Equiparam-se também ao acidente do trabalho, para efeitos desta Lei:*
>
> *I – o acidente ligado ao trabalho que, embora não tenha sido a causa única, haja contribuído diretamente para a morte do segurado, para redução ou perda da sua capacidade para o trabalho, ou produzido lesão que exija atenção médica para a sua recuperação;*
>
> *II – o acidente sofrido pelo segurado no local e no horário do trabalho, em conseqüência de:*
>
> *a) ato de agressão, sabotagem ou terrorismo praticado por terceiro ou companheiro de trabalho;*
>
> *b) ofensa física intencional, inclusive de terceiro, por motivo de disputa relacionada ao trabalho;*
>
> *c) ato de imprudência, de negligência ou de imperícia de terceiro ou de companheiro de trabalho;*
>
> *d) ato de pessoa privada do uso da razão; e) desabamento, inundação, incêndio e outros casos fortuitos ou decorrentes de força maior;*
>
> *III – a doença proveniente de contaminação acidental do empregado no exercício de sua atividade;*
>
> *IV – o acidente sofrido pelo segurado ainda que fora do local e horário de trabalho:*
>
> *a) na execução de ordem ou na realização de serviço sob a autoridade da empresa;*

b) na prestação espontânea de qualquer serviço à empresa para lhe evitar prejuízo ou proporcionar proveito;

c) em viagem a serviço da empresa, inclusive para estudo quando financiada por esta dentro de seus planos para melhor capacitação da mão-de-obra, independentemente do meio de locomoção utilizado, inclusive veículo de propriedade do segurado;

d) no percurso da residência para o local de trabalho ou deste para aquela, qualquer que seja o meio de locomoção, inclusive veículo de propriedade do segurado.

Gabarito oficial: B

QUESTÃO 25

Ano: 2019 • Banca: COVEST-COPSET • Órgão: UFPB • Prova: COVEST-COPSET - 2019 - UFPB - Assistente Social

A Previdência Social no Brasil, ao longo de sua trajetória, passou por reformas, que se configuram como ampliadoras de direitos e por contrarreformas que se caracterizam por serem restritivas de direitos. Quais alternativas abaixo constituem reformas ampliadoras de direitos?

1) A incorporação do direito à previdência ao Sistema de Seguridade Social.

2) O valor mensal dos benefícios não inferior ao salário mínimo e a irredutibilidade desses valores vinculados ao último salário ou remuneração.

3) A criação do fator previdenciário como regra geral para o cálculo de aposentadorias.

4) A vinculação do tempo de contribuição à idade para fins de aposentadoria.

Estão corretas:

Alternativas:

A) 1 e 2, apenas.

B) 2 e 4, apenas.

C) 1 e 3, apenas.

D) 1, 2 e 3, apenas.

E) 1, 2, 3 e 4.

COMENTÁRIOS: O cerne da questão é identificar quais inovações da Previdências foram oriundas de reformas - ampliadoras de direitos, ou contrarreformas - restritivas de direitos. Dessa forma, a incorporação do Direito à Previdência, o valor mensal dos benefícios não inferior ao salário mínimo e a irredutibilidade desses valores vinculados ao último salário ou remuneração são direitos oriundos de reformas, uma vez que ampliaram os direitos. Por outro lado, o fator previdenciário e a vinculação do tempo de contribuição à idade são contrarreformas, pois impõem limites ao gozo dos direitos previdenciários.

A inserção da Previdência Social na Seguridade Social com a CF/1988 implicou em um avanço de proteção social. A irredutibilidade do valor dos benefícios e a vedação da renda não inferior ao salário mínimo forem enormes conquistas constitucionais ampliadoras da proteção social.

Por outro lado, o fator previdenciário gerou a redução enorme do salário de benefício nas aposentadorias por tempo de contribuição em quase todos os casos (Lei 9.876/99). E a junção da idade com tempo de contribuição para a aposentadoria programada pela EC 103/2019 também foi uma restrição de proteção social.

Gabarito oficial: A

QUESTÃO 26

Ano: 2019 • Banca: COVEST-COPSET • Órgão: UFPB • Prova: COVEST-COPSET - 2019 - UFPB - Assistente Social

De acordo com a Lei N° 8.213/91, que dispõe sobre os Planos de Benefícios da Previdência Social, compete ao Serviço Social, no uso de suas atribuições, em órgão da previdência:

Alternativas:

A) Prestar assistência de natureza técnica às instituições empregadoras dos beneficiários.

B) Oferecer ajuda material como forma de compensação ao usuário que não faz jus ao benefício.

C) Distribuir recursos sociais para as empresas conveniadas, contratantes dos beneficiários.

D) Esclarecer junto aos beneficiários seus direitos sociais e os meios de exercê-los.

E) Fortalecer a política previdenciária, mediante a realização de intercâmbio com empresas e beneficiários.

COMENTÁRIOS: As atribuições do Serviço Social constam no art. 88 da Lei 8.213/91:

> *"Art. 88. Compete ao Serviço Social esclarecer junto aos beneficiários seus direitos sociais e os meios de exercê-los e estabelecer conjuntamente com eles o processo de solução dos problemas que emergirem da sua relação com a Previdência Social, tanto no âmbito interno da instituição como na dinâmica da sociedade.*
>
> *§ 1º Será dada prioridade aos segurados em benefício por incapacidade temporária e atenção especial aos aposentados e pensionistas.*
>
> *§ 2º Para assegurar o efetivo atendimento dos usuários serão utilizadas intervenção técnica, assistência de natureza jurídica, ajuda material, recursos sociais, intercâmbio com empresas e pesquisa social, inclusive mediante celebração de convênios, acordos ou contratos. § 3º O Serviço Social terá como diretriz a participação do beneficiário na implementação e no fortalecimento da política previdenciária, em articulação com as associações e entidades de classe. § 4º O Serviço Social, considerando a universalização da Previdência Social, prestará assessoramento técnico aos Estados e Municípios na elaboração e implantação de suas propostas de trabalho."*

Gabarito oficial: D

QUESTÃO 27

Ano: 2019 • Banca: Instituto Excelência • Órgão: Prefeitura de Taubaté - SP • Prova: Instituto Excelência - 2019 - Prefeitura de Taubaté - SP - Auditor Junior

Ainda sobre o tema anterior, cabe à lei complementar estabelecer normas gerais em matéria de legislação tributária, especialmente sobre definição de tratamento diferenciado e favorecido para as microempresas e para as empresas de pequeno porte, inclusive regimes especiais ou simplificados, dentre outros temas, das contribuições previstas no art. 195 da Constituição Federal. Especificamente sobre o artigo acima citado, a seguridade social será financiada por toda a sociedade, de forma direta e indireta, nos termos da lei, mediante recursos provenientes dos orçamentos da União, dos Estados, do Distrito Federal e dos Municípios, e, entre outras, da contribuição social do empregador, da empresa e da entidade a ela equiparada na forma da lei, incidentes sobre algumas situações. Marque a alternativa INCORRETA:

Alternativas:

A) A receita ou o faturamento.

B) A folha de salários e demais rendimentos do trabalho pagos ou creditados, a qualquer título, à pessoa física que lhe preste serviço, mesmo sem vínculo empregatício

C) O lucro não declarado em sede de Imposto sobre a renda e proventos de qualquer natureza.

D) Nenhuma das Alternativas.

COMENTÁRIOS: A questão trata das bases de financiamento da seguridade social que constam no art. 195 da Constituição Federal:

> *"Art. 195. A seguridade social será financiada por toda a sociedade, de forma direta e indireta, nos termos da lei, mediante recursos provenientes dos orçamentos da União, dos Estados, do Distrito Federal e dos Municípios, e das seguintes contribuições sociais: (Vide Emenda Constitucional nº 20, de 1998)*
>
> *I - do empregador, da empresa e da entidade a ela equiparada na forma da lei, incidentes sobre: (Redação dada pela Emenda Constitucional nº 20, de 1998)*
>
> *a) a folha de salários e demais rendimentos do trabalho pagos ou creditados, a qualquer título, à pessoa física que lhe preste serviço, mesmo sem vínculo empregatício; (Incluído pela Emenda Constitucional nº 20, de 1998)*

b) a receita ou o faturamento; (Incluído pela Emenda Constitucional nº 20, de 1998)

c) o lucro; (Incluído pela Emenda Constitucional nº 20, de 1998)"

Gabarito oficial: C

QUESTÃO 28

Ano: 2019 • Banca: IDCAP • Órgão: Prefeitura de São Roque do Canaã - ES • Prova: IDCAP - 2019 - Prefeitura de São Roque do Canaã - ES - Assistente Social

Leia as afirmações abaixo, que tratam da Seguridade Social no Brasil, e assinale a que está incorreta:

Alternativas:

A) A concepção de Seguridade Social representa um dos maiores avanços da Constituição Federal de 1988, no que se refere à proteção social e no atendimento às históricas reivindicações da classe trabalhadora.

B) Está inserida no capítulo "Da Ordem Social" e é composta pelo tripé Saúde, Assistência Social e Previdência Social. Representa a promessa de afirmação e extensão de direitos sociais em nosso país, em consonância com as transformações sociopolíticas que se processaram.

C) Destaca-se como significativo na concepção de Seguridade Social: a universalização; a concepção de direito social e dever do Estado; o estatuto de política pública à assistência social; a definição de fontes de financiamento e novas modalidades de gestão democrática e centralizada com ênfase na participação social de novos sujeitos sociais, com destaque para os conselhos e conferências.

D) O conceito de seguridade sustenta um modelo que inclui todos os direitos previstos no artigo 6° da Constituição Federal (educação, saúde, trabalho, moradia, lazer, segurança, previdência e assistência social), de modo a conformar um amplo sistema de proteção, mais consoante às condições gerais dos cidadãos brasileiros.

E) As Políticas de Seguridade Social são concebidas na ordem capitalista como o resultado de disputas políticas e, nessa arena de conflitos, as políticas sociais, resultantes das lutas e conquistas das classes trabalhadoras, assumem caráter contraditório, podendo incorporar as demandas do trabalho e impor limites, ainda que parciais, à economia política do capital.

COMENTÁRIOS: O erro está na assertiva C, que informou erroneamente que a seguridade social possui gestão democrática e centralizada. Ao revés, o art. 194, VII da CF ressalta o caráter democrático e descentralizado da administração, mediante gestão quadripartite, com participação dos trabalhadores, dos empregadores, dos aposentados e do Governo nos órgãos colegiados.

Gabarito oficial: C

QUESTÃO 29

Ano: 2019 • Banca: IBADE • Órgão: SAAE de Vilhena - RO • Prova: IBADE - 2019 - SAAE de Vilhena - RO - Assistente Social

Segundo a Constituição da República Federativa do Brasil em vigor, a seguridade social compreende um conjunto integrado de ações de iniciativa dos Poderes Públicos e da sociedade, destinadas a assegurar os direitos relativos ao(à):

Alternativas:

A) Trabalho, empregabilidade e qualificação.

B) Pessoa idosa, deficientes e migrantes.

C) Assistência, benefícios e seguros sociais.

D) Saúde, previdência e à assistência social.

E) Seguro privado destinado à previdência social, à saúde e à assistência social.

COMENTÁRIOS: A questão cobrou a literalidade do art. 194 da Constituição, notadamente no que diz respeito ao direito à saúde, previdência e assistência social.

Gabarito oficial: D

QUESTÃO 30

Ano: 2019 • Banca: FCC • Órgão: RIOPRETOPREV Provas: FCC - 2019 - RIOPRETO-PREV - Analista Previdenciário - Assistente Social

Péricles, Zeus e Poseidon são empregados da Empresa Céu Azul Embalagens Ltda. Péricles afastou-se da empresa, pois foi incorporado às Forças Armadas para prestar serviço militar a partir de 01 de janeiro de 2019. Por sua vez Zeus, envolvido com más companhias, acabou por ser preso, afastando-se da empresa de 10 de setembro de 2018 a 01 de janeiro de 2019, quando foi libertado definitivamente do cárcere. Poseidon, acometido de doença grave, encontra-se afastado em gozo de benefício previdenciário desde 01 de janeiro de 2019. Considerando a legislação vigente,

Alternativas:

A) Péricles e Zeus deixaram de ser segurados da Previdência Social em 01 de abril de 2019.

B) Péricles e Zeus manterão sua condição de segurados da Previdência Social até 01 de janeiro de 2020 mesmo sem contribuírem.

C) Apenas Poseidon terá mantida a condição de segurado independente de contribuição.

D) Poseidon e Péricles ficam mantidos como segurados da Previdência Social até 01 de janeiro de 2020 mesmo sem contribuírem.

E) Zeus manterá sua condição de segurado independente de contribuição pelo prazo de 12 meses do seu livramento.

COMENTÁRIOS: Trata-se de questão acerca do cálculo do período de graça, disciplinado pela Lei 8.213/91:

> *"Art. 15. Mantém a qualidade de segurado, independentemente de contribuições:*
>
> *I - sem limite de prazo, quem está em gozo de benefício, exceto do auxílio-acidente; (Redação dada pela Lei nº 13.846, de 2019)*
>
> *II - até 12 (doze) meses após a cessação das contribuições, o segurado que deixar de exercer atividade remunerada abrangida pela Previdência Social ou estiver suspenso ou licenciado sem remuneração;*
>
> *III - até 12 (doze) meses após cessar a segregação, o segurado acometido de doença de segregação compulsória;*
>
> *IV - até 12 (doze) meses após o livramento, o segurado retido ou recluso;*
>
> *V - até 3 (três) meses após o licenciamento, o segurado incorporado às Forças Armadas para prestar serviço militar;*
>
> *VI - até 6 (seis) meses após a cessação das contribuições, o segurado facultativo.*
>
> *§1º O prazo do inciso II será prorrogado para até 24 (vinte e quatro) meses se o segurado já tiver pago mais de 120 (cento e vinte) contribuições mensais sem interrupção que acarrete a perda da qualidade de segurado.*
>
> *§ 2º Os prazos do inciso II ou do § 1º serão acrescidos de 12 (doze) meses para o segurado desempregado, desde que comprovada essa situação pelo registro no órgão próprio do Ministério do Trabalho e da Previdência Social.*
>
> *§ 3º Durante os prazos deste artigo, o segurado conserva todos os seus direitos perante a Previdência Social.*
>
> *§ 4º A perda da qualidade de segurado ocorrerá no dia seguinte ao do término do prazo fixado no Plano de Custeio da Seguridade Social para recolhimento da contribuição referente ao mês imediatamente posterior ao do final dos prazos fixados neste artigo e seus parágrafos."*

Assim, observa-se que Péricles foi incorporado ao serviço militarem 01/01/2019, situação que impõe um período de graça de 3 meses. No entanto, a questão não informa o momento em que ocorreu o licenciamento do militar, o que impossibilita saber o momento em que ele deixou de ser segurado do RGPS.

Ademais, Zeus ficou preso até a mesma data, 01/01/2019, possuindo um período de graça de 12 meses. Assim, manteve sua qualidade de segurado até 15/03/2020.

Poseidon permaneceu em gozo de benefício previdenciário até 01/01/2019, tendo direito a um período de graça de 12 meses. Logo, permaneceu segurado até 15/03/2020.

Gabarito oficial: E

QUESTÃO 31

Ano: 2019 • Banca: FCC • Órgão: RIOPRETOPREV Provas: FCC - 2019 - RIOPRETOPREV - Analista Previdenciário - Assistente Social

Exames periciais, realizados por médico capacitado e conveniado para esta finalidade pelo INSS, atestaram que o segurado Sócrates é portador de deficiência leve e que a segurada Íris possui deficiência considerada grave. Para fazerem jus a benefício de aposentadoria pelo RGPS para portadores de deficiência, Sócrates e Íris devem contar, conforme legislação que rege a matéria, com tempo de contribuição, em anos, respectivamente de:

Alternativas:

A) 33 e 20

B) 25 e 20

C) 28 e 24

D) 33 e 24

E) 30 e 25

COMENTÁRIOS: A aposentadoria por tempo de contribuição do segurado com deficiência é tratada pelo Regulamento da Previdência Social, em seu art. 70-B, que diz o tempo de contribuição necessário para a aposentação em função do grau de deficiência, seja ela grave, moderada ou leve:

> *"Art. 70-B. A aposentadoria por tempo de contribuição do segurado com deficiência, cumprida a carência, é devida ao*

segurado empregado, inclusive o doméstico, trabalhador avulso, contribuinte individual e facultativo, observado o disposto no art. 199-A e os seguintes requisitos: [...] III – aos trinta e três anos de tempo de contribuição na condição de pessoa com deficiência, se homem, e vinte e oito anos, se mulher, no caso de segurado com deficiência leve. (Incluído pelo Decreto nº 8.145, de 2013)

Gabarito oficial: A

QUESTÃO 32

Ano: 2019 • Banca: CETREDE • Órgão: Prefeitura de São Gonçalo do Amarante - CE • Prova: CETREDE - 2019 - Prefeitura de São Gonçalo do Amarante - CE - Assistente Social

De acordo com a Lei 8.212/91, que dispõe sobre a organização da Seguridade Social, institui Plano de Custeio, e dá outras providências, a Previdência Social tem por fim assegurar aos seus beneficiários meios indispensáveis de manutenção por motivo de incapacidade, idade avançada, tempo de serviço, desemprego involuntário, encargos de família e reclusão ou morte daqueles de quem dependiam economicamente. Marque a alternativa INCORRETA. A organização da Previdência Social obedecerá ao seguinte princípio e diretriz:

Alternativas:

A) Parcialidade e seletividade de participação nos planos previdenciários mediante contribuição.

B) Valor da renda mensal dos benefícios, substitutos do salário de contribuição ou do rendimento do trabalho do segurado, não inferior ao do salário-mínimo.

C) Cálculo dos benefícios, considerando-se os salários de contribuição corrigidos monetariamente.

D) Preservação do valor real dos benefícios.

E) Previdência complementar facultativa, custeada por contribuição adicional.

COMENTÁRIOS: A questão cobrou a redação do art. 3º da Lei de Custeio da Previdência Social, que traz os princípios da previdência social. Todas as assertivas, com exceção da A, reproduzem alíneas daquele artigo. O erro da questão está na transcrição incorreta da alínea "a", que diz "universalidade de participação nos planos previdenciários, mediante contribuição", e não parcialidade.

Gabarito oficial: A

QUESTÃO 33

Ano: 2019 • Banca: FEPESE • Órgão: CELESC • Prova: FEPESE - 2019 - CELESC - Contador

Considere a seguinte situação hipotética:

A companhia Vaga Lume contratou a empresa Sintonia Fina para, mediante cessão de mão de obra, realizar o serviço de corte e ligação de energia elétrica.

Nesse caso, de acordo com o Decreto Federal nº 3.048/99, a empresa contratante deverá:

Alternativas:

A) Não efetuar qualquer tipo de retenção à seguridade social no pagamento devido à empresa Sintonia Fina, já que o serviço de corte e ligação de energia elétrica envolve atividade insalubre sujeita a regulamentação específica.

B) Compensar o valor retido de 11% do valor bruto da nota fiscal, fatura ou recibo de prestação de serviços emitido pela Sintonia Fina e recolher a importância retida em seu nome à seguridade social.

C) Reter 11% do valor bruto da nota fiscal, fatura ou recibo de prestação de serviços emitido pela Sintonia Fina e recolher a importância retida em nome da empresa contratada à seguridade social.

D) Reter 20% do valor bruto da nota fiscal, fatura ou recibo de prestação de serviços emitido pela Sintonia Fina e recolher a importância retida em nome da empresa contratada à seguridade social.

E) Acrescer 20% ao valor bruto da nota fiscal, fatura ou recibo de prestação de serviços emitido pela Sintonia Fina e recolher a importância retida em nome da empresa contratada à seguridade social.

COMENTÁRIOS: A questão trata da terceirização de serviços por meio da cessão de mão de obra, cobrando do candidato o conhecimento das regras de pagamento de contribuições sociais.

Nos termos da Lei de Custeio da Previdência Social:

> *"Art. 31. A empresa contratante de serviços executados mediante cessão de mão de obra, inclusive em regime de trabalho temporário, deverá reter 11% (onze por cento) do valor bruto da nota fiscal ou fatura de prestação de serviços e recolher, em nome da empresa cedente da mão de obra, a importância retida até o dia 20 (vinte) do mês subsequente ao da emissão da respectiva nota fiscal ou fatura, ou até o dia útil imediatamente anterior se não houver expediente bancário naquele dia, observado o disposto no § 5º do art. 33 desta Lei. (Redação dada pela Lei nº 11.933, de 2009)."*

Assim, fica claro que o examinador se baseou na redação da Lei 8.212/91, uma vez que a empresa cedente de mão de obra está obrigada a fazer retenção de 11% do valor bruto da nota fiscal, para fins de pagamento das contribuições previdenciárias. Logo, se trata de uma situação de substituição tributária.

Gabarito oficial: C

QUESTÃO 34

Ano: 2019 • Banca: FEPESE • Órgão: CELESC • Prova: FEPESE - 2019 - CELESC - Contador

Considere a seguinte situação hipotética:

No mês de fevereiro de 2019, uma empresa distribuidora de energia elétrica (não enquadrada no Simples Nacional)

contratou por R$ 5.000 o sr. Silva Brasil, pessoa física, engenheiro e segurado pela previdência social como contribuinte individual, para realizar um serviço técnico e emitir laudo de impacto ambiental. O pagamento foi realizado em fevereiro de 2019 e nesse mês o sr. Silva Brasil não realizou outros serviços ou manteve relação de emprego.

Nesse caso, de acordo com o Decreto Federal n° 3.048/99, a empresa contratante deverá:

Alternativas:

A) Reter 11% dos R$ 5.000 devidos ao sr. Silva Brasil e recolher 20% sobre o valor de R$ 5.000 a título de contribuição da empresa à seguridade social.

B) Acrescer 11% aos R$ 5.000 devidos ao sr. Silva Brasil e reter 20% sobre o valor de R$ 5.000 a título de contribuição da empresa à seguridade social.

C) Reter 20% dos R$ 5.000 devidos ao sr. Silva Brasil e recolher 11% sobre o valor de R$ 5.000 a título de contribuição da empresa à seguridade social.

D) Não realizar qualquer tipo de retenção ou contribuição à seguridade social, já que é de responsabilidade do contribuinte individual o pagamento mensal dos valores devidos.

E) Acrescer 20% aos R$ 5.000 devidos ao sr. Silva Brasil e reter 11% sobre o valor de R$ 5.000 a título de contribuição da empresa à seguridade social.

COMENTÁRIOS: A questão, semelhante à anterior, trata da terceirização de serviços por meio da cessão de mão de obra, cobrando do candidato o conhecimento das regras de pagamento de contribuições sociais, conforme art. 31 da Lei de Custeio da Previdência Social.

Saliente-se que a empresa cedente de mão de obra está obrigada a fazer retenção de 11% do valor bruto da nota fiscal, para fins de pagamento das contribuições previdenciárias. Ademais, Silva Brasil é um contribuinte individual que presta serviços a empresa, sendo sua contribuição equivalente a 20%, nos termos do Regulamento:

"Art. 201. A contribuição a cargo da empresa, destinada à seguridade social, é de:

II – vinte por cento sobre o total das remunerações ou retribuições pagas ou creditadas no decorrer do mês ao segurado contribuinte individual; (Redação dada pelo Decreto nº 3.265, de 1999)"

Gabarito oficial: A

QUESTÃO 35

Ano: 2019 • Banca: UFMA • Órgão: UFMA • Prova: UFMA - 2019 - UFMA - Médico do Trabalho

No Regulamento da Previdência Social (Decreto n° 3.048/ 1999), no seu Art. 1°, consta a definição de que a Seguridade Social compreende um conjunto integrado de ações de iniciativa dos poderes públicos e da sociedade, destinado a assegurar o direito relativo à:

Alternativas:

A) Assistência social, ao trabalho e à previdência.

B) Saúde, à previdência e à assistência social.

C) Saúde, à previdência e ao trabalho.

D) Saúde, ao trabalho e à segurança.

F) Saúde, à segurança e à assistência social.

COMENTÁRIOS: A questão cobrou a literalidade do art. 194 da Constituição, reproduzido pelo Regulamento da Previdência Social, notadamente no que diz respeito ao direito à saúde, previdência e assistência social.

Gabarito oficial: B

QUESTÃO 36

Ano: 2019 • Banca: UFMA • Órgão: UFMA • Prova: UFMA - 2019 - UFMA - Médico do Trabalho

Na Lei n° 8.213/1991, que dispõe sobre os Planos de Benefícios da Previdência Social, equiparam-se também ao acidente do trabalho, para efeitos desta Lei:

Alternativas:

A) A doença profissional, mas as doenças do trabalho não o são.

B) O acidente ligado ao trabalho que, embora não tenha sido a causa única, haja contribuído diretamente para a morte do segurado, para redução ou perda da sua capacidade para o trabalho, ou produzido lesão que exija atenção médica para a sua recuperação.

C) O acidente sofrido pelo segurado fora do local e do horário do trabalho, em consequência de ato de agressão, sabotagem ou terrorismo praticado por terceiro ou companheiro de trabalho.

D) São considerados acidentes do trabalho os acidentes ocorridos nas viagens a serviço da empresa, exceto quando estas forem viagens para estudo, mesmo quando financiada pela Empresa.

E) Toda e qualquer doença endêmica adquirida por segurado habitante de região em que ela se desenvolva.

COMENTÁRIOS: A figura do acidente de trabalho equiparado está prevista no art. 21 da Lei de Benefícios:

> *"Art. 21. Equiparam-se também ao acidente do trabalho, para efeitos desta Lei:*
>
> *I – o acidente ligado ao trabalho que, embora não tenha sido a causa única, haja contribuído diretamente para a morte do segurado, para redução ou perda da sua capacidade para o trabalho, ou produzido lesão que exija atenção médica para a sua recuperação;*
>
> *II – o acidente sofrido pelo segurado no local e no horário do trabalho, em conseqüência de:*
>
> *a) ato de agressão, sabotagem ou terrorismo praticado por terceiro ou companheiro de trabalho;*
>
> *b) ofensa física intencional, inclusive de terceiro, por motivo de disputa relacionada ao trabalho;*

c) ato de imprudência, de negligência ou de imperícia de terceiro ou de companheiro de trabalho;

d) ato de pessoa privada do uso da razão;

e) desabamento, inundação, incêndio e outros casos fortuitos ou decorrentes de força maior;

III – a doença proveniente de contaminação acidental do empregado no exercício de sua atividade;

IV – o acidente sofrido pelo segurado ainda que fora do local e horário de trabalho:

a) na execução de ordem ou na realização de serviço sob a autoridade da empresa;

b) na prestação espontânea de qualquer serviço à empresa para lhe evitar prejuízo ou proporcionar proveito;

c) em viagem a serviço da empresa, inclusive para estudo quando financiada por esta dentro de seus planos para melhor capacitação da mão-de-obra, independentemente do meio de locomoção utilizado, inclusive veículo de propriedade do segurado;

d) no percurso da residência para o local de trabalho ou deste para aquela, qualquer que seja o meio de locomoção, inclusive veículo de propriedade do segurado.

§ 1º Nos períodos destinados a refeição ou descanso, ou por ocasião da satisfação de outras necessidades fisiológicas, no local do trabalho ou durante este, o empregado é considerado no exercício do trabalho.

§ 2º Não é considerada agravação ou complicação de acidente do trabalho a lesão que, resultante de acidente de outra origem, se associe ou se superponha às conseqüências do anterior."

Assim, o examinador cobra a literalidade dos incisos do art. 21 da Lei 8.213/91.

Gabarito oficial: B

QUESTÃO 37

Ano: 2019 • Banca: CESPE / CEBRASPE • Órgão: Prefeitura de Boa Vista - RR

João, casado com Ana desde 10/1/2018, é segurado do Regime Geral de Previdência Social desde 1.º/7/1989, na qualidade de contribuinte individual. Ele pretende solicitar ao INSS, em 1.º/7/2019, dia do seu aniversário de cinquenta anos, sua aposentadoria por tempo de contribuição.

Considerando essa situação hipotética e as disposições legais vigentes acerca de direito previdenciário, julgue o item que segue.

Por ser um contribuinte individual, João é segurado facultativo da previdência social.

Alternativas:

( ) Certo

( ) Errado

COMENTÁRIOS: São considerados segurados obrigatórios da previdência social os segurados empregado, doméstico, contribuinte individual, avulso, e segurado especial. Assim, nota-se que a alternativa está incorreta, pois o contribuinte individual é segurado obrigatório do RGPS, e não facultativo.

Gabarito oficial: Errado

QUESTÃO 38

Ano: 2019 • Banca: CESPE / CEBRASPE • Órgão: Prefeitura de Boa Vista - RR

João, casado com Ana desde 10/1/2018, é segurado do regime geral de previdência social desde 1.º/7/1989, na qualidade de contribuinte individual. Ele pretende solicitar ao INSS, em 1.º/7/2019, dia do seu aniversário de cinquenta anos, sua aposentadoria por tempo de contribuição.

Considerando essa situação hipotética e as disposições legais vigentes acerca de direito previdenciário, julgue o item que segue.

Considerando-se o tempo de casados de João e Ana, caso ele venha a falecer por qualquer motivo em junho de 2019, ela não terá direito à pensão por morte.

Alternativas:

( ) Certo

( ) Errado

COMENTÁRIOS: A pensão por morte é um benefício do Regime Geral de Previdência Social, não tendo carência para a sua concessão, nos termos do art. 26 da Lei de Benefícios. Ademais, o fato de João e Ana o tempo de duração da união não é impeditivo para a concessão da pensão por morte, influenciando apenas na duração do benefício. No caso vertente, observa-se que a união durou apenas cerca de 1 ano e meio. Logo, o benefício seria concedido por apenas 4 meses, nos termos do art. 77, V da Lei 8.213/91:

> *"Art. 77. A pensão por morte, havendo mais de um pensionista, será rateada entre todos em parte iguais.*
>
> *V – para cônjuge ou companheiro:*
>
> *b) em 4 (quatro) meses, se o óbito ocorrer sem que o segurado tenha vertido 18 (dezoito) contribuições mensais ou se o casamento ou a união estável tiverem sido iniciados em menos de 2 (dois) anos antes do óbito do segurado;"*

Gabarito oficial: Errado

QUESTÃO 39

Ano: 2019 • Banca: CESPE / CEBRASPE • Órgão: Prefeitura de Boa Vista - RR

Maria solicitou à previdência social auxílio-acidente, não decorrente de acidente de trabalho, mas seu pedido foi indeferido sob o fundamento de que ela não teria cumprido o tempo de carência legalmente estabelecido. Seis anos depois do pedido, ela ingressou com uma ação previdenciária para o recebimento do referido benefício.

Considerando essa situação hipotética, à luz das normas vigentes acerca de direito previdenciário, julgue o próximo item.

Como a concessão de auxílio-acidente independe de tempo de carência, a decisão administrativa de indeferimento foi incorreta.

Alternativas:

( ) Certo

( ) Errado

COMENTÁRIOS: O auxílio-acidente é o benefício previdenciário devido o segurado que sofre um acidente de qualquer natureza ou causa, que implique em sequelas que diminuam a sua capacidade para o trabalho.

A Lei 8.213/91 dispensa o cumprimento da carência na concessão do auxílio-acidente:

> *"Art. 26. Independe de carência a concessão das seguintes prestações:*
>
> *I – pensão por morte, salário-família e auxílio-acidente".*

Gabarito oficial: Certo

QUESTÃO 40

Ano: 2019 • Banca: IESES • Órgão: Prefeitura de São José - SC • Prova: IESES - 2019 - Prefeitura de São José - SC - Procurador Municipal

Analise as assertivas abaixo:

I. Equiparam-se ao acidente do trabalho o acidente sofrido pelo segurado no local e no horário do trabalho, em consequência de ato de pessoa privada do uso da razão.

II. Considera-se como dia do acidente, no caso de doença profissional ou do trabalho, a data do início da incapacidade laborativa para o exercício da atividade habitual, ou o dia da segregação compulsória, ou o dia em que for realizado o diagnóstico, valendo para este efeito o que ocorrer primeiro.

III. É vedado o recebimento conjunto do seguro-desemprego com qualquer benefício de prestação continuada da Previdência Social, exceto pensão por morte ou auxílio-acidente.

IV. Para efeito dos benefícios previstos no Regime Geral de Previdência Social ou no serviço público não é possível a contagem recíproca do tempo de contribuição na atividade privada, rural e urbana e do tempo de contribuição ou de serviço na administração pública.

V. O valor da aposentadoria por invalidez do segurado que necessitar da assistência permanente de outra pessoa será acrescido de 25% (vinte e cinco por cento), acréscimo que não será devido caso o valor da aposentadoria já atinja o limite máximo legal. Assinale a resposta correta:

Alternativas:

A) Apenas a assertiva IV está correta.

B) Apenas as assertivas I, II e III estão corretas.

C) As assertivas I, II, III, IV e V estão corretas.

D) Apenas as assertivas II, III e V estão corretas.

COMENTÁRIOS: A questão traz diversas assertivas acerca do Regime Geral de Previdência Social, tratando as duas primeiras do conceito de acidente de trabalho, e as demais sobre outras regras do RGPS.

A solução das duas primeiras assertivas se fundamenta nos arts. 19 e seguintes da Lei 8.213/91. Com efeito, o acidente de trabalho por equiparação está previsto no art. 21[2], enquanto a data de início do acidente de trabalho está descrita no art. 23[3].

---

2. Art. 21. Equiparam-se também ao acidente do trabalho, para efeitos desta Lei: d) ato de pessoa privada do uso da razão;

3. Art. 23. Considera-se como dia do acidente, no caso de doença profissional ou do trabalho, a data do início da incapacidade laborativa para o exercício da atividade habitual, ou o dia da segregação compulsória, ou o dia em que for realizado o diagnóstico, valendo para este efeito o que ocorrer primeiro.

No que diz respeito à impossibilidade de acumulação do seguro desemprego com outros benefícios, este está previsto no art. 124 da Lei de Benefícios[4]

A assertiva IV está errada em razão de ter contrariado do art. 94[5] da Lei de Benefícios, que garante a contagem recíproca de tempo de contribuição no Regime Geral de Previdência Social.

Ademais, a assertiva V trata do auxílio acompanhante, cujo valor não está limitado ao teto do RGPS, conforme previsão do art. 45[6] da Lei de Benefícios.

Gabarito oficial: B

QUESTÃO 41

Ano: 2019 • Banca: IESES • Órgão: Prefeitura de São José - SC • Prova: IESES - 2019 - Prefeitura de São José - SC - Procurador Municipal

Analise as assertivas, com base na legislação previdenciária em vigor:

I. São beneficiários do Regime Geral de Previdência Social, na condição de dependentes econômicos presumidos do segurado, dentre outros, os pais e o irmão não emancipado, de

---

4. Art. 124. Salvo no caso de direito adquirido, não é permitido o recebimento conjunto dos seguintes benefícios da Previdência Social: Parágrafo único. É vedado o recebimento conjunto do seguro-desemprego com qualquer benefício de prestação continuada da Previdência Social, exceto pensão por morte ou auxílio-acidente. (Incluído dada pela Lei n° 9.032, de 1995)

5. Art. 94. Para efeito dos benefícios previstos no Regime Geral de Previdência Social ou no serviço público é assegurada a contagem recíproca do tempo de contribuição na atividade privada, rural e urbana, e do tempo de contribuição ou de serviço na administração pública, hipótese em que os diferentes sistemas de previdência social se compensarão financeiramente. (Redação dada pela Lei n° 9.711, de 20.11.98)

6. Art. 45. O valor da aposentadoria por invalidez do segurado que necessitar da assistência permanente de outra pessoa será acrescido de 25% (vinte e cinco por cento).Parágrafo único. O acréscimo de que trata este artigo: a) será devido ainda que o valor da aposentadoria atinja o limite máximo legal;

qualquer condição, menor de 21 (vinte e um) anos ou inválido ou que tenha deficiência intelectual ou mental ou deficiência grave.

II. Período de carência é o número mínimo de contribuições mensais indispensáveis para que o beneficiário faça jus ao benefício, consideradas a partir do transcurso do primeiro dia dos meses de suas competências. Entretanto, independe de carência a concessão do salário-maternidade, auxílio-doença e aposentadoria por invalidez.

III. Prescreve em cinco anos, a contar da data em que deveriam ter sido pagas, toda e qualquer ação para haver prestações vencidas ou quaisquer restituições ou diferenças devidas pela Previdência Social, salvo o direito dos menores, incapazes e ausentes, na forma do Código Civil. Mas o direito da Previdência Social de anular os atos administrativos de que decorram efeitos favoráveis para os seus beneficiários prescreve em dois anos, contados da data em que foram praticados, salvo comprovada má-fé.

IV. Salvo no caso de direito adquirido, não é permitido o recebimento conjunto de mais de uma pensão deixada por cônjuge ou companheiro, ressalvado o direito de opção pela mais vantajosa. Assinale a resposta correta:

Alternativas:

A) Apenas as assertivas II, III e IV estão corretas.

B) Apenas a assertiva IV está correta.

C) Apenas as assertivas I e II estão corretas

D) Apenas as assertivas I, II e III estão corretas.

COMENTÁRIOS: A questão traz 4 assertivas acerca do Regime Geral de Previdência Social. A primeira lista os segurados do RGPS que possuem dependência presumida, listando equivocadamente os pais e o irmão não emancipado, de qualquer condição, menor de 21 (vinte e um) anos ou inválido ou que tenha deficiência intelectual ou mental ou deficiência grave. De acordo o art. 16 da Lei de Benefícios, os segurados que possuem dependência econômica presumida são o cônjuge, a companheira, o companheiro e o filho não emancipado, de qualquer condição, menor de 21 (vinte e um) anos ou inválido ou que tenha deficiência intelectual ou mental ou deficiência grave.

A segunda assertiva traz o conceito de carência, bem como informa que os benefícios de salário-maternidade, auxílio-doença e aposentadoria por invalidez não precisam de comprovação de carência, o que é um equívoco. Conforme art. 25[7] da Lei 8.213/91, uma vez que o salário-maternidade tem carência de 10 meses, enquanto o auxílio doença e aposentadoria por invalidez demandam o cumprimento de 12 meses de carência.

A assertiva III reproduz corretamente o parágrafo único do art. 103 da Lei de Benefícios[8] quanto à prescrição. Por outro lado, informa equivocadamente o prazo decadencial do INSS pra anular os atos administrativos de que decorram efeitos favoráveis para os

7. Art. 25. A concessão das prestações pecuniárias do Regime Geral de Previdência Social depende dos seguintes períodos de carência, ressalvado o disposto no art. 26:

I – auxílio-doença e aposentadoria por invalidez: 12 (doze) contribuições mensais;

II – aposentadoria por idade, aposentadoria por tempo de serviço e aposentadoria especial: 180 contribuições mensais. (Redação dada pela Lei n° 8.870, de 1994)

III – salário-maternidade para as seguradas de que tratam os incisos V e VII do caput do art. 11 e o art. 13 desta Lei: 10 (dez) contribuições mensais, respeitado o disposto no parágrafo único do art. 39 desta Lei; e (Redação dada pela Lei n° 13.846, de 2019)

IV – auxílio-reclusão: 24 (vinte e quatro) contribuições mensais. (Incluído pela Lei n° 13.846, de 2019)

8. Art. 103. O prazo de decadência do direito ou da ação do segurado ou beneficiário para a revisão do ato de concessão, indeferimento, cancelamento ou cessação de benefício e do ato de deferimento, indeferimento ou não concessão de revisão de benefício é de 10 (dez) anos, contado Parágrafo único. Prescreve em cinco anos, a contar da data em que deveriam ter sido pagas, toda e qualquer ação para haver prestações vencidas ou quaisquer restituições ou diferenças devidas pela Previdência Social, salvo o direito dos menores, incapazes e ausentes, na forma do Código Civil. (Incluído pela Lei n° 9.528, de 1997)

seus beneficiários, que é de dez anos, conforme art. 103-A da Lei de Benefícios[9]

A assertiva IV informa a impossibilidade de acumulação de mais de um benefício de pensão por morte deixado por cônjuge, o que reflete corretamente a vedação prevista no art. 124, VI da Lei 8.213/91[10]

Gabarito oficial: B

QUESTÃO 42

Ano: 2019 • Banca: CESPE / CEBRASPE • Órgão: Prefeitura de Boa Vista - RR • Prova: CESPE - 2019 - Prefeitura de Boa Vista - RR - Procurador Municipal

Maria solicitou à previdência social auxílio-acidente, não decorrente de acidente de trabalho, mas seu pedido foi indeferido sob o fundamento de que ela não teria cumprido o tempo de carência legalmente estabelecido. Seis anos depois do pedido, ela ingressou com uma ação previdenciária para o recebimento do referido benefício.

Considerando essa situação hipotética, à luz das normas vigentes acerca de direito previdenciário, julgue o próximo item.

Como a concessão de auxílio-acidente independe de tempo de carência, a decisão administrativa de indeferimento foi incorreta.

Alternativas:

( ) Certo

( ) Errado

---

9. Art. 103-A. O direito da Previdência Social de anular os atos administrativos de que decorram efeitos favoráveis para os seus beneficiários decai em dez anos, contados da data em que foram praticados, salvo comprovada má-fé.

10. Art. 124. Salvo no caso de direito adquirido, não é permitido o recebimento conjunto dos seguintes benefícios da Previdência Social: V – mais de um auxílio-acidente; (Incluído dada pela Lei n° 9.032, de 1995)

COMENTÁRIOS: A carência para a concessão dos benefícios previdenciários é uma matéria disciplinada pelo art. 25 e seguintes da Lei 8.213/91. O benefício de auxílio-acidente não depende, para a sua concessão, do cumprimento de carência. Por esta razão, o indeferimento do benefício por este fundamento é ilegal, o que enseja o ajuizamento da ação judicial competente.

Gabarito oficial: Certo

QUESTÃO 43

Ano: 2019 • Banca: CESPE / CEBRASPE • Órgão: Prefeitura de Boa Vista - RR • Prova: CESPE - 2019 - Prefeitura de Boa Vista - RR - Procurador Municipal

Maria solicitou à previdência social auxílio-acidente, não decorrente de acidente de trabalho, mas seu pedido foi indeferido sob o fundamento de que ela não teria cumprido o tempo de carência legalmente estabelecido. Seis anos depois do pedido, ela ingressou com uma ação previdenciária para o recebimento do referido benefício.

Considerando essa situação hipotética, à luz das normas vigentes acerca de direito previdenciário, julgue o próximo item.

O direito de ação perseguido por Maria ao ajuizar a ação previdenciária está prescrito, visto que se passaram mais de cinco anos desde a negativa administrativa do pedido de concessão do benefício.

Alternativas:

( ) Certo

( ) Errado

COMENTÁRIOS: A questão trata da prescrição em matéria previdenciária, questão disciplinada pela Lei 8.213/91:

> *"Art. 103. O prazo de decadência do direito ou da ação do segurado ou beneficiário para a revisão do ato de concessão,*

> *indeferimento, cancelamento ou cessação de benefício e do ato de deferimento, indeferimento ou não concessão de revisão de benefício é de 10 (dez) anos, contado: [...] Parágrafo único. Prescreve em cinco anos, a contar da data em que deveriam ter sido pagas, toda e qualquer ação para haver prestações vencidas ou quaisquer restituições ou diferenças devidas pela Previdência Social, salvo o direito dos menores, incapazes e ausentes, na forma do Código Civil."*

Da leitura do artigo em questão observa-se que a prescrição atinge apenas as parcelas devidas, não atingindo o direito em si. Por isso, a questão está errada.

Gabarito oficial: Errado

QUESTÃO 44

Ano: 2019 • Banca: VUNESP • Órgão: Valiprev - SP

Com relação aos beneficiários do Regime Geral de Previdência Social, na condição de dependentes do segurado, nos termos da Lei n° 8.213/1991, é correto afirmar que

Alternativas:

A) Não pode ser considerado como dependente para os fins de obtenção de benefício previdenciário o irmão não emancipado, de qualquer condição, menor de 21 (vinte e um) anos ou inválido ou que tenha deficiência intelectual ou mental ou deficiência grave.

B) O enteado e o menor tutelado equiparam-se a filho e dispensam a comprovação da dependência econômica, bastando, para essa finalidade, a declaração escrita de próprio punho do segurado.

C) A companheira, o companheiro e o filho não emancipado, de qualquer condição, menor de 21 (vinte e um) anos são exemplos de dependentes presumidos, que dispensam prova da dependência econômica.

D) As provas de união estável e de dependência econômica exigem início de prova material contemporânea dos fatos, sendo admitida, porém, a prova exclusivamente testemunhal quando não houver provas documentais.

E) Os pais e os avós são considerados dependentes especiais do segurado e poderão obter o benefício por meio de simples apresentação do documento que comprove a relação de parentesco, dispensados outros meios de prova.

COMENTÁRIOS: A questão traz diversas assertivas que tratam do reconhecimento da qualidade de dependente para fins previdenciários. A matéria está disciplinada na Lei 8.213/91[11]. Assim, observa-se que a Letra C está correta, por mostrar corretamente alguns

---

11. Art. 16. São beneficiários do Regime Geral de Previdência Social, na condição de dependentes do segurado:

I – o cônjuge, a companheira, o companheiro e o filho não emancipado, de qualquer condição, menor de 21 (vinte e um) anos ou inválido ou que tenha deficiência intelectual ou mental ou deficiência grave; (Redação dada pela Lei n° 13.146, de 2015) (Vigência)

II – os pais;

III – o irmão não emancipado, de qualquer condição, menor de 21 (vinte e um) anos ou inválido ou que tenha deficiência intelectual ou mental ou deficiência grave; (Redação dada pela Lei n° 13.146, de 2015) (Vigência)

IV – (Revogada pela Lei n° 9.032, de 1995)

§ 1° A existência de dependente de qualquer das classes deste artigo exclui do direito às prestações os das classes seguintes.

§ 2° .O enteado e o menor tutelado equiparam-se a filho mediante declaração do segurado e desde que comprovada a dependência econômica na forma estabelecida no Regulamento. (Redação dada pela Lei n° 9.528, de 1997) (Vide ADIN 4878) (Vide ADIN 5083)

§ 3° Considera-se companheira ou companheiro a pessoa que, sem ser casada, mantém união estável com o segurado ou com a segurada, de acordo com o § 3° do art. 226 da Constituição Federal.

§ 4° A dependência econômica das pessoas indicadas no inciso I é presumida e a das demais deve ser comprovada.

§ 5° As provas de união estável e de dependência econômica exigem início de prova material contemporânea dos fatos, produzido em período não superior a 24 (vinte e quatro) meses anterior à data do óbito ou do recolhimento à prisão do segurado, não admitida a prova exclusivamente

dos dependentes que possuem dependência econômica presumida, quais sejam: a companheira, o companheiro e o filho não emancipado.

Gabarito oficial: C

QUESTÃO 45

Ano: 2019 • Banca: IADES • Órgão: BRB • Prova: IADES - 2019 - BRB - Médico do Trabalho

O processo de reabilitação profissional é um serviço da previdência social, prestado pelo Instituto Nacional do Seguro Social (INSS). A legislação que rege esse processo determina que

Alternativas:

A) Uma empresa com 90 empregados deve ter 1% dos respectivos cargos ocupados por pessoas reabilitadas.

B) O segurado em gozo de auxílio-doença, insuscetível de recuperação para a respectiva atividade habitual, participa por livre adesão do processo de reabilitação profissional para o exercício de outra atividade.

C) Constitui obrigação da previdência social a colocação do segurado em um emprego.

D) O INSS emitirá certificado individual, após concluído o processo de reabilitação profissional, indicando a atividade para a qual o trabalhador foi capacitado profissionalmente.

E) O INSS fornecerá aos segurados prótese e órtese, quando indispensáveis ao desenvolvimento do processo de reabilitação profissional, porém os respectivos reparo e manutenção deverão ser realizados pelo segurado.

---

testemunhal, exceto na ocorrência de motivo de força maior ou caso fortuito, conforme disposto no regulamento. (Incluído pela Lei n° 13.846, de 2019)

§ 6° Na hipótese da alínea c do inciso V do § 2° do art. 77 desta Lei, a par da exigência do § 5° deste artigo, deverá ser apresentado, ainda, início de prova material que comprove união estável por pelo menos 2 (dois) anos antes do óbito do segurado. (Incluído pela Lei n° 13.846, de 2019)

COMENTÁRIOS: A questão trata do serviço previdenciário de reabilitação profissional, disciplinado pelo art. 89 e seguintes da Lei 8.213/1991. A primeira assertiva alude ao percentual obrigatórios de pessoas reabilitadas ou portadoras de deficiência que as empresas precisam manter obrigatoriamente na empresa. Essa obrigação legal está prevista no art. 93 da Lei 8.213/91, sendo de 2% caso a empresa tenha até 200 empregados.

A assertiva B informa que a reabilitação profissional se dá por livre adesão do segurado. No entanto, este serviço previdenciário é prestado de maneira obrigatória, cuja recusa implica na suspensão do benefício, conforme art. 101 da Lei de Benefícios[12].

A assertiva C diz que a previdência social está obrigada a prover a recolocação profissional do reabilitado. Essa assertiva está errada, pois o serviço de reabilitação profissional cessa com a emissão do Certificado de Reabilitação Profissional – CRP, não sendo obrigação do INSS a manutenção do emprego, conforme previsão do Regulamento[13].

---

12. Art. 101. Art. 101. O segurado em gozo de auxílio por incapacidade temporária, auxílio-acidente ou aposentadoria por incapacidade permanente e o pensionista inválido, cujos benefícios tenham sido concedidos judicial ou administrativamente, estão obrigados, sob pena de suspensão do benefício, a submeter-se a: (Redação dada pela Medida Provisória nº 1.113, de 2022)

    I – exame médico a cargo da Previdência Social para avaliação das condições que ensejaram sua concessão ou manutenção; (Incluído pela Medida Provisória nº 1.113, de 2022)

    II – processo de reabilitação profissional por ela prescrito e custeado; e (Incluído pela Medida Provisória nº 1.113, de 2022)

    III – tratamento dispensado gratuitamente, exceto o cirúrgico e a transfusão de sangue, que são facultativos. (Incluído pela Medida Provisória nº 1.113, de 2022)

13. Art. 140. Concluído o processo de reabilitação profissional, o Instituto Nacional do Seguro Social emitirá certificado individual indicando a função para a qual o reabilitando foi capacitado profissionalmente, sem prejuízo do exercício de outra para a qual se julgue capacitado.

    § 1º Não constitui obrigação da previdência social a manutenção do segurado no mesmo emprego ou a sua colocação em outro para o qual foi reabilitado, cessando o processo de reabilitação profissional com a emissão do certificado a que se refere o caput.

A assertiva D está correta, conforme explicação do item anterior.

A assertiva E diz que, apesar do INSS fornecer prótese e órtese quando indispensável ao desenvolvimento da reabilitação profissional, os respectivos reparo e manutenção devem ser providenciados pelo próprio segurado. Essa assertiva está incorreta, à medida que o reparo e manutenção de órtese e prótese são obrigação do INSS, conforme Lei 8.213/91[14].

Gabarito oficial: D

QUESTÃO 46

Ano: 2019 • Banca: COPS-UEL • Órgão: Prefeitura de Londrina - PR • Prova: COPS-UEL - 2019 - Prefeitura de Londrina - PR - Médico do Trabalho

De acordo com o Art. 202, do Decreto n° 3.048/1999 (Regulamento da Previdência Social), à contribuição da empresa, destinada ao financiamento da aposentadoria especial e dos benefícios concedidos em razão do grau de incidência de incapacidade laborativa decorrente dos riscos ambientais do trabalho, aplicam-se percentuais, incidentes sobre o total da remuneração paga mensalmente ao segurado.

Sobre esse percentual, assinale a alternativa correta.

Alternativas:

A) 1% para a empresa em cuja atividade preponderante o risco de acidente do trabalho seja considerado leve.

---

14. Art. 89[...]

Parágrafo único. A reabilitação profissional compreende:

a) o fornecimento de aparelho de prótese, órtese e instrumentos de auxílio para locomoção quando a perda ou redução da capacidade funcional puder ser atenuada por seu uso e dos equipamentos necessários à habilitação e reabilitação social e profissional;

b) a reparação ou a substituição dos aparelhos mencionados no inciso anterior, desgastados pelo uso normal ou por ocorrência estranha à vontade do beneficiário;

B) 6% para a empresa em cuja atividade preponderante o risco de acidente do trabalho seja considerado leve.

C) 9% para a empresa em cuja atividade preponderante o risco de acidente do trabalho seja considerado moderado.

D) 2% para a empresa cujo grau de risco para dimensionamento do SESMT for 2.

E) 3% para a empresa cujo grau de risco para dimensionamento do SESMT for 3 ou 4 (grave).

COMENTÁRIOS: A contribuição previdenciária conhecida como SAT/RAT se destina ao financiamento do benefício de aposentadoria especial, bem como daqueles concedidos em razão do grau de incidência de incapacidade laborativa decorrente dos riscos ambientais do trabalho. Nos termos do art. 22 da Lei de Custeio, ela incide sobre o total das remunerações pagas ou creditadas, no decorrer do mês, aos segurados empregados e trabalhadores avulsos, sendo devida à razão de:

a) 1% (um por cento) para as empresas em cuja atividade preponderante o risco de acidentes do trabalho seja considerado leve;

b) 2% (dois por cento) para as empresas em cuja atividade preponderante esse risco seja considerado médio;

c) 3% (três por cento) para as empresas em cuja atividade preponderante esse risco seja considerado grave.

Gabarito oficial: A

QUESTÃO 47

Ano: 2019 • Banca: COPS-UEL • Órgão: Prefeitura de Londrina - PR • Prova: COPS-UEL - 2019 - Prefeitura de Londrina - PR - Médico do Trabalho

Para a determinação do FAP (Fator Acidentário de Prevenção), são calculados os índices de frequência, gravidade e custo.

Em relação aos benefícios que são considerados para o cálculo do índice de gravidade, assinale a alternativa correta.

Alternativas:

A) Aposentadoria por invalidez acidentária e aposentadoria por invalidez previdenciária.

B) Auxílio-doença previdenciário e aposentadoria por invalidez previdenciária.

C) Auxílio-doença acidentário e aposentadoria por invalidez acidentária.

D) Auxílio-acidente e auxílio-doença previdenciário.

E) Pensão por morte acidentária e auxílio-doença previdenciário.

Gabarito oficial: C

QUESTÃO 48

Ano: 2019 • Banca: COPS-UEL • Órgão: Prefeitura de Londrina - PR • Prova: COPS-UEL - 2019 - Prefeitura de Londrina - PR - Médico do Trabalho

De acordo com os benefícios e os serviços oferecidos pela Previdência Social, atribua V (verdadeiro) ou F (falso) às afirmativas a seguir.

( ) Entre os benefícios compensatórios oferecidos pela Previdência Social, incluem-se o Auxílio-Acidente e o Auxílio-Reclusão, ambos oferecidos ao beneficiário, desde que tenha cumprido a devida carência.

( ) Na Aposentadoria por Invalidez, o benefício suspende o contrato de trabalho e cessa com a recuperação da capacidade de trabalho.

( ) O Auxílio-Acidente é devido aos beneficiários domésticos, ao trabalhador avulso e ao segurado especial.

( ) Na Aposentadoria por Invalidez, considera-se invalidez a incapacidade laborativa total, indefinida e multiprofissional, insuscetível de recuperação ou reabilitação profissional, que corresponde à incapacidade geral de ganho, em consequência de doença ou acidente.

( ) No Auxílio-Doença Previdenciário, o segurado é obrigado a submeter-se a exame médico a cargo da Previdência Social, processo de reabilitação profissional e tratamento, exceto cirúrgico e transfusão de sangue.

Assinale a alternativa que contém, de cima para baixo, a sequência correta.

Alternativas:

A) V, V, F, F, F.

B) V, F, V, V, F.

C) F, V, V, F, V.

D) F, V, F, V, V

E) F, F, V, V, F.

COMENTÁRIOS: A primeira assertiva diz que os benefícios de auxílio acidente e auxílio reclusão são compensatórios, e devidos desde que haja o cumprimento da devida carência. No entanto, o benefício de auxílio reclusão não tem natureza compensatória, e sim, remuneratória.

A segunda assertiva está correta, vez que a aposentadoria por invalidez é causa de suspensão do contrato de trabalho consoante legislação trabalhista[15]. Ademais, o retorno voluntário ao trabalho é causa de cessação do benefício, seja de maneira imediata ou após o pagamento de parcelas de recuperação, conforme art. 47 da Lei 8.213/91.

A terceira assertiva está correta, visto que o Auxílio-Acidente é devido aos beneficiários avulso, ao segurado especial e ao doméstico, sendo esse último a partir da Lei Complementar 150/2015. Nesse sentido, o art. 104 do Regulamento: "Art. 104. O auxílio-acidente

15. CLT – Art. 475 – O empregado que for aposentado por invalidez terá suspenso o seu contrato de trabalho durante o prazo fixado pelas leis de previdência social para a efetivação do benefício.

será concedido, como indenização, ao segurado empregado, inclusive o doméstico, ao trabalhador avulso e ao segurado especial quando, após a consolidação das lesões decorrentes de acidente de qualquer natureza, resultar sequela definitiva que, a exemplo das situações discriminadas no Anexo III, implique redução da capacidade para o trabalho que habitualmente exercia." Acreditamos que a banca errou ao classificar essa assertiva como incorreta.

A quarta assertiva diz que na "Aposentadoria por Invalidez, considera-se invalidez a incapacidade laborativa total, indefinida e multiprofissional, insuscetível de recuperação ou reabilitação profissional, que corresponde à incapacidade geral de ganho, em consequência de doença ou acidente.". De acordo o gabarito essa assertiva estaria correta. No entanto, a Lei 8.213/91 não faz menção a incapacidade "indefinida", o que é um erro da assertiva.

A quinta assertiva diz que "No Auxílio-Doença Previdenciário, o segurado é obrigado a submeter-se a exame médico a cargo da Previdência Social, processo de reabilitação profissional e tratamento, exceto cirúrgico e transfusão de sangue.". Essa é praticamente a transcrição literal do artigo 101 da Lei 8.213/91.

Gabarito oficial: D

QUESTÃO 49

Ano: 2019 • Banca: COPS-UEL • Órgão: Prefeitura de Londrina - PR • Prova: COPS-UEL - 2019 - Prefeitura de Londrina - PR - Médico do Trabalho

Assinale a alternativa que apresenta, corretamente, um benefício oferecido pela Previdência Social.

Alternativas:

A) Reabilitação profissional.

B) Serviço Social.

C) Perícia Médica.

D) Aposentadoria por tempo de contribuição.

E) Atendimento do SUS.

COMENTÁRIOS: A aposentadoria por tempo de contribuição, beneplácito existente na época da elaboração da questão, é o único benefício relacionado nas assertivas da questão. A Reabilitação profissional e o serviço social são serviços oferecidos pela Previdência, e não benefícios. Ademais, o atendimento do SUS é um serviço inerente à saúde, e não à Previdência Social.

Gabarito oficial: E

QUESTÃO 50

Ano: 2019 • Banca: COPS-UEL • Órgão: Prefeitura de Londrina - PR • Prova: COPS--UEL - 2019 - Prefeitura de Londrina - PR - Médico do Trabalho

Quanto à Lei de Benefícios da Previdência Social (Lei nº 8.213/1991), considere as afirmativas a seguir.

I. O auxílio-doença é devido ao segurado que, independentemente de ter cumprido ou não a carência exigida, ficar incapacitado para o trabalho ou para atividade habitual, por doença comum por mais de 14 dias consecutivos.

II. O auxílio-doença cessa pela recuperação da capacidade para o trabalho, pela transformação em aposentadoria por invalidez ou auxílio-acidente de qualquer natureza.

III. Não será devido o auxílio-doença ao segurado que filiou ao RGPS (Regulamento Geral da Previdência Social) já portador da doença ou lesão invocada como causa para o benefício.

IV. Todos os segurados terão direito, desde que cumpram com a hipótese de incidência.

Assinale a alternativa correta.

Alternativas:

A) Somente as afirmativas I e II são corretas.
B) Somente as afirmativas I e IV são corretas.
C) Somente as afirmativas III e IV são corretas.
D) Somente as afirmativas I, II e III são corretas.
E) Somente as afirmativas II, III e IV são corretas.

COMENTÁRIOS: A primeira assertiva diz que o benefício de auxílio doença é devido independentemente de carência. No entanto, o auxílio doença, via de regra, demanda o cumprimento de 12 meses de carência[16], sendo excepcionada essa regra em alguns casos, como o benefício decorrente de acidente de trabalho.

As demais assertivas estão corretas, conforme arts. 42 e seguintes da Lei 8.213/91.

Gabarito oficial: E

QUESTÃO 51

Ano: 2019 • Banca: COPS-UEL • Órgão: Prefeitura de Londrina - PR • Prova: COPS-UEL - 2019 - Prefeitura de Londrina - PR - Médico do Trabalho

Para análise do enquadramento de atividade em condições especiais (Aposentadoria Especial), os agentes, reconhecidamente, cancerígenos devem

Alternativas:

A) estar presentes no ambiente de trabalho independentemente da possibilidade de exposição.

B) constar no Anexo II e V do Decreto n° 3.048/1999.

C) pertencer ao Grupo 2 da LINACH (Lista Nacional de Agentes Cancerígenos para Humanos).

D) possuir registro no Ministério da Previdência.

E) ser avaliados qualitativamente.

16. Lei 8.213/91: Art. 25. A concessão das prestações pecuniárias do Regime Geral de Previdência Social depende dos seguintes períodos de carência, ressalvado o disposto no art. 26:
I – auxílio-doença e aposentadoria por invalidez: 12 (doze) contribuições mensais;

COMENTÁRIOS: O Rol de agentes nocivos para a saúde reconhecidos como especiais pela legislação previdenciária está previsto no art. 68 do Regulamento da Previdência Social:

> *"Art. 68. A relação dos agentes nocivos químicos, físicos, biológicos ou associação de agentes prejudiciais à saúde ou à integridade física, considerados para fins de concessão de aposentadoria especial, consta do Anexo IV.[...] § 4º Os agentes reconhecidamente cancerígenos para humanos, listados pela Secretaria Especial de Previdência e Trabalho do Ministério da Economia, serão avaliados em conformidade com o disposto nos § 2º e § 3º deste artigo e no caput do art. 64 e, caso sejam adotadas as medidas de controle previstas na legislação trabalhista que eliminem a nocividade, será descaracterizada a efetiva exposição."*

Assim, nota-se que o rol de agentes nocivos considerado pela legislação previdenciária está encartado no anexo IV, e não no anexo II do Regulamento. Ademais, para o enquadramento especial, deve haver efetiva exposição ao agente nocivo.

Como os agentes nocivos cancerígenos são altamente nocivos à saúde, não é possível estabelecer um limite quantitativo seguro de exposição. Por isso, se diz que a exposição a tais agentes é de ordem qualitativa, e não quantitativa, pois basta a sua presença no ambiente de trabalho para a caracterização da nocividade.

Gabarito oficial: E

QUESTÃO 52

Ano: 2019 • Banca: INSTITUTO MAIS • Órgão: PARNAÍBA-PREV - SP • Prova: INSTITUTO MAIS - 2019 - PARNAÍBA-PREV - SP - Contador

Assinale a alternativa que apresenta um princípio que rege a previdência social.

Alternativas:

A) Singularidade de participação nos planos previdenciários.

B) Caráter democrático e centralizado da gestão administrativa.

C) Seletividade e distributividade na prestação dos benefícios.

D) Previdência complementar obrigatória, custeada por contribuição adicional.

COMENTÁRIOS: Os princípios da previdência Social constam no art. 2º da Lei 8.213/91[17], dentre eles se destacando a Seletividade e distributividade na prestação dos benefícios.

Gabarito oficial: C

QUESTÃO 53

Ano: 2019 • Banca: CONTEMAX • Órgão: Prefeitura de Damião - PB • Prova: CONTEMAX - 2019 - Prefeitura de Damião - PB - Analista de Controle Interno

Tendo em vista o texto constitucional, com relação ao financiamento da Seguridade Social, qual diretriz diz respeito ao atual modelo?

Alternativas:

---

17. Art. 2º A Previdência Social rege-se pelos seguintes princípios e objetivos:

I – universalidade de participação nos planos previdenciários;

II – uniformidade e equivalência dos benefícios e serviços às populações urbanas e rurais;

III – seletividade e distributividade na prestação dos benefícios;

IV – cálculo dos benefícios considerando-se os salários-de-contribuição corrigidos monetariamente;

V – irredutibilidade do valor dos benefícios de forma a preservar-lhes o poder aquisitivo;

VI – valor da renda mensal dos benefícios substitutos do salário-de-contribuição ou do rendimento do trabalho do segurado não inferior ao do salário mínimo;

VII – previdência complementar facultativa, custeada por contribuição adicional;

VIII – caráter democrático e descentralizado da gestão administrativa, com a participação do governo e da comunidade, em especial de trabalhadores em atividade, empregadores e aposentados.

Parágrafo único. A participação referida no inciso VIII deste artigo será efetivada a nível federal, estadual e municipal.

A) Do empregador, da empresa e da entidade a ela equiparada na forma da lei, incidentes sobre a folha de salários e demais rendimentos do trabalho pagos ou creditados, a qualquer título, à pessoa física que lhe preste serviço, mesmo sem vínculo empregatício.

B) Do empregador, da empresa e da entidade a ela equiparada na forma da lei, incidentes sobre a folha de salários, devidos ou creditados, a qualquer título e de qualquer natureza, salvo exceções previstas em lei, à pessoa física que lhe preste serviço, mesmo sem vínculo empregatício.

C) Do empregador e da entidade a ela equiparada na forma da lei, incidentes sobre a folha de salários e demais rendimentos do trabalho pagos ou creditados, a qualquer título, à pessoa física que lhe preste serviço e com vínculo empregatício.

D) Da empresa e da entidade a ela equiparada na forma da lei, incidentes sobre a folha de salários e demais rendimentos do trabalho pagos ou creditados, a qualquer título, à pessoa física que lhe preste serviço, mesmo sem vínculo empregatício.

E) Do empregador, da empresa e da entidade a ela equiparada na forma da lei, incidentes sobre a folha de salários e demais rendimentos do trabalho pagos, devidos ou creditados, a qualquer título e de qualquer natureza, salvo exceções previstas em lei, à pessoa física que lhe preste serviço com vínculo empregatício.

COMENTÁRIOS: As bases de financiamento da Seguridade Social estão dispostas no art. 195 da Constituição Federal:

> *"Art. 195. A seguridade social será financiada por toda a sociedade, de forma direta e indireta, nos termos da lei, mediante recursos provenientes dos orçamentos da União, dos Estados, do Distrito Federal e dos Municípios, e das seguintes contribuições sociais: (Vide Emenda Constitucional nº 20, de 1998)*
>
> *I – do empregador, da empresa e da entidade a ela equiparada na forma da lei, incidentes sobre: (Redação dada pela Emenda Constitucional nº 20, de 1998)*

a) a folha de salários e demais rendimentos do trabalho pagos ou creditados, a qualquer título, à pessoa física que lhe preste serviço, mesmo sem vínculo empregatício; (Incluído pela Emenda Constitucional nº 20, de 1998)

b) a receita ou o faturamento; (Incluído pela Emenda Constitucional nº 20, de 1998)

c) o lucro; (Incluído pela Emenda Constitucional nº 20, de 1998)

II – do trabalhador e dos demais segurados da previdência social, podendo ser adotadas alíquotas progressivas de acordo com o valor do salário de contribuição, não incidindo contribuição sobre aposentadoria e pensão concedidas pelo Regime Geral de Previdência Social; (Redação dada pela Emenda Constitucional nº 103, de 2019)

III – sobre a receita de concursos de prognósticos.

IV – do importador de bens ou serviços do exterior, ou de quem a lei a ele equiparar. (Incluído pela Emenda Constitucional nº 42, de 19.12.2003)"

Assim, nota-se que a assertiva A é a única que faz transcrição literal de uma das bases de financiamento da Seguridade Social.

Gabarito oficial: A

QUESTÃO 54

Ano: 2019 • Banca: VUNESP • Órgão: SERTPREV - SP • Prova: VUNESP - 2019 - SERTPREV - SP - Procurador Jurídico

A Lei nº 8213/91, sobre os Planos de Benefícios da Previdência Social do Regime Geral de Previdência Social, estabelece independer de carência a concessão das seguintes prestações pecuniárias:

Alternativas:

A) Pensão por morte, salário-família e auxílio-acidente.

B) Auxílio-doença e aposentadoria por invalidez, decorrente de qualquer doença a que for acometido o segurado.

C) Salário-maternidade, para a segurada contribuinte individual.

D) Auxílio-reclusão.

E) Aposentadoria por idade, aposentadoria por tempo de serviço e aposentadoria especial.

COMENTÁRIOS: A exigência de carência para benefícios previdenciários está prevista no art. 25 da Lei 8.213/91[18]. Por outro lado, o rol de benefícios que não demandam o cumprimento de carência consta no art. 26 da mesma Lei[19] Dessa maneira, observa-se que a

18. Art. 25. A concessão das prestações pecuniárias do Regime Geral de Previdência Social depende dos seguintes períodos de carência, ressalvado o disposto no art. 26:

    I – auxílio-doença e aposentadoria por invalidez: 12 (doze) contribuições mensais;

    II – aposentadoria por idade, aposentadoria por tempo de serviço e aposentadoria especial: 180 contribuições mensais. (Redação dada pela Lei n° 8.870, de 1994)

    III – salário-maternidade para as seguradas de que tratam os incisos V e VII do caput do art. 11 e o art. 13 desta Lei: 10 (dez) contribuições mensais, respeitado o disposto no parágrafo único do art. 39 desta Lei; e (Redação dada pela Lei n° 13.846, de 2019)

    IV – auxílio-reclusão: 24 (vinte e quatro) contribuições mensais. (Incluído pela Lei n° 13.846, de 2019)

19. Art. 26. Independe de carência a concessão das seguintes prestações:

    I – pensão por morte, salário-família e auxílio-acidente; (Redação dada pela Lei n° 13.846, de 2019)

    II – auxílio-doença e aposentadoria por invalidez nos casos de acidente de qualquer natureza ou causa e de doença profissional ou do trabalho, bem como nos casos de segurado que, após filiar-se ao RGPS, for acometido de alguma das doenças e afecções especificadas em lista elaborada pelos Ministérios da Saúde e da Previdência Social, atualizada a cada 3 (três) anos, de acordo com os critérios de estigma, deformação, mutilação, deficiência ou outro fator que lhe confira especificidade e gravidade que mereçam tratamento particularizado; (Redação dada pela Lei n° 13.135, de 2015)

    III – os benefícios concedidos na forma do inciso I do art. 39, aos segurados especiais referidos no inciso VII do art. 11 desta Lei;

    IV – serviço social;

    V – reabilitação profissional.

    VI – salário-maternidade para as seguradas empregada, trabalhadora avulsa e empregada doméstica. (Incluído pela Lei n° 9.876, de 26.11.99)

pensão por morte, salário família e auxílio acidente independem de carência para a sua concessão.

Gabarito oficial: A

QUESTÃO 55

Ano: 2019 • Banca: VUNESP • Órgão: SERTPREV - SP • Prova: VUNESP - 2019 - SERTPREV - SP - Procurador Jurídico

Quanto aos segurados da Previdência Social, nos termos da Lei nº 8.212/91, assinale a alternativa correta

Alternativas:

A) É segurado obrigatório, como empregado, o exercente de mandato eletivo federal, estadual ou municipal, mesmo que vinculado a regime próprio de previdência social.

B) É segurado obrigatório, como empregado, o servidor público ocupante de cargo em comissão, sem vínculo efetivo com a União, Autarquias, inclusive em regime especial, e Fundações Públicas Federais.

C) Aquele que exercer, concomitantemente, mais de uma atividade remunerada sujeita ao Regime Geral de Previdência Social, deverá, obrigatoriamente, eleger uma delas para filiar-se.

D) O aposentado pelo Regime Geral de Previdência Social--RGPS que voltar a exercer atividade abrangida por este Regime, em relação a essa nova atividade, está desobrigado de contribuir para o custeio da Seguridade Social.

E) O dirigente sindical deixa de manter, durante o exercício do mandato eletivo, o enquadramento no Regime Geral de Previdência Social-RGPS de antes da investidura.

COMENTÁRIOS: A questão trata dos segurados do Regime Geral de Previdência Social. A primeira assertiva informa que o exercente de mandato eletivo é considerado um segurado empregado do Regime Geral de Previdência Social, ainda que vinculado a regime próprio.

Entretanto, a Lei 8.213/91 deixa claro que, caso o servidor esteja amparado por regime próprio, ele não se filia ao RGPS[20].

A segunda assertiva reflete corretamente o disposto no art. 11, g da Lei de Benefícios, asseverando a filiação do servidor ocupante de cargo em comissão.

A assertiva C afirma que a filiação ao RGPS do exercente de mais de uma atividade remunerada é facultativa, tendo em vista que ele optar por qual será filiado. Essa assertiva está errada, vez que a filiação ao RGPS é obrigatória. O segurado que exerce mais de uma atividade é filiado em relação a cada atividade[21], não havendo direito de opção.

A assertiva D afirma que o aposentado pelo RGPS que volta a exercer atividade está desobrigado de contribuir para o custeio da Seguridade Social. Entretanto, o retorno à atividade implica na obrigação de contribuir para o custeio do regime[22].

Quanto à assertiva E, ao contrário do afirmado, o dirigente sindical mantém, durante o exercício do mandato eletivo, o mesmo enquadramento no Regime Geral de Previdência Social-RGPS de antes da investidura, conforme art. 11, §4º da Lei 8.213/91.

Gabarito oficial: B

20. Art. 11. São segurados obrigatórios da Previdência Social as seguintes pessoas físicas: I – como empregado: h) o exercente de mandato eletivo federal, estadual ou municipal, desde que não vinculado a regime próprio de previdência social ; (Incluída pela Lei n° 9.506, de 1997)

21. Art. 11. [...]: § 2° Todo aquele que exercer, concomitantemente, mais de uma atividade remunerada sujeita ao Regime Geral de Previdência Social é obrigatoriamente filiado em relação a cada uma delas.

22. Art. 11[...]§ 3° O aposentado pelo Regime Geral de Previdência Social–RGPS que estiver exercendo ou que voltar a exercer atividade abrangida por este Regime é segurado obrigatório em relação a essa atividade, ficando sujeito às contribuições de que trata a Lei n° 8.212, de 24 de julho de 1991, para fins de custeio da Seguridade Social. (Incluído pela Lei n° 9.032, de 1995)

QUESTÃO 56

Ano: 2019 • Banca: VUNESP • Órgão: SERTPREV - SP • Prova: VUNESP - 2019 - SERTPREV - SP - Procurador Jurídico

Joca é empregado da empresa Piracema S.A. e tem uma remuneração de 30 (trinta) salários mínimos. Nesse caso,

A) A contribuição de Joca, na qualidade de segurado, incidirá sobre o teto do INSS, ao passo que a contribuição da empresa Piracema S.A., sobre a remuneração de Joca, incidirá sobre o total da remuneração, independentemente de qualquer limite.

B) Tanto a contribuição de Joca, na qualidade de segurado, quanto a contribuição da empresa Piracema S.A., sobre a remuneração de Joca, incidirão sobre o total da remuneração, independentemente de qualquer limite.

C) A contribuição de Joca, na qualidade de segurado, incidirá sobre o total da remuneração, independentemente de qualquer limite, ao passo que a contribuição da empresa Piracema S.A., sobre a remuneração de Joca, incidirá sobre o teto do INSS.

D) Tanto a contribuição de Joca, na qualidade de segurado, quanto a contribuição da empresa Piracema S.A., sobre a remuneração de Joca, incidirão sobre o teto do INSS.

E) As contribuições de Joca, na qualidade de segurado, e da empresa Piracema S.A., em valor entre o teto do INSS até o total da remuneração, serão iguais e definidas de comum acordo entre empregador e empregado.

COMENTÁRIOS: A questão trata do limite máximo do salário de contribuição, também conhecido como teto da previdência. Tal limite não é mais regulado pela Lei de Custeio, e sim, por portaria do respectivo Ministério. O valor atual do teto é de 7.087,22 (sete mil e oitenta e sete reais e vinte e dois centavos). Assim, por ter remuneração superior a 30 salários mínimos, a contribuição de Joca é limitada ao teto. Outrossim, a contribuição da empresa incide sobre a totalidade da folha de salários e demais rendimentos do trabalho pagos ou creditados, a qualquer título, à pessoa física que lhe preste serviço, mesmo sem vínculo empregatício, conforme art. 195 da Constituição Federal, não possuindo qualquer limite.

Gabarito oficial: A

QUESTÃO 57

Ano: 2019 • Banca: VUNESP • Órgão: SERTPREV - SP • Prova: VUNESP - 2019 - SERTPREV - SP - Procurador Jurídico

O art. 201 da CF/88 expressamente dispõe sobre o caráter contributivo da previdência social. Apesar da exigência de contribuição do beneficiário, pode-se dizer que

Alternativas:

A) Nem todo trabalhador com carteira assinada em empresa privada é contribuinte obrigatório da previdência social.

B) O acesso à previdência social é universal, no sentido de que todas as pessoas que quiserem podem filiar-se ao sistema previdenciário.

C) O estrangeiro residente no Brasil não poderá ser beneficiário do RGPS.

D) Para se filiar ao sistema previdenciário se exige que o sujeito esteja exercendo atividade remunerada.

E) Qualquer pessoa física, com mais de quatorze anos, se quiser, pode aderir ao regime geral de previdência social, lembrando que o aprendiz poderá filiar-se a partir dos treze anos.

COMENTÁRIOS: A primeira assertiva diz que "nem todo trabalhador com carteira assinada em empresa privada é contribuinte obrigatório da previdência social.". No entanto, o Regime Geral de Previdência Social é um regime de filiação obrigatória, o que torna todo trabalhador de carteira assinada um contribuinte obrigatório da previdência social.

A segunda assertiva estabelece que "o acesso à previdência social é universal, no sentido de que todas as pessoas que quiserem podem filiar-se ao sistema previdenciário.". A previdência social tem caráter contributivo. Por este motivo, qualquer um que deseje pode se filiar ao RGPS, desde que contribua para o regime.

A terceira assertiva aduz que "o estrangeiro residente no Brasil não poderá ser beneficiário do RGPS.". No entanto, o art. 12 da Lei de Custeio deixa claro que o estrangeiro residente pode ser filiado ao RGPS em várias situações, como por exemplo o domiciliado e contratado no Brasil para trabalhar como empregado em sucursal ou agência de empresa nacional no exterior.

A quarta assertiva afirma que "para se filiar ao sistema previdenciário se exige que o sujeito esteja exercendo atividade remunerada.". O erro da assertiva está na exigência de atividade remunerada, visto que o RGPS também permite a filiação facultativa.

A quinta assertiva diz que "qualquer pessoa física, com mais de quatorze anos, se quiser, pode aderir ao regime geral de previdência social, lembrando que o aprendiz poderá filiar-se a partir dos treze anos";. No entanto, a idade mínima de filiação ao RGPS é de 14 anos no caso do segurado facultativo, conforme art. 13 da Lei 8.213/91

Gabarito oficial: B

QUESTÃO 58

Ano: 2019 • Banca: VUNESP • Órgão: SERTPREV - SP • Prova: VUNESP - 2019 - SERTPREV - SP - Procurador Jurídico

Em matéria de competência para legislar sobre seguridade social no Brasil, é correto afirmar que

Alternativas:

A) A União será a responsável por criar normas básicas e regras gerais do tripé da Seguridade Social.

B) Apenas a definição da estrutura da Seguridade social será competência privativa dos Estados e do Distrito Federal.

C) Compete privativamente aos Estados e ao Distrito Federal legislar sobre a Seguridade Social.

D) Por meio de lei ordinária poderá se autorizar os Estados a legislar sobre questões específicas das matérias relacionadas a Seguridade Social.

E) As competências legislativas para editar normas gerais e específicas com relação à Seguridade Social são concorrentes entre União, Estado, Distrito Federal e Municípios.

COMENTÁRIOS: A competência para legislar sobre a seguridade social no Brasil é prevista na Constituição Federal, no art. 22:

> *"Art. 22. Compete privativamente à União legislar sobre:*
> *XXIII – seguridade social;".*

Gabarito oficial: A

QUESTÃO 59

Ano: 2019 • Banca: VUNESP • Órgão: SERTPREV - SP • Prova: VUNESP - 2019 - SERTPREV - SP - Procurador Jurídico

Consta entre as disposições constitucionais sobre seguridade social que

Alternativas:

A) A educação integra a seguridade social.

B) A assistência social e a saúde jamais são financiadas por contribuições sociais.

C) O direito à saúde e à assistência social dependem de contribuição direta do indivíduo que busca o atendimento.

D) Todas as pessoas têm direito à previdência social.

E) Dentre os subsistemas de proteção que integram a seguridade social, apenas a previdência social depende, via de regra, de contribuição direta por parte do beneficiário.

COMENTÁRIOS: A questão trata de disposições constitucionais gerais acerca da seguridade social. Na primeira assertiva, informa que a educação integra a seguridade social. No entanto, consoante art. 194 da CF, a seguridade compreende um conjunto integrado de ações de iniciativa dos Poderes Públicos e da sociedade, destinadas a assegurar os direitos relativos à saúde, à previdência e à assistência social. Logo, dentre os direitos assegurados pela seguridade social, não se encontra o direito à educação.

A segunda assertiva afirma que a assistência social e a saúde não são financiadas por contribuições sociais. No entanto, o art. 195 da CF assevera que "A seguridade social será financiada por toda a sociedade, de forma direta e indireta, nos termos da lei, mediante recursos provenientes dos orçamentos da União, dos Estados, do Distrito Federal e dos Municípios, e das seguintes contribuições sociais". Logo, toda a seguridade social, o que inclui a saúde, assistência e previdência social, é custeada por meio das contribuições sociais.

A terceira assertiva diz que o direito à saúde e à assistência social dependem de contribuição direta do indivíduo que busca atendimento. No entanto, a leitura dos arts. 196 e 203 da CF deixam claro que a saúde e a assistência social, ao contrário da previdência social, são vertentes não contributivas da seguridade social. Dessa forma, não é necessário o custeio direto do indivíduo que busca atendimento.

A quarta assertiva diz que todas as pessoas têm direito à previdência social. Todavia, a previdência social possui caráter contributivo, ou seja, para gozar de seus benefícios é necessário efetuar o pagamento das contribuições devidas, conforme art. 201 da CF. Essa característica da previdência social é destacada corretamente na quinta assertiva.

Gabarito oficial: E

QUESTÃO 60

Ano: 2019 • Banca: CESPE / CEBRASPE • Órgão: Prefeitura de Campo Grande - MS • Prova: CESPE - 2019 - Prefeitura de Campo Grande - MS - Procurador Municipal

Acerca dos benefícios previdenciários, julgue o item subsequente.

Perde o direito à pensão por morte o pretenso beneficiário que, após o trânsito em julgado, tenha sido condenado pela prática de crime de que tenha dolosamente ou mesmo culposamente resultado a morte do segurado.

Alternativas:

( ) Certo

( ) Errado

COMENTÁRIOS: A questão trata da inovação trazida pela Lei 13.846/2019. Há perda do direito à pensão por morte caso o beneficiário seja condenado pela prática de homicídio doloso, ainda que tentado, contra o instituidor da pensão[23]. Nessa assertiva o erro está na informação de que o a perda do direito à pensão por morte ocorre ainda que o crime tenha ocorrido de maneira culposa, o que não encontra respaldo legal.

Gabarito oficial: Errado

QUESTÃO 61

Ano: 2019 • Banca: CESPE / CEBRASPE • Órgão: Prefeitura de Campo Grande - MS • Prova: CESPE - 2019 - Prefeitura de Campo Grande - MS - Procurador Municipal

Acerca dos benefícios previdenciários, julgue o item subsequente.

Ao segurado ou à segurada da previdência social que adotar ou obtiver guarda judicial para fins de adoção de criança é devido salário-maternidade pelo período de cento e vinte dias.

23. Art. 74. A pensão por morte será devida ao conjunto dos dependentes do segurado que falecer, aposentado ou não, a contar da data: [...]

§ 1° Perde o direito à pensão por morte o condenado criminalmente por sentença com trânsito em julgado, como autor, coautor ou partícipe de homicídio doloso, ou de tentativa desse crime, cometido contra a pessoa do segurado, ressalvados os absolutamente incapazes e os inimputáveis. (Redação dada pela Lei n° 13.846, de 2019)

Alternativas:

( ) Certo

( ) Errado

COMENTÁRIOS: A questão traz a hipótese do art. 71-A[24] da Lei de Benefícios (Lei 8.213/91), que é a adoção judicial para fins de adoção. Nessa situação, a Lei assegura o pagamento do benefício por 120 dias.

Gabarito oficial: Certo

QUESTÃO 62

Ano: 2019 • Banca: CESPE / CEBRASPE • Órgão: Prefeitura de Campo Grande - MS • Prova: CESPE - 2019 - Prefeitura de Campo Grande - MS - Procurador Municipal

Acerca dos benefícios previdenciários, julgue o item subsequente.

O salário-família será pago mensalmente ao segurado empregado, ao empregado doméstico e ao trabalhador avulso, por filho ou equiparado de qualquer condição até catorze anos de idade, ou inválido de qualquer idade. O segurado só fará jus ao benefício se tiver como salário de contribuição valor até certo teto, definido em portaria, periodicamente.

Alternativas:

( ) Certo

( ) Errado

COMENTÁRIOS: A questão trata do benefício de salário-família, disciplinado pelos arts. 65 e seguintes da Lei 8.213/91. De fato, o

24. Art. 71-A. Ao segurado ou segurada da Previdência Social que adotar ou obtiver guarda judicial para fins de adoção de criança é devido salário-maternidade pelo período de 120 (cento e vinte) dias. (Redação dada pela Lei nº 12.873, de 2013)

benefício é pago para o segurado que possua filhos ou equiparados de até 14 anos de idade ou inválidos, desde que se enquadre no limite de valor imposto anualmente por portaria. Em 2022 a PORTARIA INTERMINISTERIAL MTP/ME Nº 12, DE 17 DE JANEIRO DE 2022 estabeleceu como limite de baixa renda o valor de R$ 1.655,98 (um mil seiscentos e cinquenta e cinco reais e noventa e oito centavos).

Gabarito oficial: Certo

QUESTÃO 63

Ano: 2019 • Banca: CESPE / CEBRASPE • Órgão: Prefeitura de Campo Grande - MS • Prova: CESPE - 2019 - Prefeitura de Campo Grande - MS - Procurador Municipal

Acerca dos benefícios previdenciários, julgue o item subsequente.

Será automaticamente cessada, a partir da data do retorno, a aposentadoria do aposentado por invalidez que retornar voluntariamente à atividade.

Alternativas:

( ) Certo

( ) Errado

COMENTÁRIOS: A questão trata de hipótese de retorno voluntário ao trabalho do aposentado por invalidez, conforme art. 46 da Lei 8.213/91.[25]

Gabarito oficial: Certo

25. Art. 46. O aposentado por invalidez que retornar voluntariamente à atividade terá sua aposentadoria automaticamente cancelada, a partir da data do retorno.

QUESTÃO 64

Ano: 2019 • Banca: CESPE / CEBRASPE • Órgão: Prefeitura de Campo Grande - MS • Prova: CESPE - 2019 - Prefeitura de Campo Grande - MS - Procurador Municipal

Jorge, na qualidade de contribuinte individual, vinha contribuindo até o início do cumprimento de pena de reclusão pela prática do crime de homicídio qualificado, não tendo feito mais contribuições

Com referência a essa situação hipotética, julgue os seguintes itens.

O reconhecimento da perda da qualidade de segurado de Jorge ocorrerá no dia seguinte ao do vencimento da contribuição de contribuinte individual relativa ao mês imediatamente posterior ao término do prazo de doze meses após o livramento.

Alternativas:

( ) Certo

( ) Errado

Gabarito oficial: Certo

Jorge manterá a qualidade de segurado, independentemente de contribuições, até doze meses após o livramento.

Alternativas:

( ) Certo

( ) Errado

Gabarito oficial: Certo

COMENTÁRIOS: As duas assertivas tratam do período de graça do contribuinte individual recluso, que é de 12 meses, consoante previsão legal[26]

26. Art. 15. Mantém a qualidade de segurado, independentemente de contribuições: IV – até 12 (doze) meses após o livramento, o segurado retido ou recluso;

QUESTÃO 65

Ano: 2019 • Banca: CESPE / CEBRASPE • Órgão: Prefeitura de Campo Grande - MS • Prova: CESPE - 2019 - Prefeitura de Campo Grande - MS - Procurador Municipal

Os irmãos Fátima e Ronaldo, plenamente capazes e sem nenhuma deficiência física, intelectual ou mental, possuem as seguintes características: ambos se enquadram em famílias de baixa renda; Fátima tem trinta anos de idade e Ronaldo, trinta e cinco anos de idade; Fátima não tem renda própria, dedica-se exclusivamente ao trabalho doméstico no âmbito de sua residência e contribui para a previdência social na qualidade de segurada facultativa; Ronaldo contribui como segurado trabalhador avulso.

A partir dessa situação hipotética, julgue o item seguinte.

Fátima e Ronaldo não preenchem os requisitos para serem dependentes previdenciários um do outro.

Alternativas:

( ) Certo

( ) Errado

COMENTÁRIOS: A assertiva diz que Fátima e Ronaldo não preenchem os requisitos para serem dependentes previdenciários um do outro. Tratam-se de irmãos plenamente capazes, sem qualquer deficiência. Eles não são considerados dependentes, visto que, consoante art. 16 da Lei 8.213/91, os irmãos são considerados dependentes apenas quando menores de 21 anos ou portadores de invalidez ou deficiência intelectual, mental ou deficiência grave, não sendo esse o caso relatado na questão.

Gabarito oficial: Certo

QUESTÃO 66

Ano: 2019 • Banca: CESPE / CEBRASPE • Órgão: Prefeitura de Campo Grande - MS • Prova: CESPE - 2019 - Prefeitura de Campo Grande - MS - Procurador Municipal

Os irmãos Fátima e Ronaldo, plenamente capazes e sem nenhuma deficiência física, intelectual ou mental, possuem as seguintes características: ambos se enquadram em famílias de baixa renda; Fátima tem trinta anos de idade e Ronaldo, trinta e cinco anos de idade; Fátima não tem renda própria, dedica-se exclusivamente ao trabalho doméstico no âmbito de sua residência e contribui para a previdência social na qualidade de segurada facultativa; Ronaldo contribui como segurado trabalhador avulso.

A partir dessa situação hipotética, julgue o item seguinte.

Ronaldo poderá contribuir para a previdência social com a alíquota de 5% sobre o limite mínimo mensal do salário de contribuição.

Alternativas:

( ) Certo

( ) Errado

COMENTÁRIOS: A assertiva trata da possibilidade de efetuar o recolhimento simplificado de 5% sobre o limite mínimo do salário de contribuição. Com efeito, Ronaldo é trabalhador avulso, tendo suas contribuições retidas pelo respectivo sindicato ou órgão gestor de mão de obra. Assim, não é possível realizar o pagamento de contribuições com alíquota de 5%, uma vez que esta possibilidade só é garantida ao Microempreendedor Individual e ao homem ou mulher de famílias de baixa renda e que se dedique exclusivamente ao trabalho doméstico no âmbito da sua residência, que não tenha renda própria.

Em suma, a contribuição de 5% sobre o limite mínimo do salário de contribuição é devida pelo microempreendedor individual ou pelo segurado facultativo sem renda própria que se dedique exclusivamente ao trabalho doméstico no âmbito de sua residência, desde que pertencente à família de baixa renda.[27]

27. Art. 21. A alíquota de contribuição dos segurados contribuinte individual e facultativo será de vinte por cento sobre o respectivo salário-de-contribuição. (Redação dada pela Lei nº 9.876, de 1999). II – 5% (cinco por cento): (Incluído pela Lei nº 12.470, de 2011)

Assim, Fátima tem direito a efetuar o recolhimento na alíquota reduzida de 5%, pois pertence a uma família de baixa renda e trabalha exclusivamente no âmbito de sua residência. Entretanto, Ronaldo é segurado avulso, e, portanto, não tem direito a contribuir no percentual reduzido.

Gabarito oficial: Errado

QUESTÃO 67

Ano: 2019 • Banca: FCC • Órgão: SPPREV • Prova: FCC - 2019 - SPPREV - Analista em Gestão Previdenciária

Além dos segurados, a lei prevê os dependentes como beneficiários da Previdência Social. Os dependentes do segurado são os enumerados nos incisos I a III do art. 16 da Lei n° 8.213/1991, definindo 3 classes (I a III). Nesse tema,

Alternativas:

A) Os dependentes da classe I são preferenciais, afastando em caso de concurso os da classe II e III.

B) A mulher que renunciou aos alimentos na separação judicial tem direito à pensão previdenciária por morte do ex-marido, presumindo-se a necessidade econômica superveniente.

C) O parceiro homoafetivo é considerado dependente de segurado(a), pois se trata de relação capaz de criar a instituição familiar. Deverá, todavia, demonstrar a dependência econômica.

---

a) no caso do microempreendedor individual, de que trata o art. 18-A da Lei Complementar n° 123, de 14 de dezembro de 2006; e (Incluído pela Lei n° 12.470, de 2011) (Produção de efeito)

b) do segurado facultativo sem renda própria que se dedique exclusivamente ao trabalho doméstico no âmbito de sua residência, desde que pertencente a família de baixa renda. (Incluído pela Lei n° 12.470, de 2011)

D) O benefício recebido por dependente preferencial (classe I), uma vez cessado, será transferido aos eventuais dependentes das classes inferiores (II e III).

E) Para fins de pensão previdenciária, a dependência econômica dos genitores em relação aos filhos necessita ser exclusiva.

COMENTÁRIOS: A assertiva A trata da hipótese do art. 16, §1º da Lei 8.213/91, segundo o qual A existência de dependente de qualquer das classes exclui do direito às prestações os das classes seguintes. Assim, havendo dependentes preferenciais (o cônjuge, a companheira, o companheiro e o filho não emancipado, de qualquer condição, menor de 21 (vinte e um) anos ou inválido ou que tenha deficiência intelectual ou mental ou deficiência grave), há exclusão dos dependentes das classes seguintes.

A assertiva B cuida da situação prevista na Súmula 336 do STJ, *in verbis*: "A mulher que renunciou aos alimentos na separação judicial tem direito à pensão previdenciária por morte do ex-marido, comprovada a necessidade econômica superveniente". Assim, é possível a concessão de pensão por morte para o ex-cônjuge que renunciou aos alimentos, desde que a dependência econômica superveniente seja efetivamente comprovada, e não presumida, como destacado na assertiva.

A assertiva C trata da possibilidade de o companheiro homoafetivo ser considerado dependente no Regime Geral de Previdência Social. Na situação em comento, o companheiro homoafetivo é considerado dependente da classe I, e por esta razão possui dependência econômica presumida, não havendo necessidade de comprovação nesse sentido.

A assertiva D afirma que o benefício recebido por dependente da classe I, uma vez cessado, será transferido a eventuais dependentes das classes seguintes. Tal afirmação não procede, pois a existência de um dependente da classe I afasta o direito ao recebimento da pensão por dependentes das classes inferiores, conforme art. 16 §1º da Lei 8.213/91, não havendo direito a reversão de cotas.

A assertiva E diz que a dependência econômica dos pais em relação aos filhos deve ser exclusiva para fins de concessão da pensão por morte. No entanto, a Lei 8.213/91 não faz essa exigência. A jurisprudência exige que essa dependência econômica seja substancial, indispensável à sobrevivência ou à manutenção do genitor.

Gabarito oficial: A

QUESTÃO 68

Ano: 2019 • Banca: FCC • Órgão: SPPREV • Prova: FCC - 2019 - SPPREV - Analista em Gestão Previdenciária

Aposentadoria por invalidez é benefício previdenciário devido ao segurado acometido de incapacidade relevante para o exercício da atividade remunerada que habitualmente exercia. Está entre os requisitos para concessão ou manutenção desse benefício:

Alternativas:

A) Apresentação de laudo médico a cargo do segurado a ser apresentado por ocasião do requerimento administrativo no INSS.

B) A consideração pelo juiz, a par da incapacidade para o trabalho, das condições pessoais e sociais do segurado.

C) O cumprimento da carência de 12 contribuições mensais para as hipóteses de doença profissional ou acidente de trabalho.

D) Estar o segurado, previamente ao requerimento administrativo, no gozo de auxílio-doença.

E) Ficar comprovado em laudo do INSS que, em virtude da condição de incapacidade, o segurado necessita da assistência permanente de terceiros.

COMENTÁRIOS: Os requisitos da atual aposentadoria por incapacidade permanente, antiga aposentadoria por invalidez, estão previstos no art. 42 da Lei 8.213/91:

"A aposentadoria por invalidez, uma vez cumprida, quando for o caso, a carência exigida, será devida ao segurado que, estando ou não em gozo de auxílio-doença, for considerado incapaz e insusceptível de reabilitação para o exercício de atividade que lhe garanta a subsistência, e ser-lhe-á paga enquanto permanecer nesta condição."

Cabe ao juiz, no curso das ações judiciais, observar o cumprimento dos requisitos, avaliando o laudo pericial com fundamento nas condições pessoais e sociais do segurado.

Gabarito oficial: B

QUESTÃO 69

Ano: 2019 • Banca: FCC • Órgão: SPPREV • Prova: FCC - 2019 - SPPREV - Analista em Gestão Previdenciária

Técnico em Informática, Bill foi empregado de empresas da área de TI durante 20 anos. Necessitando de maior flexibilização no horário, há 5 anos passou a trabalhar por conta própria (pessoa física) prestando assessorias a diversas empresas – que ele mesmo seleciona – na área de software, sem subordinação. Bill mantém em dia o recolhimento das contribuições. A categoria tipificada para Bill é o segurado

Alternativas:

A) Obrigatório especial.

B) Obrigatório trabalhador avulso.

C) Obrigatório individual.

D) Facultativo.

E) Obrigatório empregado.

COMENTÁRIOS: As categorias de segurados do Regime Geral de Previdência Social estão listadas no artigo 11 da Lei 8.213/91. O caso vertente evidencia a situação previdenciária de Bill, que trabalha para várias empresas sem subordinação, recolhendo suas contribuições por conta própria. Assim, está configurado o enquadramento como segurado obrigatório do RGPS, na condição de contribuinte individual[28]

Gabarito oficial: C

QUESTÃO 70

Ano: 2019 • Banca: FCC • Órgão: SPPREV • Prova: FCC - 2019 - SPPREV - Analista em Gestão Previdenciária

O constituinte preocupou-se com o segurado especial e assim preceitua no texto constitucional: o produtor, o parceiro, o seringueiro, o extrativista, o meeiro e o arrendatário rural e o pescador artesanal, bem como os respectivos cônjuges, que exerçam suas atividades em regime de economia familiar, sem empregados permanentes, e contribuam para a seguridade social mediante a aplicação de uma alíquota sobre o resultado da comercialização da produção farão jus aos benefícios nos termos da Lei n° 8.213/1991. Sob esses requisitos constitucionais e à luz da referida lei, é correto afirmar que se enquadra como segurado especial

Alternativas:

A) O produtor ou arrendatário rural, que explore atividade agropecuária em área de até 8 módulos fiscais.

B) O seringueiro ou extrativista que exerça suas atividades nos termos da lei e faça dessas atividades o principal meio de vida, desde que em área até 4 módulos fiscais.

C) Filho maior de 12 anos de idade, desde que comprovadamente trabalhe com o grupo familiar respectivo.

---

28. Lei 8.213/91: Art. 11. São segurados obrigatórios da Previdência Social as seguintes pessoas físicas: [...]

    V – como contribuinte individual: g) quem presta serviço de natureza urbana ou rural, em caráter eventual, a uma ou mais empresas, sem relação de emprego;

D) Pescador artesanal ou a este assemelhado, desde que não faça da pesca profissão habitual ou principal meio de vida.

E) Arrendatário rural que seja produtor e explore atividade agropecuária em área de até 4 módulos rurais.

COMENTÁRIOS: A questão trata do conceito de segurado especial, estabelecido no art. 11, VII da Lei 8.213/91. [29] A assertiva A diz que é considerado segurado especial o produtor ou arrendatário rural, que explore atividade em área de até 8 módulos fiscais. O erro está no limite de módulos fiscais, tendo em vista que a lei só considera segurado especial aquele que exerce sua atividade em área de até quatro módulos fiscais.

A assertiva B diz que é segurado especial o seringueiro ou extrativista que exerça suas atividades nos termos da lei e faça dessas atividades o principal meio de vida, desde que em área até 4 módulos fiscais. O erro da assertiva está no limite de 4 módulos fiscais, que

---

29. Art. 11. São segurados obrigatórios da Previdência Social as seguintes pessoas físicas: [...] VII – como segurado especial: a pessoa física residente no imóvel rural ou em aglomerado urbano ou rural próximo que, individualmente ou em regime de economia familiar, ainda que com o auxílio eventual de terceiros, na condição de: (Redação dada pelo Decreto n° 6.722, de 2008).

a) produtor, seja ele proprietário, usufrutuário, possuidor, assentado, parceiro ou meeiro outorgados, comodatário ou arrendatário rurais, que explore atividade: (Incluído pelo Decreto n° 6.722, de 2008).

1. agropecuária em área contínua ou não de até quatro módulos fiscais; ou (Incluído pelo Decreto n° 6.722, de 2008).

2. de seringueiro ou extrativista vegetal na coleta e extração, de modo sustentável, de recursos naturais renováveis, e faça dessas atividades o principal meio de vida; (Incluído pelo Decreto n° 6.722, de 2008).

b) pescador artesanal ou a este assemelhado, que faça da pesca profissão habitual ou principal meio de vida; e (Incluído pelo Decreto n° 6.722, de 2008).

c) cônjuge ou companheiro, bem como filho maior de dezesseis anos de idade ou a este equiparado, do segurado de que tratam as alíneas "a" e "b" deste inciso, que, comprovadamente, tenham participação ativa nas atividades rurais ou pesqueiras artesanais, respectivamente, do grupo familiar. (Redação dada pelo Decreto n° 8.499, de 2015)

não se aplica ao garimpeiro e ao extrativista vegetal, mas apenas ao produtor rural, seja ele proprietário, usufrutuário, possuidor, assentado, parceiro ou meeiro outorgados, comodatário ou arrendatário rurais.

A assertiva C diz que é considerado como segurado especial o filho maior de 12 anos de idade, desde que comprovadamente trabalhe com o grupo familiar respectivo. O erro da assertiva está na idade mínima, tendo em vista que a lei só garante enquadramento como segurado especial ao maior de 16 anos.

A assertiva D considera como segurado especial o pescador artesanal ou assemelhado, desde que não faça da pesca profissão habitual ou principal meio de vida. O erro está no "não", já que a Lei 8.213/91 exige, para caracterização da qualidade de segurado especial, que o pescador faça da pesca a sua profissão habitual ou principal meio de vida.

A assertiva E afirma que é segurado especial o arrendatário rural que seja produtor e explore atividade agropecuária em área de até 4 módulos rurais. Esta assertiva está correta.

Gabarito oficial: E

QUESTÃO 71

Ano: 2019 • Banca: FCC • Órgão: SPPREV • Prova: FCC - 2019 - SPPREV - Analista em Gestão Previdenciária

Carlos trabalhou por 30 anos como empregado de empresa de informática e, por pouco mais de 5 anos por conta própria, na área de software, perfazendo mais de 35 anos de tempo de contribuição. Lamentavelmente faleceu em acidente de carro, não deixando dependentes. Carlos não poderá fruir por si ou por dependentes de benefícios previdenciários decorrentes de suas contribuições, nem caberá restituição desses valores a eventuais herdeiros. O princípio da seguridade social que justifica essa situação é o princípio

Alternativas:

A) Da universalidade da cobertura.

B) Da seletividade e distributividade na prestação dos benefícios.

C) Da solidariedade.

D) Da diversidade da base de financiamento.

E) Do caráter democrático da gestão do sistema previdenciário.

COMENTÁRIOS: O princípio da solidariedade é o princípio mais marcante da Previdência Social. A solidariedade significa "Ligação recíproca entre duas ou mais coisas ou pessoas, que são dependentes entre si.", de maneira que essa ligação traz uma relação de dependência dos segurados entre si.

Gabarito oficial: C

QUESTÃO 72

Ano: 2019 • Banca: FCC • Órgão: SPPREV • Prova: FCC - 2019 - SPPREV - Analista em Gestão Previdenciária

Dependentes são aqueles que, apesar de não contribuírem para a seguridade social, podem vir a receber benefícios previdenciários, em razão de relação de parentesco ou afetiva com o segurado. Nesse tema,

Alternativas:

A) A relação de dependentes é definida taxativamente pela legislação previdenciária.

B) É o segurado quem escolhe quem serão seus dependentes para fins de pensão por morte.

C) Para que receba o benefício, o interessado deverá sempre demonstrar dependência econômica do segurado.

D) Irmão com deficiência mental não necessita provar que era dependente economicamente do segurado.

E) A dependência econômica dos pais do segurado é presumida pela lei.

COMENTÁRIOS: O rol de dependentes do Regime Geral de Previdência Social está previsto no art. 16 da Lei 8.213/91. Trata-se de um rol taxativo atualmente, embora no passado tenha existido a figura do dependente designado, escolhido livremente pelo segurado. Os dependentes da classe I tem dependência presumida, ou seja, o cônjuge, a companheira, o companheiro e o filho não emancipado, de qualquer condição, menor de 21 (vinte e um) anos ou inválido ou que tenha deficiência intelectual ou mental ou deficiência grave não precisam comprovar dependência econômica do segurado falecido. Por outro lado, os dependentes das demais classes precisam comprovar a dependência econômica.

Gabarito oficial: A

QUESTÃO 73

Ano: 2019 • Banca: Quadrix • Órgão: Prefeitura de Jataí - GO • Prova: Quadrix - 2019 - Prefeitura de Jataí - GO - Auditor de Controladoria

A Lei n.° 8.213/1991 define que o acidente de trabalho é o que ocorre pelo exercício do trabalho a serviço de empresa ou de empregador doméstico ou pelo exercício do trabalho dos segurados especiais, provocando lesão corporal ou perturbação funcional que cause a morte ou a perda ou redução, permanente ou temporária, da capacidade para o trabalho. No que diz respeito ao acidente de trabalho,

A) A empresa é responsável pela adoção e pelo uso das medidas coletivas e individuais de proteção e segurança da saúde do trabalhador.

B) Ao aceitar o contrato de trabalho, o trabalhador assume a obrigação de se informar sobre os riscos da operação que venha a executar. Dessa forma, a empresa não é obrigada a prestar informações pormenorizadas sobre os riscos da operação do trabalho que será realizado.

C) Não será permitido ao órgão governamental competente fiscalizar as empresas sobre o cumprimento das normas de segurança, por se tratar de uma relação privada entre empregado e empregador.

D) A empresa que deixar de cumprir as normas de segurança e higiene do trabalho não poderá ser punida.

E) Cabe exclusivamente ao trabalhador adotar as medidas de proteção e segurança de sua saúde.

COMENTÁRIOS: A obrigação de zelar pela segurança do ambiente de trabalho é do empregador, sendo um claro ônus do exercício da atividade empresarial. Logo, a empresa é responsabilizada caso haja um acidente de trabalho, nos termos da legislação previdenciária.

Gabarito oficial: A

QUESTÃO 74

Ano: 2019 • Banca: Quadrix • Órgão: Prefeitura de Jataí - GO • Prova: Quadrix - 2019 - Prefeitura de Jataí - GO - Auditor de Controladoria

No Regime Geral de Previdência Social, há os segurados obrigatórios e os segurados facultativos. Com relação a eles, assinale a alternativa correta de acordo com a Lei n.° 8.212/1991.

Alternativas:

A) As pessoas jurídicas que exercem atividade laboral remunerada no Brasil e possuem a faculdade de contribuir com a seguridade social são consideradas como segurados obrigatórios.

B) O servidor público ocupante de cargo em comissão, sem vínculo efetivo com a União, é considerado como segurado facultativo.

C) O empregado de organismo oficial internacional ou estrangeiro em funcionamento no Brasil, mesmo quando coberto por regime próprio de previdência social, será considerado como segurado obrigatório.

D) O brasileiro ou estrangeiro domiciliado e contratado no Brasil para trabalhar como empregado em sucursal ou agência de empresa nacional no exterior será considerado como segurado obrigatório.

E) O brasileiro ou estrangeiro domiciliado e contratado no Brasil para trabalhar como empregado em empresa domiciliada no exterior, cuja maioria do capital votante pertença à empresa brasileira de capital nacional, será considerado como segurado facultativo.

COMENTÁRIOS: A questão se debruça sobre a classificação de segurados obrigatórios e facultativos, prevista no art. 12 da Lei 8.212/91. A assertiva A fala que as pessoas jurídicas que exercem atividade laboral remunerada são consideradas segurados obrigatórios. O erro da questão reside na possibilidade de filiação de pessoa jurídica ao RGPS, visto que tal possibilidade é restrita às pessoas físicas, conforme caput do art. 12 da Lei de Custeio.

A assertiva B diz que o servidor ocupante de cargo em comissão, sem vínculo efetivo com a União, é considerado segurado facultativo. Só que este é considerado segurado obrigatório, conforme literalidade do art. 12, I, g da Lei de Custeio.

A assertiva C aduz que o empregado de organismo oficial internacional ou estrangeiro em funcionamento no Brasil, mesmo quando coberto por regime próprio de previdência social, será considerado como segurado obrigatório. No entanto, tal afirmativa não encontra respaldo legal, visto que este segurado só será filiado obrigatoriamente ao RGPS caso não esteja coberto por Regime Próprio de Previdência, conforme alínea i, I do art. 12 da Lei de Custeio.

A assertiva E diz que é enquadrado como segurado facultativo a pessoa domiciliada e contratada no Brasil para trabalhar como empregado em empresa domiciliada no exterior, cuja maioria do capital votante pertença à empresa brasileira de capital nacional. No entanto, a teor do art. 12, I, f da Lei de Custeio, este segurado é considerado facultativo.

A assertiva D, que é a correta, classifica como segurado obrigatório o brasileiro ou estrangeiro domiciliado e contratado no Brasil para trabalhar como empregado em sucursal ou agência de empresa nacional no exterior.

Gabarito oficial: D

QUESTÃO 75

Ano: 2019 • Banca: Quadrix • Órgão: Prefeitura de Jataí - GO Provas: Quadrix - 2019 - Prefeitura de Jataí - GO - Psicólogo

Assinale a alternativa que mais bem se relaciona à Lei Eloy Chaves, aprovada em 1923.

Alternativas:

A) Criação das Caixas de Aposentadorias e Pensões (CAP)

B) Política Sanitária para Combate da Febre Amarela

C) Vacinação obrigatória

D) Criação de entidades de saúde filantrópicas

E) Reforma Sanitária Brasileira

COMENTÁRIOS: A Lei Eloy Chaves é considerada a Lei de origem da Previdência Social no Brasil, tendo determinado a criação de Caixas de Aposentadorias e Pensões para os trabalhadores ferroviários. Assim, a assertiva A está correta.

Gabarito oficial: A

QUESTÃO 76

Ano: 2019 • Banca: Quadrix • Órgão: Prefeitura de Jataí - GO Provas: Quadrix - 2019 - Prefeitura de Jataí - GO - Psicólogo

Em 1974, foi criado o Instituto Nacional de Assistência Médica da Previdência Social (Inamps), que passou a fazer parte do Sistema Nacional de Previdência e Assistência Social, juntamente com o Instituto Nacional de Previdência Social (INPS) e outras instituições. Acerca das características desse modelo de assistência em saúde, assinale a alternativa correta.

Alternativas:

A) Os benefícios e serviços do Inamps eram acessíveis a toda a população de trabalhadores, formais e informais.

B) Esse modelo de assistência incluía participação da sociedade e medidas de promoção à saúde.

C) Não havia participação da iniciativa privada.

D) A assistência em saúde era destinada aos trabalhadores com carteira assinada inseridos no mercado formal de trabalho.

E) A gestão desse sistema era realizada pelos municípios.

COMENTÁRIOS: O Inamps foi o instituto responsável pela prestação de assistência médica aos segurados da Previdência Social. Assim, diferente do atual modelo de saúde pública inaugurado pelo Sistema Único de Saúde, o Inamps prestava serviços médicos apenas àqueles que contribuíam para o regime. Dessa forma, apenas os trabalhadores formais, com carteira assinada, além dos contribuintes da Previdência Social, estavam cobertos por aquele sistema de saúde.

O Inamps era vinculado ao Ministério do Trabalho e Emprego, tendo gestão federal, mas não se prestando ao atendimento de políticas públicas gerais de promoção à saúde, até mesmo em razão do reduzido número de beneficiários.

A questão se debruça sobre as características do Inamps, tendo a letra D como resposta correta, já que a assistência do Inamps era prestada aos trabalhadores formais.

Gabarito oficial: D

QUESTÃO 77

Ano: 2019 • Banca: Instituto Consulplan • Órgão: Prefeitura de Suzano - SP • Prova: Instituto Consulplan - 2019 - Prefeitura de Suzano - SP - Procurador Jurídico

Sobre a cumulação de benefícios previdenciários, assinale a afirmativa INCORRETA.

Alternativas:

A) Não há óbice para a acumulação de aposentadoria e pensão por morte.

B) A regra é que um segurado do RGPS só pode receber, nessa condição (como segurado), um único benefício de cada vez.

C) Em razão de doença devidamente comprovada por laudo médico e atestada em perícia, é possível o recebimento em conjunto dos benefícios de salário-maternidade com auxílio--doença.

D) Nada obsta que um indivíduo seja beneficiário de duas aposentadorias, quando decorrentes de regimes previdenciários diversos. Na verdade, é possível que um indivíduo perceba, simultaneamente, até três aposentadorias decorrentes de regimes previdenciários diversos.

COMENTÁRIOS: A questão versa sobre as regras de acumulação de benefícios previdenciários.

Em suma, os benefícios previdenciários são acumuláveis entre si, salvo disposição legal em contrário. As regras que tratam da não acumulação de benefícios do Regime Geral de Previdência Social estão previstas na Lei 8.213/91:

> *"Art. 124. Salvo no caso de direito adquirido, não é permitido o recebimento conjunto dos seguintes benefícios da Previdência Social:*
>
> *I – aposentadoria e auxílio-doença;*
>
> *II – mais de uma aposentadoria;*
>
> *III – aposentadoria e abono de permanência em serviço;*
>
> *IV – salário-maternidade e auxílio-doença;*
>
> *V – mais de um auxílio-acidente;*
>
> *VI – mais de uma pensão deixada por cônjuge ou companheiro, ressalvado o direito de opção pela mais vantajosa.*
>
> *Parágrafo único. É vedado o recebimento conjunto do seguro--desemprego com qualquer benefício de prestação continuada da Previdência Social, exceto pensão por morte ou auxílio-acidente."*

Assim, a questão busca identificar qual a assertiva incorreta.

A assertiva A está correta, uma vez que não há óbice ao recebimento conjunto de aposentadoria e pensão por morte.

A assertiva B também está correta, visto que as regras do RGPS permitem o recebimento de um benefício na condição de segurado, não obstante seja também possível o recebimento de benefícios em função da condição de dependente.

A assertiva C está incorreta, pois viola a literalidade do art. 124, IV da Lei de Benefícios da Previdência Social.

A assertiva D também está correta, uma vez que é possível o recebimento de benefícios oriundos de regimes de Previdência diversos.

Gabarito oficial: Letra C

QUESTÃO 78

Ano: 2019 • Banca: Instituto Consulplan • Órgão: Prefeitura de Suzano - SP • Prova: Instituto Consulplan - 2019 - Prefeitura de Suzano - SP - Procurador Jurídico

Sobre crime de sonegação fiscal previdenciária, analise as afirmativas a seguir. I. Para a consumação do crime de sonegação fiscal previdenciária pressupõem duas omissões sucessivas. II. Estando em curso processos administrativos nos quais se questiona a exigibilidade das contribuições devidas ao INSS, não há justa causa para a persecução criminal. III. O crime de sonegação de contribuição previdenciária é classificado como delito de caráter formal. IV. É extinta a punibilidade se o agente, espontaneamente, declara, confessa e efetua o pagamento das contribuições, importâncias ou valores e presta as informações devidas à Previdência Social, na forma definida em lei ou regulamento, antes do início da ação fiscal. Estão corretas apenas as afirmativas

Alternativas:

A) I e II.

B) I e IV.

C) II e III.

D) III e IV.

COMENTÁRIOS:

Item I –

> *"Art. 337-A. Suprimir ou reduzir contribuição social previdenciária e qualquer acessório, mediante as seguintes condutas:*
>
> *I – omitir de folha de pagamento da empresa ou de documento de informações previsto pela legislação previdenciária segurados empregado, empresário, trabalhador avulso ou trabalhador autônomo ou a este equiparado que lhe prestem serviços;*
>
> *II – deixar de lançar mensalmente nos títulos próprios da contabilidade da empresa as quantias descontadas dos segurados ou as devidas pelo empregador ou pelo tomador de serviços;*
>
> *III – omitir, total ou parcialmente, receitas ou lucros auferidos, remunerações pagas ou creditadas e demais fatos geradores de contribuições sociais previdenciárias:*
>
> *Pena – reclusão, de 2 (dois) a 5 (cinco) anos, e multa.*
>
> *§ 1º É extinta a punibilidade se o agente, espontaneamente, declara e confessa as contribuições, importâncias ou valores e presta as informações devidas à previdência social, na forma definida em lei ou regulamento, antes do início da ação fiscal.*
>
> *§ 2º É facultado ao juiz deixar de aplicar a pena ou aplicar somente a de multa se o agente for primário e de bons antecedentes, desde que:*
>
> *I – vetado*
>
> *II – o valor das contribuições devidas, inclusive acessórios, seja igual ou inferior àquele estabelecido pela previdência social, administrativamente, como sendo o mínimo para o ajuizamento de suas execuções fiscais.*
>
> *§ 3º Se o empregador não é pessoa jurídica e sua folha de pagamento mensal não ultrapassa R$ 1.510,00 (um mil, quinhentos e dez reais), o juiz poderá reduzir a pena de um terço até a metade ou aplicar apenas a de multa.*
>
> *§ 4º O valor a que se refere o parágrafo anterior será reajustado nas mesmas datas e nos mesmos índices do reajuste dos benefícios da previdência social".*

Para que haja conduta que constitua este crime, é preciso que ocorra a **supressão ou redução no pagamento de contribuição previdenciária ou acessórios**, mediante as seguintes condutas alternativas:

a) Omitir em folha de pagamento ou em outro documento previdenciário (a exemplo da GFIP) a existência de segurados empregados, trabalhadores avulsos ou contribuintes individuais prestadores de serviço à empresa, vez que a classe dos autônomos, equiparados a autônomos e empresários foram fundidas pela Lei 9.876/99, nascendo os contribuintes individuais;

b) Deixar de lançar mensalmente nos títulos das empresas as contribuições previdenciárias descontadas dos empregados, avulsos e contribuintes individuais;

c) Omitir receita, faturamento ou remunerações pagas ou creditadas aos segurados que prestam serviços à empresa, bem como qualquer outro fato gerador de contribuição previdenciária.

Logo, teremos duas omissões: uma no pagamento do tributo em decorrência da omissão de lançamento em GFIP ou livros da empresa.

Item II – Nesse sentido, o atual posicionamento do STJ, refletindo a jurisprudência da Suprema Corte: "RESP 875.897, de 04.11.2008. **1. Consoante recente orientação do Supremo Tribunal Federal, nos crimes de apropriação indébita previdenciária e sonegação de contribuição previdenciária, o procedimento administrativo de apuração de débitos se constitui em condição de procedibilidade para a instauração da ação penal**".

Item III – De acordo com o atual posicionamento do STJ, revendo a sua tradicional jurisprudência que entendia ser delito formal, **"nos termos do entendimento recente da Suprema Corte, os crimes de sonegação e apropriação indébita previdenciária também são crimes materiais, exigindo para sua consumação a ocorrência de resultado naturalístico, consistente em dano para a Previdência"**[30]. "O delito de **sonegação** de **contribuição previdenciária**, por se tratar de crime material, somente se consuma após a constituição definitiva do crédito tributário mediante o **esgotamento da via administrativa" (EDcl no AgInt no REsp 1569916, DE 19/6/2018)**.

30. Passagem de decisão tomada no HC 96.348, de 24.06.2008.

Item IV – De acordo com a literalidade do §1º, para a extinção da punibilidade, não é necessário o pagamento, mas apenas a declaração e confissão de débito, desde que operada antes da ação fiscal.

Gabarito oficial: A

QUESTÃO 79

Ano: 2019 • Banca: IBFC • Órgão: Emdec • Prova: IBFC - 2019 - Emdec - Analista de Recursos Humanos Jr - Folha de Pagamento

Acerca da Previdência Social, conforme a Lei nº 8.213/ 1991, analise as afirmativas abaixo e dê valores Verdadeiro (V) ou Falso (F).

( ) O segurado em gozo de auxílio-doença, aposentadoria por invalidez e o pensionista inválido estão obrigados, sob pena de suspensão do benefício, a submeter-se a exame médico a cargo da Previdência Social.

( ) O salário maternidade de mulheres que trabalham em empresas é pago pelo INSS, o qual é ressarcido posteriormente pelas empresas.

( ) A empresa com cem ou mais empregados está obrigada a preencher de 2% a 5% dos seus cargos com beneficiários reabilitados ou pessoas com deficiência.

Assinale a alternativa que apresenta a sequência correta de cima para baixo.

Alternativas:

A) V, V, V

B) V, F, F

C) F, F, F

D) V, F, V

COMENTÁRIOS: A questão trata de temas diversos relacionados na Lei de Benefícios da Previdência Social.

A primeira assertiva diz que o beneficiário de auxílio-doença, aposentadoria por invalidez e o pensionista inválido estão obrigados, sob pena de suspensão do benefício, a submeter-se a exame médico a cargo da Previdência Social. Essa é a transcrição literal do artigo 101 da Lei 8.213/91, e por este motivo está correta.

A segunda assertiva diz que o salário maternidade de mulheres que trabalham em empresas é pago pelo INSS, o qual é ressarcido posteriormente pelas empresas. Essa assertiva é incorreta, visto que o salário maternidade da segurada empregada é, via de regra, pago pela empresa, que posteriormente ressarce da despesa perante o INSS. Esse é o entendimento que se extrai do artigo 72, §1° da Lei 8.213/91:

> *"Art. 72, §1º Cabe à empresa pagar o salário-maternidade devido à respectiva empregada gestante, efetivando-se a compensação, observado o disposto no art. 248 da Constituição Federal, quando do recolhimento das contribuições incidentes sobre a folha de salários e demais rendimentos pagos ou creditados, a qualquer título, à pessoa física que lhe preste serviço. (Incluído pela Lei nº 10.710, de 2003)".*

A terceira assertiva diz que a empresa com cem ou mais empregados está obrigada a preencher de 2% a 5% dos seus cargos com beneficiários reabilitados ou pessoas com deficiência. Essa é a transcrição literal do art. 93 da Lei 8.213/91.

Gabarito oficial: D

QUESTÃO 80

Ano: 2019 • Banca: IBFC • Órgão: Emdec • Prova: IBFC - 2019 - Emdec - Analista de Recursos Humanos Jr - Folha de Pagamento

Sobre a responsabilidade de recolhimento das contribuições sociais previdenciárias pelas empresas, assinale a alternativa incorreta.

Alternativas:

A) Realizar o recolhimento das contribuições incidentes sobre a remuneração dos segurados empregados, trabalhadores avulsos e contribuintes individuais

B) Preparar folhas de pagamento das remunerações pagas ou creditadas a todos os segurados a seu serviço, de acordo com os padrões e normas estabelecidos pelo órgão competente da Seguridade Social

C) Comunicar mensalmente aos empregados, por intermédio de documento a ser definido em regulamento, os valores recolhidos sobre o total de sua remuneração ao Instituto Nacional do Seguro Social (INSS)

D) Descontar automaticamente, dos segurados empregados que trabalham em mais de uma empresa, o valor das contribuições sociais que ultrapassam o limite do salário de contribuição

COMENTÁRIOS: A questão trata do recolhimento de contribuições ao Regime Geral de Previdência Social, e visa a identificação da assertiva incorreta.

O tema em questão é tratado pelo art. 32 da Lei 8.212/91[31], e cuida das obrigações da empresa perante a Previdência Social. Dessa

31. Art. 32. A empresa é também obrigada a:

I – preparar folhas-de-pagamento das remunerações pagas ou creditadas a todos os segurados a seu serviço, de acordo com os padrões e normas estabelecidos pelo órgão competente da Seguridade Social;

II – lançar mensalmente em títulos próprios de sua contabilidade, de forma discriminada, os fatos geradores de todas as contribuições, o montante das quantias descontadas, as contribuições da empresa e os totais recolhidos;

III – prestar à Secretaria da Receita Federal do Brasil todas as informações cadastrais, financeiras e contábeis de seu interesse, na forma por ela estabelecida, bem como os esclarecimentos necessários à fiscalização; (Redação dada pela Lei nº 11.941, de 2009)

IV – declarar à Secretaria da Receita Federal do Brasil e ao Conselho Curador do Fundo de Garantia do Tempo de Serviço – FGTS, na forma, prazo e condições estabelecidos por esses órgãos, dados relacionados a fatos geradores, base de cálculo e valores devidos da contribuição previdenciária e

maneira, nota-se que as assertivas A, B e C tratam de transcrições literais de incisos do art. 32 da Lei de Custeio. Por outro lado, a assertiva D diz que é obrigação da empresa descontar automaticamente, dos segurados empregados que trabalham em mais de uma empresa, o valor das contribuições sociais que ultrapassam o limite do salário de contribuição.

Gabarito oficial: D

QUESTÃO 81

Ano: 2019 • Banca: COVEST-COPSET • Órgão: UFPE • Prova: COVEST-COPSET - 2019 - UFPE - Assistente Social

De acordo com o Art. 19 da Lei n° 8.213 de 24/07/1991, com redação dada pela Lei Complementar n° 150, de 1/6/2015, acidente do trabalho é o que ocorre pelo exercício do trabalho a serviço de empresa ou de empregador doméstico, ou pelo exercício do trabalho dos segurados especiais, provocando lesão corporal ou perturbação funcional que cause a morte ou a perda ou redução, permanente ou temporária, da capacidade para o trabalho. Para efeitos desta Lei, equiparam-se também ao acidente do trabalho:

1) o acidente ligado ao trabalho que tenha sido a causa única para a morte do segurado, para redução ou perda da sua capacidade para o trabalho, ou produzido lesão que exija atenção médica para a sua recuperação.

2) o acidente sofrido pelo segurado no local e no horário do trabalho, em consequência de ato de agressão; ofensa física intencional; ato de imprudência; ato de pessoa privada

---

outras informações de interesse do INSS ou do Conselho Curador do FGTS; (Redação dada pela Lei n° 11.941, de 2009)

V – (VETADO) (Incluído pela Lei n° 10.403, de 2002).

VI – comunicar, mensalmente, aos empregados, por intermédio de documento a ser definido em regulamento, os valores recolhidos sobre o total de sua remuneração ao INSS. (Incluído pela Lei n° 12.692, de 2012)

do uso da razão; desabamento, inundação, incêndio e outros casos fortuitos ou decorrentes de força maior.

3) a doença proveniente de contaminação acidental do empregado no exercício de sua atividade.

4) o acidente sofrido pelo segurado, apenas no local e horário de trabalho, na execução de ordem ou na realização de serviço, sob a autoridade da empresa, com a finalidade de evitar prejuízo ou proporcionar proveito.

Estão corretas:

Alternativas:

A) 1 e 4, apenas.

B) 2 e 3, apenas.

C) 1, 3 e 4, apenas.

D) 2, 3 e 4, apenas.

E) 1, 2, 3 e 4.

COMENTÁRIOS: O tema abordado pela questão é o acidente de trabalho por equiparação, previsto no artigo 21 da Lei 8.213/91[32]. Tratam-se de situações previstas na lei como acidente de trabalho, sem

---

32. Art. 21. Equiparam-se também ao acidente do trabalho, para efeitos desta Lei:

I – o acidente ligado ao trabalho que, embora não tenha sido a causa única, haja contribuído diretamente para a morte do segurado, para redução ou perda da sua capacidade para o trabalho, ou produzido lesão que exija atenção médica para a sua recuperação;

II – o acidente sofrido pelo segurado no local e no horário do trabalho, em conseqüência de:

a) ato de agressão, sabotagem ou terrorismo praticado por terceiro ou companheiro de trabalho;

b) ofensa física intencional, inclusive de terceiro, por motivo de disputa relacionada ao trabalho;

c) ato de imprudência, de negligência ou de imperícia de terceiro ou de companheiro de trabalho;

d) ato de pessoa privada do uso da razão;

e) desabamento, inundação, incêndio e outros casos fortuitos ou decorrentes de força maior;

corresponder, entretanto, à figura do acidente típico. As assertivas corretas são a 2 e 3, pois transcrevem literalmente incisos do artigo 21 Lei de Benefícios.

Gabarito oficial: B

QUESTÃO 82

Ano: 2019 • Banca: COVEST-COPSET • Órgão: UFPE • Prova: COVEST-COPSET - 2019 - UFPE - Assistente Social

De acordo com a Lei N° 8.213/91, que dispõe sobre os Planos de Benefícios da Previdência Social, compete ao Serviço Social, no uso de suas atribuições, em órgão da previdência:

Alternativas:

A) Prestar assistência de natureza técnica às instituições empregadoras dos beneficiários.

B) Oferecer ajuda material como forma de compensação ao usuário que não faz jus ao benefício.

III – a doença proveniente de contaminação acidental do empregado no exercício de sua atividade;

IV – o acidente sofrido pelo segurado ainda que fora do local e horário de trabalho:

a) na execução de ordem ou na realização de serviço sob a autoridade da empresa;

b) na prestação espontânea de qualquer serviço à empresa para lhe evitar prejuízo ou proporcionar proveito;

c) em viagem a serviço da empresa, inclusive para estudo quando financiada por esta dentro de seus planos para melhor capacitação da mão-de-obra, independentemente do meio de locomoção utilizado, inclusive veículo de propriedade do segurado;

d) no percurso da residência para o local de trabalho ou deste para aquela, qualquer que seja o meio de locomoção, inclusive veículo de propriedade do segurado.

§ 1° Nos períodos destinados a refeição ou descanso, ou por ocasião da satisfação de outras necessidades fisiológicas, no local do trabalho ou durante este, o empregado é considerado no exercício do trabalho.

§ 2° Não é considerada agravação ou complicação de acidente do trabalho a lesão que, resultante de acidente de outra origem, se associe ou se superponha às conseqüências do anterior.

C) Distribuir recursos sociais para as empresas conveniadas, contratantes dos beneficiários.

D) Esclarecer junto aos beneficiários seus direitos sociais e os meios de exercê-los.

E) Fortalecer a política previdenciária, mediante a realização de intercâmbio com empresas e beneficiários.

COMENTÁRIOS: O serviço social enquanto prestação do Regime Geral de Previdência Social é disciplinado pela Lei 8.213/91 em seus artigos 88 e seguintes. Sua principal atividade é esclarecer junto aos beneficiários seus direitos sociais e os meios de exercê-los e estabelecer conjuntamente com eles o processo de solução dos problemas que emergirem da sua relação com a Previdência Social.

Gabarito oficial: D

QUESTÃO 83

Ano: 2019 • Banca: COVEST-COPSET • Órgão: UFPE • Prova: COVEST-COPSET - 2019 - UFPE - Assistente Social

Os padrões universalistas e redistributivos de proteção social, instituídos pela Constituição Federal de 1988, estão passando por um processo intenso e ostensivo de desestruturação, principalmente no que se refere às políticas de previdência, trabalhista, saúde e educação. Considerando as contrarreformas em curso, é incorreto afirmar o que segue.

Alternativas:

A) A restrição e redução de direitos transformam as políticas sociais em ações pontuais e compensatórias.

B) O trinômio articulado do ideário neoliberal, privatização, focalização e descentralização constitui a estratégia para garantir a oferta dos serviços e dos direitos.

C) A transferência de responsabilidade para instituições privadas e novas modalidades jurídico-institucionais correlatas constitui uma política voltada para o mercado.

D) O argumento da crise fiscal do Estado é apresentado como justificativa para reduzir a função de proteção social voltada para a garantia dos direitos sociais.

E) O modelo de seguro social configura a cidadania regulada, e o modelo assistencialista para a população sem vínculos trabalhistas formais configura a cidadania invertida.

COMENTÁRIOS: Letra B, errada. Na verdade o trinômio articulado do ideário neoliberal, privatização, focalização e descentralização fragiliza a oferta dos serviços e dos direitos.

O déficit previdenciário foi o grande lastro da aprovação das reformas previdenciárias no Brasil, em especial da EC 103/2019.

O modelo assistencial, que não é contributivo, acaba protegendo os trabalhadores informais, que em grande monta não contribuem para o RGPS.

Gabarito oficial: B

QUESTÃO 84

Ano: 2019 • Banca: FCC • Órgão: TRF - 3ª REGIÃO • Prova: FCC - 2019 - TRF - 3ª REGIÃO - Técnico Judiciário - Administrativa

Considere as afirmações abaixo.

I. Mantém a qualidade de segurado, independentemente de contribuições até 6 meses após a cessação das contribuições, o segurado facultativo.

II. Mantém a qualidade de segurado, independentemente de contribuições até 4 meses após o licenciamento, o segurado incorporado às Forças Armadas para prestar serviço militar.

III. Mantém a qualidade de segurado, independentemente de contribuições, sem limite de prazo, quem está em gozo de benefício, exceto do auxílio-acidente.

IV. A perda da qualidade de segurado ocorrerá no dia seguinte ao do término do prazo fixado no Plano de Custeio da Seguridade Social para recolhimento da contribuição referente ao mês imediatamente posterior ao do final dos prazos estabelecidos pela Lei nº 8.213/1991.

Está correto o que consta APENAS de

Alternativas:

A) II e IV.

B) I, III e IV.

C) I e IV

D) II, III e IV.

E) I, II e III.

COMENTÁRIOS: O assunto abordado na presente questão é o período de graça, disciplinado pelo artigo 15 da Lei 8.213/91[33].

---

33. Art. 15. Mantém a qualidade de segurado, independentemente de contribuições:

I – sem limite de prazo, quem está em gozo de benefício, exceto do auxílio-acidente; (Redação dada pela Lei nº 13.846, de 2019)

II – até 12 (doze) meses após a cessação das contribuições, o segurado que deixar de exercer atividade remunerada abrangida pela Previdência Social ou estiver suspenso ou licenciado sem remuneração;

III – até 12 (doze) meses após cessar a segregação, o segurado acometido de doença de segregação compulsória;

IV – até 12 (doze) meses após o livramento, o segurado retido ou recluso;

V – até 3 (três) meses após o licenciamento, o segurado incorporado às Forças Armadas para prestar serviço militar;

VI – até 6 (seis) meses após a cessação das contribuições, o segurado facultativo.

§ 1º O prazo do inciso II será prorrogado para até 24 (vinte e quatro) meses se o segurado já tiver pago mais de 120 (cento e vinte) contribuições mensais sem interrupção que acarrete a perda da qualidade de segurado.

§ 2º Os prazos do inciso II ou do § 1º serão acrescidos de 12 (doze) meses para o segurado desempregado, desde que comprovada essa situação pelo registro no órgão próprio do Ministério do Trabalho e da Previdência Social.

§ 3º Durante os prazos deste artigo, o segurado conserva todos os seus direitos perante a Previdência Social.

§ 4º A perda da qualidade de segurado ocorrerá no dia seguinte ao do término do prazo fixado no Plano de Custeio da Seguridade Social para recolhimento da contribuição referente ao mês imediatamente posterior ao do final dos prazos fixados neste artigo e seus parágrafos.

A assertiva II aduz que "Mantém a qualidade de segurado, independentemente de contribuições até 4 meses após o licenciamento, o segurado incorporado às Forças Armadas para prestar serviço militar.". Entretanto, esse prazo é de 3 meses, conforme art. 15, V da Lei de Benefícios.

As demais assertivas são apenas transcrições dos demais incisos do art. 15.

Gabarito oficial: B

QUESTÃO 85

Ano: 2019 • Banca: FCC • Órgão: TRF - 3ª REGIÃO • Prova: FCC - 2019 - TRF - 3ª REGIÃO - Técnico Judiciário - Administrativa

A pessoa física residente em imóvel rural ou em aglomerado urbano ou rural próximo a ele que, individualmente ou em regime de economia familiar, ainda que com eventual auxílio de terceiros, será considerada segurado especial dentro do INSS. Em face desta narrativa, NÃO se pode considerar segurado especial

Alternativas:

A) O produtor, usufrutuário, possuidor, assentado ou meeiro outorgados, comodatário ou arrendatário rural que explore atividade agropecuária em área de até 4 módulos fiscais.

B) O cônjuge ou companheiro, bem como filho maior de 16 anos de idade ou a este equiparado, do segurado, que, comprovadamente, trabalhe com o grupo familiar respectivo.

C) O pescador artesanal ou a este assemelhado que faça da pesca profissão habitual ou principal meio de vida.

D) A pessoa física, proprietária ou não, que explora atividade de extração mineral – garimpo, em caráter permanente ou temporário, diretamente ou por intermédio de prepostos, com ou sem o auxílio de empregados, utilizados a qualquer título, ainda que de forma não contínua.

E) Seringueiro ou extrativista vegetal que exerça suas atividades nos termos da Lei nº 9.985/2000 e faça dessas atividades o principal meio de vida.

COMENTÁRIOS: O tema da questão é o segurado especial, conforme descrito no art. 11, VII da Lei 8.213/91. É necessário identificar a assertiva incorreta. As Letras A, B, C e E transcrevem as alíneas daquele artigo.

O erro da assertiva D está no enquadramento do garimpeiro como segurado especial. Aquele que exerce a atividade de extração mineral é considerado contribuinte individual, nos termos do art. 11, V, b da Lei de Benefícios.

Gabarito oficial: D

QUESTÃO 86

Ano: 2019 • Banca: FCC • Órgão: TRF - 3ª REGIÃO • Prova: FCC - 2019 - TRF - 3ª REGIÃO - Técnico Judiciário - Administrativa

Sobre as regras do Regime Geral de Previdência Social é correto afirmar:

Alternativas:

A) Não será admitida a inscrição *post mortem* de segurado avulso, contribuinte individual e de segurado facultativo.

B) A comprovação de união estável e a de dependência econômica exigem início de prova material contemporânea dos fatos, produzido em período não superior a 24 meses anteriores à data do óbito ou do recolhimento à prisão do segurado, não admitida em qualquer hipótese a utilização de prova exclusivamente testemunhal.

C) O valor do benefício de prestação continuada, inclusive o regido por norma especial e o decorrente de acidente do trabalho, exceto o salário-família e o salário-maternidade, será calculado com base no salário-de-benefício.

D) O enteado, o menor tutelado e o menor sob guarda equiparam-se a filho mediante declaração do segurado e desde que comprovada a dependência econômica na forma estabelecida no Regulamento.

E) O valor da aposentadoria por invalidez e por idade do segurado que necessitar da assistência permanente de outra pessoa será acrescido de 25%.

COMENTÁRIOS: A questão trata de disposições diversas sobre os benefícios do Regime Geral de Previdência Social. A Letra C é a transcrição literal do art. 28 da Lei de Benefícios: "O valor do benefício de prestação continuada, inclusive o regido por norma especial e o decorrente de acidente do trabalho, exceto o salário-família e o salário-maternidade, será calculado com base no salário-de-benefício.".

Gabarito oficial: C

QUESTÃO 87

Ano: 2019 • Banca: COVEST-COPSET • Órgão: UFPE • Prova: COVEST-COPSET - 2019 - UFPE - Sanitarista

No que se refere à cronologia das instituições que constituem o percurso histórico da criação da Previdência Social no Brasil, assinale a alternativa que apresenta a ordem correta, da mais antiga para a mais recente.

Alternativas:

A) Instituto de Aposentadorias e Pensões (IAPS) – Caixas de Aposentadorias e Pensões (CAPS) – Instituto Nacional de Assistência Médica da Previdência Social (INAMPS) – Instituto Nacional de Previdência Social (INPS) – Instituto Nacional.

B) Caixas de Aposentadorias e Pensões (CAPS) – Instituto de Aposentadorias e Pensões (IAPS) – Instituto Nacional de Assistência Médica da Previdência Social (INAMPS) – Instituto

Nacional de Previdência Social (INPS) – Instituto Nacional do Seguro Social (INSS).

C) Instituto de Aposentadorias e Pensões (IAPS) – Instituto Nacional de Assistência Médica da Previdência Social (INAMPS) – Ministério de Aposentadorias e Pensões (MAP) – Instituto Nacional de Previdência Social (INPS) – Instituto Nacional do Seguro Social (INSS).

D) Caixas de Aposentadorias e Pensões (CAPS) – Instituto de Aposentadorias e Pensões (IAPS) – Instituto Nacional de Previdência Social (INPS) – Instituto Nacional de Assistência Médica da Previdência Social (INAMPS) – Instituto Nacional do Seguro Social (INSS).

E) Instituto de Aposentadorias e Pensões (IAPS) – Instituto Nacional de Assistência Médica da Previdência Social (INAMPS) – Instituto Nacional de Previdência Social (INPS) – Ministério de Aposentadorias e Pensões (MAP) – Instituto Nacional do Seguro Social (INSS).

COMENTÁRIOS: A questão visa identificar a ordem de criação das instituições que culminaram na criação da Previdência Social no Brasil.

Gabarito oficial: D

QUESTÃO 88

Ano: 2019 • Banca: COVEST-COPSET • Órgão: UFPE • Prova: COVEST-COPSET - 2019 - UFPE - Sanitarista

Em relação aos Institutos de Aposentadorias e Pensões (IAPS), assinale a alternativa correta.

Alternativas:

A) Sua implantação representou a participação do Governo no financiamento da previdência do operariado urbano, no país.

B) A instituição dos IAPS é considerada o marco da previdência social no Brasil.

C) Aprovada pelo Congresso Nacional em 1923, a lei Eloí Chaves representou o normativo jurídico de criação dos Institutos.

D) Os IAPS eram organizados segundo empresas (instituição).

E) O seu financiamento estava organizado de forma bipartite, sendo partilhado entre o governo e os trabalhadores.

COMENTÁRIOS: A assertiva correta é a letra A, tendo em vista que a implantação das IAPS foi o primeiro modelo de financiamento da previdência no país que contou com a participação do governo. O erro da segunda assertiva está em considerar a IAPS, e não a Lei Eloi Chaves, como o principal marco da previdência social no Brasil.

A assertiva C está errada, visto que a Lei Elói chaves não criou os IAPS.

O erro da assertiva D está na forma de organização que se dava em função da categoria profissional, e não segundo empresas. Ademais, o erro da assertiva E está na forma de custeio, que deixou de considerar as contribuições por parte das empresas.

Gabarito oficial: A

QUESTÃO 89

Ano: 2019 • Banca: FCC • Órgão: TRF - 3ª REGIÃO • Prova: FCC - 2019 - TRF - 3ª REGIÃO - Analista Judiciário - Área Judiciária

A empresa Karoteca Indústria e Comércio possui um quadro de 201 empregados celetistas, entre os quais seis empregados com deficiência, para atender os requisitos do art. 93 da Lei n° 8.213/1991. Diante da crise econômica e financeira, resolveu dispensar um empregado com deficiência. Em face da obrigatoriedade estabelecida por aquele dispositivo legal, a empresa Karoteca

Alternativas:

A) Tem o direito de dispensar o empregado com deficiência, pois está com excesso de empregados com deficiência exigidos pelo art. 93 da Lei n° 8.213/1991 (Lei de quotas de deficientes).

B) Não tem o direito de dispensar o empregado com deficiência, pois não está cumprindo integralmente o art. 93 da Lei n° 8.213/1991 (Lei de quotas de deficientes).

C) Poderá dispensar o empregado com deficiência, somente se este tiver sido contratado por prazo determinado de mais de 90 dias.

D) Poderá dispensar o empregado com deficiência, somente se este tiver sido contratado por prazo indeterminado.

E) Poderá dispensar o empregado com deficiência, somente se este for beneficiário reabilitado da Previdência Social.

COMENTÁRIOS: A questão versa sobre a obrigatoriedade de empregar pessoas com deficiência. Esta obrigação é trazida no artigo 93 da Lei 8.213/91. A situação-problema é a possibilidade de uma empresa dispensar o empregado com deficiência. A Lei disciplina a situação em comento, visto que, conforme art. 93, §1° da Lei de Benefícios,

> *"A dispensa de pessoa com deficiência ou de beneficiário reabilitado da Previdência Social ao final de contrato por prazo determinado de mais de 90 (noventa) dias e a dispensa imotivada em contrato por prazo indeterminado somente poderão ocorrer após a contratação de outro trabalhador com deficiência ou beneficiário reabilitado da Previdência Social. (Redação dada pela Lei n° 13.146, de 2015)"*

Gabarito oficial: B

QUESTÃO 90

Ano: 2019 • Banca: FCC • Órgão: TRF - 3ª REGIÃO • Prova: FCC - 2019 - TRF - 3ª REGIÃO - Analista Judiciário - Área Judiciária

Sobre o custeio do Regime Geral de Previdência Social, é INCORRETO afirmar que

Alternativas:

A) A contribuição do empregador doméstico incidente sobre o salário de contribuição do empregado doméstico a seu serviço é de 8%; e 0,8% para o financiamento do seguro contra acidentes de trabalho.

B) A inexistência de débitos em relação às contribuições devidas ao Instituto Nacional do Seguro Social (INSS), a partir da publicação da Lei n° 8.213/1991, é condição necessária para que os Estados, o Distrito Federal e os Municípios possam receber as transferências dos recursos do Fundo de Participação dos Estados e do Distrito Federal (FPE) e do Fundo de Participação dos Municípios (FPM), celebrar acordos, contratos, convênios ou ajustes, bem como receber empréstimos, financiamentos, avais e subvenções em geral de órgãos ou entidades da Administração direta e indireta da União.

C) O prazo de validade da Certidão Negativa de Débito (CND) é de sessenta dias, contados da sua emissão, podendo ser ampliado por regulamento para até cento e oitenta dias. No entanto, independem de prova de inexistência de débito a lavratura ou assinatura de instrumento, ato ou contrato que constitua retificação, ratificação ou efetivação de outro anterior para o qual já foi feita a prova; a constituição de garantia para concessão de crédito rural, em qualquer de suas modalidades, por instituição de crédito pública ou privada, desde que o contribuinte referido em lei não seja responsável direto pelo recolhimento de contribuições sobre a sua produção para a Seguridade Social; a averbação prevista em lei, relativa a imóvel cuja construção tenha sido concluída antes de

22 de novembro de 1966; o recebimento pelos Municípios de transferência de recursos destinados a ações de assistência social, educação, saúde e em caso de calamidade pública, e a averbação da construção civil localizada em área objeto de regularização fundiária de interesse social.

D) O contribuinte individual que pretenda contar como tempo de contribuição, para fins de obtenção de benefício no Regime Geral de Previdência Social ou de contagem recíproca do tempo de contribuição, período de atividade remunerada alcançada pela decadência deverá indenizar o INSS.

E) Na hipótese de o contribuinte individual prestar serviço a uma ou mais empresas, poderá deduzir, da sua contribuição mensal, cinquenta por cento da contribuição da empresa, efetivamente recolhida ou declarada, incidente sobre a remuneração que esta lhe tenha pago ou creditado, limitada a dedução a nove por cento do respectivo salário-de-contribuição.

COMENTÁRIOS: A questão trata de características gerais das regras de custeio do Regime Geral de Previdência Social. A resolução da questão visa identificar a assertiva incorreta. As assertivas A, B, C e D trazem a literalidade dos artigos 24, 56, 47 e 45-A da Lei de Custeio da Previdência Social, com exceção da letra E.

Na hipótese do contribuinte individual prestar serviços a uma ou mais empresas, poderá deduzir 45% da contribuição da empresa, e não 50%, conforme preleciona o art. 30 §4º da Lei de Custeio.

Gabarito oficial: E

QUESTÃO 91

Ano: 2019 • Banca: Quadrix • Órgão: CRF-PR • Prova: Quadrix - 2019 - CRF-PR - Advogado

A Lei n.º 8.213/1991, em seu art. 124, dispõe sobre as vedações de recebimento conjunto de benefícios previdenciários.

A aplicabilidade trazida por esse dispositivo restringe-se ao âmbito do RGPS, ou seja, proíbe o recebimento conjunto de certos benefícios no mesmo regime. Contudo, é permitido o recebimento conjunto dos seguintes benefícios no RGPS:

Alternativas:

A) aposentadoria e auxílio-doença.

B) aposentadoria e abono de permanência em serviço.

C) salário-maternidade e auxílio-doença.

D) aposentadoria e pensão por morte.

E) auxílios-acidente

COMENTÁRIOS: A questão trata da possibilidade de acumulação de benefícios previdenciários no âmbito do Regime Geral de Previdência Social. O artigo 124 da Lei 8.213/91 traz as situações em que não é possível acumular benefícios previdenciários. A única assertiva que não encontra correspondência naquele artigo é a letra D. Logo, conclui-se que a acumulação de aposentadoria e pensão por morte não é vedada no Regime Geral de Previdência Social.

Gabarito oficial: D

QUESTÃO 92

Ano: 2019 • Banca: Quadrix • Órgão: CRF-PR • Prova: Quadrix - 2019 - CRF-PR - Advogado

Segundo a Lei n.º 8.213/1991, os beneficiários do Regime Geral de Previdência Social (RGPS) classificam-se como segurados e dependentes. Considerando essa informação, assinale a alternativa correta.

Alternativas:

A) O irmão não emancipado, de qualquer condição, menor de 21 anos de idade, será considerado como beneficiário do RGPS, na condição de dependente do segurado.

B) Aquele que presta serviço de natureza contínua à pessoa ou à família, no âmbito residencial desta, em atividades sem fins lucrativos, será considerado como segurado facultativo.

C) Os pais não poderão ser beneficiários do RGPS, na condição de dependente do segurado, sendo tal condição disponível apenas para filhos.

D) Não existe previsão expressa em lei para companheira e companheiro serem considerados como beneficiários do RGPS na condição de dependente do segurado.

E) A dependência econômica do cônjuge não é presumida, sendo necessário ser comprovada.

COMENTÁRIOS: A questão trata da classificação de segurados e dependentes da Previdência Social. A letra A traz corretamente as informações do art. 16, III da Lei de Benefícios.

A letra B está errada, pois aquele que presta serviço de natureza contínua no âmbito residencial da pessoa ou da família é considerado empregado doméstico, e não segurado facultativo.

O erro da Letra C está no fato de que os pais podem ser considerados dependentes do segurado, conforme art. 16, II da Lei de Benefícios.

O erro da letra D está na ausência de previsão legal expressa ao enquadramento da companheira ou companheiro como dependente do RGPS. Ao revés do alegado naquela assertiva, o art. 16 I da Lei 8.213/91 prevê expressamente o companheiro e companheira como dependentes do Regime Geral.

A letra E falha ao afirmar que a dependência do cônjuge não é presumida, contrariando o que diz o parágrafo quarto do art. 16 da Lei de Benefícios.

Gabarito oficial: A

QUESTÃO 93

Ano: 2019 • Banca: CESGRANRIO • Órgão: UNIRIO • Prova: CESGRANRIO - 2019 - UNIRIO - Médico - Nefrologia

Em momento de reforma no sistema previdenciário nacional, entre as opções apresentadas, constam a que propõe majorar as alíquotas devidas pelos trabalhadores em geral e a que propõe aumentar a contribuição das empresas.

Nos termos da Constituição Federal, essa contribuição das empresas se dá por intermédio da contribuição social sobre o

Alternativas:

A) Lucro

B) Serviço

C) Rendimento

D) Excedente

E) Prejuízo

COMENTÁRIOS: A questão cuida das fontes de custeio da Seguridade Social, mais especificamente da contribuição social das empresas. Com efeito, a contribuição social das empresas incide sobre a folha de salários e demais rendimentos do trabalho pagos ou creditados, a qualquer título, à pessoa física que lhe preste serviço, mesmo sem vínculo empregatício; a receita ou o faturamento e o lucro, nos termos do art. 195 da Constituição Federal.

Gabarito oficial: A

■ QUESTÃO 94

Ano: 2019 • Banca: AMEOSC • Órgão: Prefeitura de São José do Cedro - SC • Prova: AMEOSC - 2019 - Prefeitura de São José do Cedro - SC - Assistente Social

A seguridade social compreende um conjunto integrado de ações de iniciativa dos poderes públicos e da sociedade, destinadas a assegurar os direitos relativos à saúde, à previdência e à assistência social. Sobre as políticas no âmbito da seguridade social marque a opção correta.

Alternativas:

A) Compete ao poder público, nos termos da lei, organizar a seguridade social, com base no seguinte objetivo: unidade da base de financiamento.

B) A seguridade social será financiada de forma direta pelo poder público, mediante recursos provenientes dos orçamentos da União, dos Estados, do Distrito Federal e dos Municípios. Não há participação do setor privado.

C) As ações e serviços públicos de saúde integram uma rede regionalizada e hierarquizada e constituem um sistema único, organizado de acordo com a seguinte diretriz: centralização, com direção única em cada esfera de governo.

D) O regime de previdência privada, de caráter complementar e organizado de forma autônoma em relação ao regime geral de previdência social, será facultativo, baseado na constituição de reservas que garantam o benefício contratado, e regulado por lei complementar.

COMENTÁRIOS: O erro da assertiva A está em afirmar que um dos objetivos da seguridade social é o da unidade da base de financiamento. Ao revés, trata-se da diversidade da base de financiamento, prevista no art. 194, VI da Constituição Federal.

A assertiva B diz que não haverá participação do setor privado no custeio da seguridade social. Contudo, o art. 195, I da Constituição prevê contribuições sociais devidas pelo empregador, da empresa e da entidade a ela equiparada na forma da lei.

A assertiva C diz que as ações e serviços públicos de saúde constituem uma rede regionalizada e hierarquizada, atendendo a diretriz da centralização, com direção única em cada esfera de governo. No entanto, a diretriz correta é a da descentralização, conforme art. 198 I da CF.

A assertiva D traz a literalidade do art. 202 da Constituição Federal

Gabarito oficial: D

QUESTÃO 95

Ano: 2019 • Banca: Prefeitura de Rondonópolis - MT • Órgão: Prefeitura de Rondonópolis - MT • Prova: Prefeitura de Rondonópolis - MT - 2019 - Prefeitura de Rondonópolis - MT - Procurador Jurídico

Conforme a Lei n.° 8.213/1991, que dispõe sobre o Plano de Benefícios da Previdência Social, em relação ao servidor público, é correto afirmar:

Alternativas:

A) O servidor civil, amparado por regime próprio de previdência social, que for requisitado para outro órgão ou entidade cujo regime previdenciário não permita a filiação nessa condição, ficará automaticamente vinculado ao regime geral de previdência social.

B) O servidor público vinculado a regime próprio de previdência social que exerça, concomitantemente, uma ou mais atividades abrangidas pelo regime geral de previdência social, é considerado segurado obrigatório em relação a essas atividades.

C) O regime próprio de previdência social poderá averbar o tempo de contribuição do regime geral de previdência social, sem a emissão da certidão correspondente, quando o tempo de contribuição tenha sido prestado pelo servidor público ao próprio ente instituidor.

D) É vedada, em qualquer hipótese, a desaverbação de tempo de contribuição averbado pelo servidor público em regime próprio de previdência social.

COMENTÁRIOS: a assertiva A diz que o servidor civil amparado por RPPS requisitado a outro órgão cujo regime previdenciário não permita a filiação nessa condição fica vinculado ao RGPS. No entanto, ao revés do afirmado, o servidor requisitado permanece vinculado ao seu regime de origem, conforme art. 12, § 2º da Lei 8.213/91.

A assertiva B diz que o servidor público vinculado a regime próprio de previdência social que exerça, concomitantemente, uma ou mais atividades abrangidas pelo regime geral de previdência social, é considerado segurado obrigatório em relação a essas atividades. Essa é a transcrição literal do §1º do art. 12 da Lei 8.213/91.

A assertiva C diz que o RPPS poderá averbar tempo de contribuição sem a respectiva emissão da CTC- Certidão de Tempo de Contribuição. No entanto, conforme art. 96, VII da Lei 8.213/91, "é vedada a contagem recíproca de tempo de contribuição do RGPS por regime próprio de previdência social sem a emissão da CTC correspondente, ainda que o tempo de contribuição referente ao

RGPS tenha sido prestado pelo servidor público ao próprio ente instituidor".

A assertiva D diz que é vedada a desaverbação do tempo de contribuição averbado pelo servidor. O erro está na impossibilidade de desaverbação, visto que a lei só a proíbe quando o tempo averbado tiver gerado a concessão de vantagens remuneratórias ao servidor público em atividade, conforme art. 96 VIII da Lei 8.213/91.

Gabarito oficial: B

QUESTÃO 96

Ano: 2019 • Banca: FCC • Órgão: Câmara de Fortaleza - CE • Prova: FCC - 2019 - Câmara de Fortaleza - CE - Consultor Técnico Legislativo

Santiago está repassando o conteúdo programático de Direito Previdenciário para estudar com sua esposa Rosa e, nos termos da Lei n° 8.213/1991, é correto afirmar que o Regime Geral de Previdência Social compreende as seguintes prestações, expressas em benefícios e serviços, em relação ao segurado:

Alternativas:

A) Auxílio-doença, pensão por morte e adicional de periculosidade.

B) Aposentadoria por invalidez, auxílio-alimentação e pensão por morte.

C) Aposentadoria por idade, salário-maternidade e auxílio-reclusão.

D) Reabilitação profissional, ajuda de custo e auxílio-acidente.

E) Auxílio-doença, salário-família e aposentadoria especial.

COMENTÁRIOS: A questão visa identificar os benefícios e serviços devidos ao segurado do Regime Geral de Previdência Social. Dessa forma, nota-se que adicional de periculosidade, ajuda de custo e auxílio-alimentação não são benefícios devidos o RGPS. Ademais, o auxílio-reclusão é um benefício devido ao dependente do RGPS, e não ao segurado.

Gabarito oficial: E

QUESTÃO 97

Ano: 2019 • Banca: FCC • Órgão: Câmara de Fortaleza - CE • Prova: FCC - 2019 - Câmara de Fortaleza - CE - Consultor Técnico Jurídico

Solange, trabalhadora urbana, está afastada recebendo benefício previdenciário por doença. Já Ivete, trabalhadora rural individual, está aposentada por invalidez. Ambas receberam uma notificação do INSS, que está apurando indícios de irregularidades em seus benefícios, determinando que apresentem defesa, provas ou documentos de que disponham. Neste caso, os prazos máximos em que devem ser apresentados os documentos pelas beneficiárias, serão, respectivamente, de:

Alternativas:

A) 30 dias para ambas.

B) 30 e 60 dias.

C) 60 dias para ambas.

D) 60 e 90 dias.

E) 90 dias para ambas.

COMENTÁRIOS: O programa de apuração de irregularidades na concessão de benefícios previdenciários é regulado pelo art. 69 da Lei 8.212/91. Aquela Lei estabeleceu o prazo de defesa de 30 dias para o trabalhador urbano e de 60 dias, no caso de trabalhador rural individual e avulso, agricultor familiar ou segurado especial.

Gabarito oficial: B

QUESTÃO 98

Ano: 2019 • Banca: FCC • Órgão: Câmara de Fortaleza - CE • Prova: FCC - 2019 - Câmara de Fortaleza - CE - Agente Administrativo

A empresa X Auto Peças Ltda., na condição de empregador possuindo dez empregados, financia a seguridade social, nos termos da legislação vigente, sobre a folha de salários

Alternativas:

A) e demais rendimentos do trabalho pagos ou creditados, a qualquer título, à pessoa física que lhe preste serviço, mesmo sem vínculo empregatício.

B) e demais rendimentos do trabalho pagos ou creditados, a qualquer título, à pessoa física que lhe preste serviço, somente com vínculo empregatício.

C) somente pagos ou creditados, sendo que os demais rendimentos do trabalho, a qualquer título, não servem como base de contribuição, à pessoa física que lhe preste serviço, mesmo sem vínculo empregatício.

D) somente pagos ou creditados, sendo que os demais rendimentos do trabalho, a qualquer título, não servem como base de contribuição, à pessoa física que lhe preste serviço, mesmo sem vínculo empregatício, mas na base de 25%, uma vez que possui menos de 15 empregados.

E) e demais rendimentos do trabalho pagos ou creditados, a qualquer título, à pessoa física que lhe preste serviço, mesmo sem vínculo empregatício, mas pela metade, uma vez que possui menos do que quinze empregados.

COMENTÁRIOS: A questão trata das fontes de financiamento da seguridade social, mais especificamente as contribuições sociais devidas pelo empregador. A assertiva correta é a A, visto que traz corretamente a regra prevista no art. 195 I da Constituição Federal: [34]

Gabarito oficial: A

34. Art. 195. A seguridade social será financiada por toda a sociedade, de forma direta e indireta, nos termos da lei, mediante recursos provenientes dos orçamentos da União, dos Estados, do Distrito Federal e dos Municípios, e das seguintes contribuições sociais: I – do empregador, da empresa e da entidade a ela equiparada na forma da lei, incidentes sobre: a) a folha de salários e demais rendimentos do trabalho pagos ou creditados, a qualquer título, à pessoa física que lhe preste serviço, mesmo sem vínculo empregatício; (Incluído pela Emenda Constitucional nº 20, de 1998)

QUESTÃO 99

Ano: 2019 • Banca: CESPE / CEBRASPE • Órgão: TJ-AM • Prova: CESPE - 2019 - TJ--AM - Analista Judiciário - Serviço Social

À luz da Constituição Federal de 1988 e das leis da seguridade social, julgue o item a seguir.

São considerados princípios da seguridade social a cobertura universal, a uniformidade e a irredutibilidade do valor dos benefícios às populações rurais e urbanas.

Alternativas:

( ) Certo

( ) Errado

COMENTÁRIOS: Trata-se de mais uma questão que cobra a literalidade do *caput* do art. 194 da Constituição Federal, visando identificar os princípios da seguridade social.

Gabarito oficial: Certo

QUESTÃO 100

Ano: 2019 • Banca: CESPE / CEBRASPE • Órgão: TJ-AM • Prova: CESPE - 2019 - TJ--AM - Analista Judiciário - Serviço Social

Vilma, de cinquenta e seis anos de idade, casada, bióloga, convive com o HIV há trinta e dois anos. Jaime, seu marido, de sessenta e sete anos de idade, aposentou-se por invalidez há dez anos, em decorrência de infecção pelo HIV. Participam regularmente de uma roda de conversa que acontece no serviço de saúde em que retiram a medicação antirretroviral. Nesse espaço, falam dos desafios enfrentados após o diagnóstico, a exemplo de uma exoneração de cargo de chefia que Vilma sofreu após compartilhar o diagnóstico de HIV com um superior no trabalho. Em razão dessa situação e por recearem sofrer discriminação e afastamento de outros conhecidos, amigos ou familiares, ela e o esposo não querem que mais pessoas saibam dos seus diagnósticos, exceto a filha do casal, Léa, com trinta e três anos de idade.

Considerando essa situação hipotética bem como as disposições da Declaração dos Direitos Fundamentais da Pessoa Portadora do Vírus da AIDS, da Lei n.° 13.847/2019 e da Lei n.° 12.984/2014, julgue o item que se segue.

Jaime deve passar por perícia médica a cada dois anos para que sua aposentadoria por invalidez não seja suspensa.

Alternativas:

( ) Certo

( ) Errado

COMENTÁRIOS: A pessoa com HIV/AIDS é dispensada da realização de perícia médica, nos termos do art. 43, §5º da Lei 8.213/91.

Gabarito oficial: Errado

QUESTÃO 101

Ano: 2019 • Banca: CESPE / CEBRASPE • Órgão: TCE-RO • Prova: CESPE - 2019 - TCE-RO - Auditor de Controle Externo -Economia

O sistema brasileiro de previdência é formado por um tripé com três regimes previdenciários: o regime geral de previdência social (RGPS), a cargo do Instituto Nacional de Seguro So cial (INSS); o regime próprio de previdência social (RPPS), de responsabilidade do Tesouro Nacional; e o Regime Complementar. Várias reformas da previdência foram implementadas com o objetivo de aumentar o grau de justiça atuarial do sistema e diminuir as disparidades entre o RPPS e o RGPS. A respeito da previdência social no Brasil, assinale a opção correta.

Alternativas:

A) O valor das aposentadorias e pensões dos servidores públicos federais civis, independentemente da data de entrada no serviço público, deixou de ser integral ou de ter por base a totalidade da remuneração: ele ficou limitado ao teto do RGPS.

B) No início da década de 70 do século passado, a relação entre número de contribuintes e número de beneficiários da previdência social era superior a 4; a tendência nas últimas décadas tem sido de redução dessa relação.

C) Mantida a tendência atual para o RGPS, a partir de 2030 deve aumentar o número de contribuintes do sistema para cada aposentado do INSS.

D) O regime de aposentadoria por tempo de contribuição é utilizado no Brasil e na maior parte dos países: esse regime é benéfico e contribui para a sustentabilidade do sistema.

E) A ampliação de benefícios assistenciais previstos na Lei Orgânica da Assistência Social (LOAS) não influencia no déficit da previdência.

COMENTÁRIOS: O erro da assertiva A está em desconsiderar a data de entrada no serviço público, ignorando o direito adquirido dos servidores que completaram os requisitos para a integralidade da remuneração antes da reforma da Emenda Constitucional 41/2003.

O erro na assertiva C é inverter a lógica da pirâmide previdenciária, bem como o envelhecimento da população. Ademais, a assertiva D falha por explicitar a aposentadoria por tempo de contribuição como um benefício usado na maior parte dos países. Em verdade, a aposentadoria por tempo de contribuição é um benefício considerado em extinção.

O erro da assertiva E está em considerar que a ampliação da oferta de BPC/LOAS não impactaria o déficit da previdência. Por gerar custos, a ampliação do número de benefícios assistenciais impacta diretamente no déficit da previdência.

Gabarito oficial: B

QUESTÃO 102

Ano: 2019 • Banca: CESPE / CEBRASPE • Órgão: TJ-AM • Prova: CESPE - 2019 - TJ--AM - Assistente Judiciário - Técnico de Segurança do Trabalho

Acerca dos planos de benefícios da Previdência Social, com fundamento na Lei n.° 8.213/1991 e em suas alterações, julgue o item seguinte.

O descumprimento, por certa empresa, de determinadas normas de segurança e higiene do trabalho constitui prática de contravenção penal.

Alternativas:

( ) Certo

( ) Errado

COMENTÁRIOS: Conforme §2º do art. 19 da Lei de Benefícios da Previdência Social, "Constitui contravenção penal, punível com multa, deixar a empresa de cumprir as normas de segurança e higiene do trabalho".

Gabarito oficial: Certo

QUESTÃO 103

Ano: 2019 • Banca: CESPE / CEBRASPE • Órgão: TJ-AM • Prova: CESPE - 2019 - TJ-AM - Assistente Judiciário - Técnico de Segurança do Trabalho

Acerca dos planos de benefícios da Previdência Social, com fundamento na Lei n.º 8.213/1991 e em suas alterações, julgue o item seguinte.

Configura acidente de trabalho aquele sofrido pelo trabalhador doméstico a serviço de seu empregador e que tenha motivado afastamento em decorrência de lesão corporal causada por queimaduras com água fervente.

Alternativas:

( ) Certo

( ) Errado

COMENTÁRIOS: O acidente de trabalho é, conforme art. 21, I da Lei 8.213/91, "o acidente ligado ao trabalho que, embora não tenha sido a causa única, haja contribuído diretamente para a morte do segurado, para redução ou perda da sua capacidade para o trabalho, ou produzido lesão que exija atenção médica para a sua recuperação". Dessa maneira, o acidente que causou queimaduras com água fervente se amolda perfeitamente à definição de acidente de trabalho por equiparação.

Gabarito oficial: Certo

QUESTÃO 104

Ano: 2019 • Banca: VUNESP • Órgão: Prefeitura de Campinas - SP • Prova: VUNESP - 2019 - Prefeitura de Campinas - SP - Médico - Medicina do Trabalho

De acordo com a legislação previdenciária, que caracteriza os seus segurados obrigatórios, deve ser considerado como segurado "empregado", o trabalhador

Alternativas:

A) Que presta serviço de natureza urbana ou rural à empresa, seja em caráter eventual ou permanente.

B) Que presta serviço de natureza contínua ou eventual à família, no âmbito residencial desta, em atividades com ou sem fins lucrativos.

C) Contratado por empresa de trabalho temporário, definida em legislação específica.

D) Que exerce, por conta própria, ou associado a terceiros, atividade econômica de natureza urbana, com ou sem fins lucrativos.

E) Que exercer, concomitantemente, mais de uma atividade remunerada, adquirindo o direito à duplicação de todos os seus benefícios.

COMENTÁRIOS: A questão se debruça sobre o conceito de segurado empregado, trazido pelo art. 11, I da Lei 8.213/91.

A primeira assertiva está errada, visto que a filiação como empregado exige que a prestação de serviços se dê de forma não eventual.

O erro da segunda assertiva está em caracterizar o prestador de serviço de natureza contínua ou eventual à família, no âmbito residencial desta, em atividades com ou sem fins lucrativos como segurado empregado. Em verdade, este é o conceito de empregado doméstico.

A terceira assertiva enquadra como segurado empregado o contratado por empresa de trabalho temporário, definida em legislação específica. Essa assertiva está correta, conforme art. 11, I, b da Lei 8.213/91

A quarta assertiva traz erroneamente como segurado empregado o trabalhador que exerce, por conta própria, ou associado a terceiros, atividade econômica de natureza urbana, com ou sem fins lucrativos. No entanto, esse é o conceito de segurado contribuinte individual, e não segurado empregado, conforme art. 11, V, h da Lei 8.213/91.

A assertiva E diz que é segurado empregado aquele que exerce concomitantemente mais de uma atividade remunerada, adquirindo o direito à duplicação de todos os seus benefícios. No entanto, essa assertiva não encontra qualquer respaldo legal.

Gabarito oficial: C

QUESTÃO 105

Ano: 2019 • Banca: CESPE / CEBRASPE • Órgão: TCE-RO • Prova: CESPE - 2019 - TCE-RO - Procurador do Ministério Público de Contas

A respeito do RGPS, assinale a opção correta.

Alternativas:

A) O RGPS não prevê proteção ao trabalhador em situação de desemprego involuntário.

B) O referido regime é de filiação facultativa.

C) O valor do benefício não tem vinculação com o salário mínimo.

D) O RGPS tem caráter contributivo.

E) Exige-se o cumprimento de carência para concessão de qualquer um dos benefícios.

COMENTÁRIOS: A questão trata de características gerais do Regime Geral de Previdência Social.

A assertiva A diz que o RGPS não prevê proteção ao trabalhador em situação de desemprego involuntário. No entanto, o desemprego involuntário é uma das causas de prorrogação do período de graça, consubstanciando uma proteção ao trabalhador filiado ao RGPS.

Nos termos da Constituição Federal, a Previdência Social possui caráter contributivo e de filiação obrigatória. Por esse motivo, a assertiva B está incorreta, e a D, por sua vez, correta.

A letra E diz que se exige o cumprimento de carência para a concessão de qualquer benefício do RGPS. No entanto, a própria lei traz diversas exceções ao cumprimento da carência.

Gabarito oficial: D

QUESTÃO 106

Ano: 2019 • Banca: CESPE / CEBRASPE • Órgão: TCE-RO • Prova: CESPE - 2019 - TCE-RO - Procurador do Ministério Público de Contas

Em relação ao financiamento do sistema de seguridade social, é correto afirmar que

Alternativas:

A) É vedado o financiamento indireto.

B) As receitas dos estados, do Distrito Federal e dos municípios destinadas à seguridade social não integram o orçamento da União.

C) Não é permitida a instituição, por lei, de outras fontes de financiamento além daquelas elencadas na Constituição Federal de 1988.

D) As contribuições sociais somente poderão ser exigidas no exercício seguinte àquele em que foram instituídas.

E) Incide contribuição social sobre as aposentadorias concedidas pelo regime geral de previdência social (RGPS).

COMENTÁRIOS: A questão trata das bases de financiamento da seguridade social, previstas no art. 195 da Constituição Federal. Com efeito, a seguridade social será financiada por toda a sociedade, de forma direta e indireta, nos termos da lei. Logo, o financiamento indireto não é proibido, mas prescrito mediante recursos provenientes dos orçamentos da União, dos Estados, do Distrito Federal e dos Municípios.

A assertiva B transcreve acertadamente a previsão do art. 195, §1º da CF.

A assertiva C diz que não é permitida a instituição de outras fontes de financiamento além das elencadas na Constituição. Isto não é verdade, uma vez que a criação de novas fontes de financiamento é permitida, nos termos do art. 195, §4º da CF.

A assertiva D diz que as contribuições sociais somente poderão ser exigidas no exercício seguinte àquele em que foram instituídas. No entanto, elas podem ser exigidas após decorridos noventa dias da data da publicação da lei que as houver instituído ou modificado, nos termos do art. 195 §6º da CF.

A assertiva E diz que incide contribuição social sobre as aposentadorias concedidas pelo RGPS.

Gabarito oficial: B

QUESTÃO 107

Ano: 2019 • Banca: VUNESP • Órgão: Prefeitura de Campinas - SP • Prova: VUNESP - 2019 - Prefeitura de Campinas - SP - Auditor de Controle Interno

A respeito da Seguridade Social e sua previsão na atual Constituição Federal de 1988, é correto afirmar que

Alternativas:

A) As receitas dos Estados, do Distrito Federal e dos Municípios destinadas à seguridade social constarão dos respectivos orçamentos, não integrando o orçamento da União.

B) A Seguridade Social é financiada por toda a sociedade, de forma direta e indireta, incluindo as contribuições sociais que devem incidir, dentre outras, de pensionistas do regime geral.

C) A Seguridade Social é caracterizada, dentre outros princípios, pela regionalidade de sua cobertura e irredutibilidade do valor dos benefícios.

D) As contribuições para a seguridade social não têm incidência sobre gorjetas pagas aos segurados.

E) Não se admite que mediante lei possam ser instituídas outras fontes destinadas a garantir o custeio, manutenção ou expansão da seguridade social, além dos casos já previstos pela Constituição.

COMENTÁRIOS: A questão trata das bases de financiamento da seguridade social, previstas no art. 195 da Constituição Federal. A assertiva correta é a A, tendo em vista que transcreve o art. 195, §1º da Constituição Federal.

Gabarito oficial: A

QUESTÃO 108

Ano: 2019 • Banca: VUNESP • Órgão: Prefeitura de Francisco Morato - SP • Prova: VUNESP - 2019 - Prefeitura de Francisco Morato - SP - Procurador

A respeito da contribuição previdenciária no âmbito do Regime Geral de Previdência Social – RGPS, pode-se afirmar que:

Alternativas:

A) Há previsão constitucional autorizando a incidência de contribuição previdenciária sobre aposentadorias e pensões concedidas.

B) Há incidência de contribuição previdenciária sobre o salário-maternidade concedido.

C) Há previsão constitucional autorizando a incidência de contribuição previdenciária sobre aposentadorias, mas não sobre as pensões concedidas.

D) É facultado o recolhimento de contribuição previdenciária sobre os valores recebidos pelo empregado doméstico.

E) É do trabalhador avulso a responsabilidade pela arrecadação e o recolhimento das contribuições devidas à seguridade social.

COMENTÁRIOS: A incidência de contribuição previdenciária sobre o salário-maternidade concedido está expressamente prevista no art. 28, §2º da Lei 8.212/91. Por esta razão, está correta a letra B.

Gabarito oficial: B

QUESTÃO 109

Ano: 2019 • Banca: IESES • Órgão: Prefeitura de São José - SC • Prova: IESES - 2019 - Prefeitura de São José - SC - Analista de Recursos Humanos

De acordo com a legislação previdenciária vigente, são benefícios do Regime Geral de Previdência Social:

Alternativas:

A) Auxílio doença, Salário-Maternidade, Pensão por Morte, auxílio educação e Aposentadoria Especial.

B) Auxílio doença, Salário-Maternidade, Pensão por Morte, auxílio funeral e Aposentadoria Especial.

C) Auxílio doença, Salário-Família, Salário-maternidade, Pensão por Morte, auxílio funeral e Aposentadoria Especial.

D) Auxílio doença, Salário-Família, Salário-Maternidade, Pensão por Morte e Aposentadoria Especial.

COMENTÁRIOS: O rol de benefícios do Regime Geral de Previdência Social está previsto no art. 18 da Lei 8.213/91. Neste rol não estão insertos os benefícios de auxílio educação e auxílio funeral, razão pela qual as assertivas A, B e C estão incorretas.

Gabarito oficial: D

QUESTÃO 110

Ano: 2019 • Banca: IESES • Órgão: Prefeitura de São José - SC • Prova: IESES - 2019 - Prefeitura de São José - SC - Analista de Recursos Humanos

O Regime Geral de Previdência Social está inserido dentro do Sistema de Seguridade Social do Brasil. De acordo com a constituição, a seguridade social deve assegurar direitos relativos as áreas: assinale a alternativa correta:

Alternativas:

A) Assistência Social, Assistência a educação e Segurança Pública.

B) Saúde Pública, Assistência Social e Assistência a Educação.

C) Saúde Pública, Previdência Social e Assistência Social.

D) Previdência Social, Assistência Social e Segurança Pública.

COMENTÁRIOS: A questão se debruça sobre a composição da Seguridade Social, definida no art. 194 da Constituição como um conjunto integrado de ações de iniciativa dos Poderes Públicos e da sociedade, destinadas a assegurar os direitos relativos à saúde, à previdência e à assistência social. Por este motivo, a assertiva C está correta.

Gabarito oficial: C

QUESTÃO 111

Ano: 2019 • Banca: VUNESP • Órgão: IPREMM - SP • Prova: VUNESP - 2019 - IPREMM - SP - Procurador Jurídico

Entre os princípios específicos do Direito Previdenciário brasileiro, podemos citar:

Alternativas:

A) Universalidade de acesso.

B) Caráter não contributivo.

C) Filiação facultativa.

D) Reciprocidade entre Regimes Previdenciários

E) Seletividade e distributividade na prestação dos benefícios e serviços.

COMENTÁRIOS: Os princípios do Direito Previdenciário brasileiro estão previstos no art. 2º da Lei 8.213/91, *in verbis:*

> *"Art. 2º A Previdência Social rege-se pelos seguintes princípios e objetivos:*
>
> *I – universalidade de participação nos planos previdenciários;*
>
> *II – uniformidade e equivalência dos benefícios e serviços às populações urbanas e rurais;*
>
> *III – seletividade e distributividade na prestação dos benefícios;*
>
> *IV – cálculo dos benefícios considerando-se os salários-de-contribuição corrigidos monetariamente;*
>
> *V – irredutibilidade do valor dos benefícios de forma a preservar-lhes o poder aquisitivo;*
>
> *VI – valor da renda mensal dos benefícios substitutos do salário-de-contribuição ou do rendimento do trabalho do segurado não inferior ao do salário mínimo;*
>
> *VII – previdência complementar facultativa, custeada por contribuição adicional;*
>
> *VIII – caráter democrático e descentralizado da gestão administrativa, com a participação do governo e da comunidade, em especial de trabalhadores em atividade, empregadores e aposentados.*
>
> *Parágrafo único. A participação referida no inciso VIII deste artigo será efetivada a nível federal, estadual e municipal."*

Por este motivo, a assertiva D está correta.

Gabarito oficial: D

QUESTÃO 112

Ano: 2019 • Banca: VUNESP • Órgão: IPREMM - SP • Prova: VUNESP - 2019 - IPREMM - SP - Médico Perito

Com relação à evolução legislativa da seguridade social no Brasil, assinale a alternativa correta.

Alternativas:

A) Apenas com a promulgação da Constituição de 1988 foi proibida a prestação de benefício social sem a correspondente fonte de custeio.

B) A Constituição de 1946 foi a primeira a prever o seguro-desemprego.

C) A Lei nº 6.439/77 instituiu o Sistema Nacional de Previdência e Assistência Social e o Instituto Nacional de Assistência Médica da Previdência Social.

D) A Constituição de 1988 instituiu o Programa de Assistência ao Trabalhador Rural – PRORURAL.

E) A Constituição de 1967 foi a primeira a estabelecer a forma tríplice da fonte de custeio previdenciária.

COMENTÁRIOS: A Lei nº 6.439/77 em seu art. 1º estabelece que

> *"Fica instituído o sistema Nacional de Previdência e Assistência Social – SINPAS, sob a orientação, coordenação e controle do Ministério da Previdência e Assistência Social – MPAS, com a finalidade de integrar as seguintes funções atribuídas às entidades referidas nesta Lei:*
>
> *I – concessão e manutenção de benefícios, e prestação de serviços;*
>
> *II – custeio de atividades e programas;*
>
> *III – gestão administrativa, financeira e patrimonial."*

Gabarito oficial: C

QUESTÃO 113

Ano: 2019 • Banca: VUNESP • Órgão: IPREMM - SP • Prova: VUNESP - 2019 - IPREMM - SP - Médico Perito

De acordo com o art. 195, § 5º, da Constituição Federal, "nenhum benefício ou serviço da seguridade social poderá ser criado, majorado ou estendido sem a correspondente fonte de custeio total". Tal parágrafo refere-se ao princípio da seguridade social da

Alternativas:

A) universalidade da cobertura.

B) seletividade.

C) distributividade.

D) uniformidade dos benefícios.

E) precedência da fonte de custeio.

COMENTÁRIOS: A questão descreve o princípio da Precedência da fonte de custeio, que é um princípio aplicável a todos os ramos da seguridade social. Segundo ele, a criação de novos benefícios, ou a extensão dos benefícios existentes, demanda a criação prévia de uma tributo que o custeie.

Gabarito oficial: E

QUESTÃO 114

Ano: 2019 • Banca: VUNESP • Órgão: IPREMM - SP • Prova: VUNESP - 2019 - IPREMM - SP - Médico Perito

É correto afirmar que a gestão da seguridade social será:

Alternativas:

A) Bipartite, envolvendo trabalhadores e o Poder Público.

B) Tripartite, envolvendo empregadores, Poder Público e aposentados.

C) Bipartite, envolvendo empregadores e Poder Público.

D) Quadripartite, envolvendo trabalhadores, empregadores, aposentados e Poder Público.

E) Tripartite, envolvendo aposentados, empregadores e Poder Público.

COMENTÁRIOS: Dentre os objetivos da seguridade social, previstos no art. 194 da Constituição Federal, se destaca o caráter democrático e descentralizado da administração, mediante gestão quadripartite, com participação dos trabalhadores, dos empregadores, dos aposentados e do Governo nos órgãos colegiados.

Assim, a assertiva D é a que melhor reflete a forma de gestão da seguridade social.

Gabarito oficial: D

QUESTÃO 115

Ano: 2019 • Banca: VUNESP • Órgão: IPREMM - SP • Prova: VUNESP - 2019 - IPREMM - SP - Médico Perito

A respeito da evolução histórica da Seguridade Social no Brasil, assinale a alternativa correta.

Alternativas:

A) Em 1919, por meio da influência dos militares, foi instituída para os operários do Arsenal da Marinha a aposentadoria por idade e por invalidez.

B) A Lei Eloy Chaves previu a aposentadoria ordinária, sendo devida de modo integral ao empregado que comprovasse pelo menos 25 (vinte e cinco) anos de serviço e 55 (cinquenta e cinco) anos de idade.

C) A Constituição de 1891 foi a primeira a conter a expressão aposentadoria, benefício esse que era concedido apenas aos funcionários públicos, em caso de invalidez.

D) A Lei Eloy Chaves previu a aposentadoria ordinária, mas deixou de tratar da aposentadoria por invalidez e da pensão por morte.

E) A Constituição de 1988 foi a primeira a estabelecer a forma tríplice da fonte de custeio previdenciária e a utilizar o vocábulo previdência sem o adjetivo social.

COMENTÁRIOS: No dia 29 de novembro de 1892, a Lei 217 instituiu a aposentadoria por invalidez e a pensão por morte dos operários do Arsenal da Marinha do Rio de Janeiro.

No Brasil, prevalece doutrinariamente que a previdência social nasceu com o advento da Lei Eloy Chaves, em 1923 (Decreto-lei 4.682), que determinou a criação das caixas de aposentadorias e pensões para os ferroviários, mantidas pelas empresas, pois naquela época os ferroviários eram bastante numerosos e formavam uma categoria profissional muito forte.

Nesse sentido, o dia da Previdência Social no Brasil é comemorado oficialmente no dia 24 de janeiro, justamente porque nessa data começou a vigorar a Lei Eloy Chaves.

Crê-se tratar-se de uma meia verdade. A Lei Eloy Chaves pode sim ser considerada como o marco inicial da previdência brasileira, mas do sistema privado, pois as caixas dos ferroviários eram administradas pelas próprias empresas privadas e não pelo Poder Público, que apenas regulamentava e supervisionava a atividade.

A Lei Eloy Chaves determinou a criação de uma Caixa de Aposentadoria e Pensões em cada uma das empresas ferroviárias, visando tutelar os seus empregados, assim considerados não só os que prestavam os seus serviços mediante ordenado mensal, como também os operários diaristas, de qualquer natureza, que executavam serviço de caráter permanente, desde que tivessem mais de seis meses de serviços contínuos em uma mesma empresa.

As principais receitas das CAPs dos ferroviários vinham de uma contribuição mensal dos empregados, correspondente a 3% dos respectivos vencimentos; de uma contribuição anual da empresa, correspondente a 1% de sua renda bruta e da soma que produzir um aumento de 1 1/2 % sobre as tarifas da estrada do ferro.

Os recursos arrecadados eram depositados mensalmente em banco escolhido pela gestão da CAP dos ferroviários, sendo de sua propriedade e afetados às finalidades da Caixa, sendo previstas as seguintes prestações:

a) Socorros médicos em casos de doença em sua pessoa ou pessoa de sua família, que habite sob o mesmo teto e sob a mesma economia;

b) Medicamentos obtidos por preço especial determinado pelo Conselho de Administração;

c) Aposentadoria (ordinária ou por invalidez);

d) Pensão para seus herdeiros em caso de morte.

A aposentadoria ordinária tinha os seguintes requisitos

a) completa, ao empregado ou operário que tenha prestado, pelo menos, 30 anos de serviço e tenha 50 anos de idade;

b) com 25 % de redução, ao empregado ou operário que, tendo prestado 30 anos de serviço, tenha menos de 50 anos de idade;

c) com tantos trinta avos quantos forem os anos de serviço até o máximo de 30, ao empregado ou operário que, tendo 60 ou mais anos de idade, tenha prestado 25 ou mais, até 30 anos de serviço.

Registre-se, inicialmente, que a Constituição de 1891 foi a primeira brasileira a prever diretamente um benefício previdenciário, pois o seu artigo 75 garantia a aposentadoria por invalidez aos funcionários públicos que se tornaram inválidos a serviço na nação, mesmo sem existir o pagamento de contribuições previdenciárias, sendo correta a letra C.

A Constituição de 1934 deu a sua contribuição ao prever o tríplice custeio da previdência social, mediante recursos do Poder Público, dos trabalhadores e das empresas, passando, em termos constitucionais, do plano apenas da assistência social para o seguro social, lançando mão da expressão "Previdência".

Gabarito oficial: C

QUESTÃO 116

Ano: 2019 • Banca: VUNESP • Órgão: IPREMM - SP • Prova: VUNESP - 2019 - IPREMM - SP - Médico Perito

Assinale a alternativa que contempla o conceito de seguridade social.

Alternativas:

A) É o conjunto integrado de ações de iniciativa dos Poderes Públicos e da sociedade, destinadas a assegurar os direitos relativos à saúde, à previdência e à assistência social.

B) É a rede protetiva formada exclusivamente pelo Estado com o objetivo de fornecer à população carente condições mínimas de uma vida digna.

C) É a reunião de ações de iniciativa do Poder Público e da Indústria, destinadas a assegurar aos necessitados direitos relativos à saúde e à assistência social, excluindo-se do seu âmbito a previdência social.

D) É a rede protetiva formada pelo Estado, pelos empresários e pela população em geral que tem por objetivo fornecer os direitos exclusivamente relacionados com a assistência social.

E) É o conjunto integrado de ações de iniciativa exclusiva do Estado, destinadas a assegurar a todos, brasileiros e estrangeiros, os direitos relativos à saúde e à alimentação.

COMENTÁRIOS: A questão cobra o conceito de seguridade social, previsto no art. 194 da Constituição Federal:

> *"A seguridade social compreende um conjunto integrado de ações de iniciativa dos Poderes Públicos e da sociedade, destinadas a assegurar os direitos relativos à saúde, à previdência e à assistência social."*

Gabarito oficial: A

QUESTÃO 117

Ano: 2019 • Banca: CESPE / CEBRASPE • Órgão: MPC-PA • Prova: CESPE - 2019 - MPC-PA - Procurador de Contas

A respeito do Regime Geral de Previdência Social (RGPS), assinale a opção correta.

Alternativas:

A) É estritamente vedada a adoção de requisitos e critérios diferenciados para a concessão de aposentadorias.

B) É permitido, excepcionalmente, que o benefício substitutivo ao salário de contribuição ou ao rendimento do trabalho seja inferior ao salário mínimo.

C) O trabalhador em situação de desemprego involuntário não tem proteção do sistema previdenciário.

D) A contagem recíproca independe de compensação financeira entre os regimes.

E) O participante de regime próprio de previdência é autorizado a filiar-se ao RGPS, desde que na qualidade de segurado obrigatório.

COMENTÁRIOS: A questão cobra características gerais do Regime Geral da Previdência Social.

Gabarito oficial: E

QUESTÃO 118

Ano: 2019 • Banca: CESPE / CEBRASPE • Órgão: MPC-PA • Prova: CESPE - 2019 - MPC-PA - Procurador de Contas

Ana é empregada celetista em determinada empresa de produtos químicos, há cinco anos, e trabalha em atividade considerada prejudicial à saúde.

Considerando essa situação hipotética, assinale a opção correta

Alternativas:

A) Ana é segurada facultativa da previdência social.

B) Ana é considerada contribuinte individual.

C) A contribuição de Ana é calculada mediante aplicação de alíquota sobre o seu salário de contribuição, de forma não cumulativa.

D) A contribuição a cargo da empresa é limitada ao teto previdenciário e deve corresponder a 20% sobre o salário de contribuição de Ana.

E) Ana é segurada especial.

COMENTÁRIOS: A questão traz uma situação-problema envolvendo uma empregada celetista, que trabalha em atividades prejudiciais à saúde. Assim, o examinando deve identificar que Ana, por prestar serviços na condição de celetista, é considerada segurada empregada. Ademais, por estar realizando atividade prejudicial à saúde e, portanto, exposta a agentes nocivos, sua contribuição previdenciária é acrescida de contribuição sobre os riscos ambientais do trabalho - RAT, conforme art. 22, II da Lei 8.212/91:

> *"Art. 22. A contribuição a cargo da empresa, destinada à Seguridade Social, além do disposto no art. 23, é de*
>
> *II - para o financiamento do benefício previsto nos arts. 57 e 58 da Lei nº 8.213, de 24 de julho de 1991, e daqueles concedidos em razão do grau de incidência de incapacidade laborativa decorrente dos riscos ambientais do trabalho, sobre o total das remunerações pagas ou creditadas, no decorrer do mês, aos segurados empregados e trabalhadores avulsos: (Redação dada pela Lei nº 9.732, de 1998).*
>
> *a) 1% (um por cento) para as empresas em cuja atividade preponderante o risco de acidentes do trabalho seja considerado leve;*
>
> *b) 2% (dois por cento) para as empresas em cuja atividade preponderante esse risco seja considerado médio;*
>
> *c) 3% (três por cento) para as empresas em cuja atividade preponderante esse risco seja considerado grave."*

Gabarito oficial: C

QUESTÃO 119

Ano: 2019 • Banca: CESPE / CEBRASPE • Órgão: MPC-PA • Prova: CESPE - 2019 - MPC-PA - Procurador de Contas

Assinale a opção que indica o princípio da seguridade social que justifica a adoção do sistema de repartição, da filiação obrigatória à previdência social e que possibilita a concessão de benefícios sem a imposição de carência.

Alternativas:

A) Equidade na forma de participação no custeio

B) Universalidade da cobertura e do atendimento

C) Caráter democrático e descentralizado da administração

D) Princípio da solidariedade

E) Diversidade da base de financiamento

COMENTÁRIOS: A questão visa identificar qual o princípio que justifica o sistema de repartição, da filiação obrigatória à previdência social e que possibilita a concessão de benefícios sem a imposição de carência. O princípio que reflete essa assertiva é o da solidariedade, que é o principal objetivo da seguridade social.

Gabarito oficial: D

QUESTÃO 120

Ano: 2019 • Banca: CIEE • Órgão: DPU • Prova: CIEE - 2019 - DPU - Estagiário de Direito

A Seguridade Social compreende um conjunto integrado de ações de iniciativas dos poderes públicos e da sociedade, destinado a assegurar o direito relativo à saúde, à previdência e à assistência social. Com relação aos princípios e diretrizes que a Seguridade Social deverá obedecer, assinale a alternativa INCORRETA, ou seja, a que NÃO condiz com os princípios elencados na Lei 8.212/1991 (Lei que dispõe sobre a organização da Seguridade Social):

Alternativas:

A) Universalidade da cobertura e do atendimento.

B) Irredutibilidade do valor dos benefícios

C) Equidade na forma de participação no custeio.

D) Base única de financiamento.

COMENTÁRIOS: A questão trata dos princípios da seguridade social, devendo ser indicada a assertiva incorreta. Os princípios da seguridade social estão previstos no art. 194 da Constituição Federal. Assim, da leitura do referido artigo, nota-se que a única assertiva que não corresponde ao seu conteúdo é a letra D, que fala em base única de financiamento, enquanto a Constituição fala em "diversidade da base de financiamento, identificando-se, em rubricas contábeis específicas para cada área, as receitas e as despesas vinculadas a ações de saúde, previdência e assistência social, preservado o caráter contributivo da previdência social".

Gabarito oficial: D

QUESTÃO 121

Ano: 2019 • Banca: VUNESP • Órgão: Prefeitura de Cerquilho - SP • Prova: VUNESP - 2019 - Prefeitura de Cerquilho - SP - Procurador Jurídico

Entre os princípios e objetivos que regem a previdência social, previstos no Decreto n° 3.048/99, está:

Alternativas:

A) Diversidade dos benefícios e serviços às populações urbanas e rurais.

B) Caráter centralizado da Administração.

C) Redutibilidade do valor dos benefícios.

D) Seletividade e distributividade na prestação dos benefícios.

E) Gestão tripartite.

COMENTÁRIOS: A questão visa identificar os princípios da previdência social, reproduzidos no Regulamento da Previdência Social, o Dec. 3.048/99. Logo, está correta a assertiva D, seletividade e distributividade na prestação dos benefícios. Os demais princípios são: universalidade da cobertura e do atendimento, uniformidade e equivalência dos benefícios e serviços às populações urbanas e rurais; seletividade e distributividade na prestação dos benefícios e serviços, irredutibilidade do valor dos benefícios, equidade na forma de participação no custeio, diversidade da base de financiamento, identificando-se, em rubricas contábeis específicas para cada área, as receitas e as despesas vinculadas a ações de saúde, previdência e assistência social, preservado o caráter contributivo da previdência social e caráter democrático e descentralizado da administração, mediante gestão quadripartite, com participação dos trabalhadores, dos empregadores, dos aposentados e do Governo nos órgãos colegiados.

Gabarito oficial: D

QUESTÃO 122

Ano: 2019 • Banca: VUNESP • Órgão: Prefeitura de Valinhos - SP • Prova: VUNESP - 2019 - Prefeitura de Valinhos - SP - Procurador

Sobre a seguridade social, é correto afirmar que

Alternativas:

A) seus objetivos são a garantia de padrão de qualidade e o piso salarial profissional nacional para os profissionais da área.

B) compreende um conjunto integrado de ações de iniciativa dos poderes públicos e da sociedade, destinadas a assegurar os direitos relativos à saúde, à previdência e à assistência social.

C) será financiada por toda a sociedade, de forma direta, nos termos da lei, mediante recursos provenientes dos orçamentos dos Estados, do Distrito Federal e dos Municípios.

D) tem como base o primado do trabalho, e como objetivo o bem-estar e a justiça sociais.

E) tem por objetivo o caráter democrático e centralizado da Administração, mediante gestão tripartite, com participação dos trabalhadores, dos empregadores e do Governo nos órgãos colegiados.

COMENTÁRIOS: A questão visa identificar o conceito de seguridade social, conforme previsto na Constituição Federal como um conjunto integrado de ações de iniciativa dos Poderes Públicos e da sociedade, destinadas a assegurar os direitos relativos à saúde, à previdência e à assistência social, nos termos do art. 194 da Constituição Federal.

Gabarito oficial: B

QUESTÃO 123

Ano: 2019 • Banca: FCC • Órgão: TRF - 4ª REGIÃO • Prova: FCC - 2019 - TRF - 4ª REGIÃO - Analista Judiciário - Área Judiciária

Sobre os cálculos dos benefícios previdenciários do Instituto Nacional de Seguro Social (INSS), NÃO está correto o que consta de:

Alternativas:

A) O INSS utilizará as informações retiradas do Cadastro Nacional de Informações Sociais (CNIS) sobre os vínculos e remunerações dos segurados, para fins de cálculos dos salários de benefício. Quando houver dúvidas sobre a regularidade de um vínculo, o INSS poderá exigir a apresentação de documentos que servirão de base à anotação, sob pena de exclusão do vínculo.

B) O fator previdenciário será de incidência obrigatória nos cálculos das aposentadorias por tempo de contribuição integral, proporcional e dos professores, facultativa na aposentadoria por idade e não obrigatória nas aposentadorias especial e por invalidez.

C) Para os benefícios por incapacidade e salário maternidade, a regra de cálculo é a média aritmética dos doze últimos salários de contribuição. O valor deste benefício não poderá exceder a média dos últimos doze meses de salário de contribuição, inclusive em caso de remuneração variável.

D) No período básico de cálculo, se o segurado tiver recebido benefícios por incapacidade, sua duração será contada, considerando-se como salário de contribuição, no período, o salário de benefício que serviu de base para o cálculo da renda mensal, reajustado nas mesmas épocas e bases dos benefícios em geral, não podendo ser inferior ao valor de 1 (um) salário mínimo.

E) O salário-maternidade e o salário-família não seguem as mesmas regras de cálculo que as aposentadorias por tempo, idade e especial, pois não são calculados através do salário de benefício.

COMENTÁRIOS: A questão aborda a sistemática de cálculo dos benefícios do Regime Geral da Previdência Social. Assim, cabe ao examinando indicar a assertiva incorreta. A assertiva C é a única que não indica a verdadeira regra de cálculo dos benefícios em comento. Os benefícios por incapacidade demandam a utilização do salário de benefício para cálculo de sua renda mensal inicial. Ademais, o salário maternidade corresponde ao valor da remuneração integral para o caso do empregado e avulso.

Gabarito oficial: C

QUESTÃO 124

Ano: 2019 • Banca: FCC • Órgão: TRF - 4ª REGIÃO • Prova: FCC - 2019 - TRF - 4ª REGIÃO - Analista Judiciário - Área Judiciária

Sobre a incidência de contribuição previdenciária no salário de contribuição, considere:

I. A gratificação natalina integra o salário de contribuição, mas não o cálculo do benefício previdenciário, assim, como os valores de todos os benefícios previdenciários integram o salário de contribuição.

II. Integram o salário de contribuição a ajuda de custo e o adicional mensal recebidos pelo aeronauta nos termos da lei, a parcela "in natura" recebida de acordo com os programas de alimentação aprovados pelo Ministério do Trabalho e da Previdência Social, bem como as importâncias recebidas a título de férias indenizadas e respectivo adicional constitucional, inclusive o valor correspondente à dobra da remuneração de férias.

III. Para efeitos do salário de contribuição considera-se remuneração do contribuinte individual que trabalha como condutor autônomo de veículo rodoviário, como auxiliar de condutor autônomo de veículo rodoviário, em automóvel cedido em regime de colaboração, o montante correspondente a 15% (quinze por cento) do valor bruto do frete, carreto, transporte de passageiros ou do serviço prestado.

IV. Integram o salário de contribuição o ressarcimento de despesas pelo uso de veículo do empregado e o reembolso creche de crianças pago em conformidade com a legislação trabalhista, observado o limite máximo de seis anos de idade, quando devidamente comprovadas as despesas realizadas.

Está correto o que consta de

Alternativas:

A) I, II, III e IV.

B) II e III apenas.

C) I e II apenas.

D) II e IV apenas.

E) I e IV apenas.

COMENTÁRIOS: A questão trata do tema salário de contribuição, cabendo ao examinando identificar quais parcelas possuem incidência de contribuição previdenciária. ~

A assertiva I começa afirmando que a gratificação natalina integra o salário de contribuição, mas não o cálculo do benefício previdenciário. Essa parte da assertiva está correta, nos termos do art. 28, §7º da Lei 8.212/91. No entanto, a segunda parte da assertiva afirma que os valores de todos os benefícios previdenciários integram o salário de contribuição. A Lei de Custeio é expressa no sentido de que os benefícios da previdência social não integram o salário de contribuição, salvo o salário-maternidade, conforme art. 28, §9º a da mencionada Lei.

A assertiva III diz que o salário de contribuição do contribuinte individual que trabalha como condutor autônomo de veículo rodoviário, como auxiliar de condutor autônomo de veículo rodoviário, em automóvel cedido em regime de colaboração equivale a 15% do valor bruto do frete. Essa afirmação está incorreta, tendo em vista que o valor do salário de contribuição nesse caso é de 20% do valor bruto do frete, carreto, transporte de passageiros ou do serviço prestado, observado o teto do salário de contribuição, conforme §8º do art. 28 da Lei de Custeio.

As demais assertivas estão corretas.

Gabarito oficial: D

QUESTÃO 125

Ano: 2019 • Banca: FCC • Órgão: TRF - 4ª REGIÃO • Prova: FCC - 2019 - TRF - 4ª REGIÃO - Analista Judiciário - Área Judiciária

Ivan Pereira sofreu acidente de trânsito em um final de semana quando voltava do clube com sua família. O mencionado segurado recebeu auxílio-doença por 1 ano. Posteriormente, o seu auxílio-doença foi diretamente convertido em aposentadoria por invalidez, a qual teve duração de quatro anos e meio. Após este período o INSS a cancelou. Sobre a alta da aposentadoria por invalidez, caso

Alternativas:

A) Ivan retorne ao mercado de trabalho na antiga empresa, percebendo o mesmo salário, não poderá ser demitido, tendo em vista a sua estabilidade no emprego pelo acidente ocorrido.

B) Ivan não retorne ao seu antigo emprego, a aposentadoria por invalidez cessará após tantos meses quantos forem os anos de duração do auxílio-doença ou da aposentadoria por invalidez.

C) Ivan retorne ao seu antigo emprego, a sua aposentadoria por invalidez será mantida de forma escalonada pelo período de um ano e meio. Isso ocorrerá como uma forma de indenização pelo período que esteve afastado.

D) a perícia determine que Ivan esteja apto ao exercício de atividade diversa da que exercia, a sua aposentadoria por invalidez cessará após quantos forem os anos de duração do auxílio-doença ou da aposentadoria por invalidez.

E) Ivan não retorne ao seu antigo emprego, a sua aposentadoria por invalidez será mantida de forma escalonada pelo período de um ano e meio. Isso ocorrerá mesmo que encontre um novo emprego.

COMENTÁRIOS: A questão trata da alta da antiga aposentadoria por invalidez, atual aposentadoria por incapacidade permanente e, por conseguinte, das parcelas de recuperação, conforme previsão do art. 47 da Lei 8.213/91[35]. A situação-problema exposta é de um segurado que permanece em gozo de auxílio doença por

35. Art. 47. Verificada a recuperação da capacidade de trabalho do aposentado por invalidez, será observado o seguinte procedimento:

I – quando a recuperação ocorrer dentro de 5 (cinco) anos, contados da data do início da aposentadoria por invalidez ou do auxílio-doença que a antecedeu sem interrupção, o benefício cessará:

a) de imediato, para o segurado empregado que tiver direito a retornar à função que desempenhava na empresa quando se aposentou, na forma da legislação trabalhista, valendo como documento, para tal fim, o certificado de capacidade fornecido pela Previdência Social; ou

b) após tantos meses quantos forem os anos de duração do auxílio-doença ou da aposentadoria por invalidez, para os demais segurados;

II – quando a recuperação for parcial, ou ocorrer após o período do inciso I, ou ainda quando o segurado for declarado apto para o exercício de trabalho diverso do qual habitualmente exercia, a aposentadoria será mantida, sem prejuízo da volta à atividade:

a) no seu valor integral, durante 6 (seis) meses contados da data em que for verificada a recuperação da capacidade;

b) com redução de 50% (cinqüenta por cento), no período seguinte de 6 (seis) meses;

1 ano, bem como aposentado por invalidez por 4 anos e meio, tendo recebido alta em seguida. Assim, nota-se que o segurado percebeu em gozo de benefícios por incapacidade por 5 anos e meio, tendo direito às parcelas de recuperação, integral por 6 meses, reduzido em 50% nos 6 meses seguintes e em 75% nos 6 meses subsequentes.

Gabarito oficial: E

QUESTÃO 126

Ano: 2019 • Banca: FCC • Órgão: TRF - 4ª REGIÃO • Prova: FCC - 2019 - TRF - 4ª REGIÃO - Técnico Judiciário - Área Administrativa

Os benefícios previdenciários são uma forma de indenização sobre a eclosão do risco social previdenciário. Sobre esses benefícios é correto afirmar:

Alternativas:

A) Poderá ser concedido o salário-maternidade a mais de um segurado, decorrente do mesmo processo de adoção ou guarda, ainda que os cônjuges ou companheiros estejam submetidos a Regime Próprio de Previdência Social, ressalvado o pagamento do salário-maternidade à mãe biológica.

B) De acordo com a legislação atual, a aposentadoria especial será devida pela profissão que o segurado possui ou pela exposição aos agentes químicos, físicos e biológicos ou associação de agentes.

C) O professor ou a professora da educação infantil, fundamental e ensino médio, bem como o do superior terão direito a se aposentar com 25 anos de contribuição, se mulher, e 30 anos de contribuição, se homem.

D) O valor do auxílio-acidente poderá ser integrado ao salário de contribuição para fins de cálculo da futura

---

c) com redução de 75% (setenta e cinco por cento), também por igual período de 6 (seis) meses, ao término do qual cessará definitivamente.

aposentadoria. Por essa razão atualmente a aposentadoria e o auxílio-acidente não se cumulam.

E) Haverá obrigatoriedade da incidência legal do fator previdenciário nas aposentadorias especial e por idade.

COMENTÁRIOS: A assertiva A trata da vedação de concessão do salário maternidade a mais de um segurado na hipótese de adoção ou guarda, prevista no art. 71-A da Lei 8.213/91:

> *"Art. 71-A, §2º Ressalvado o pagamento do salário-maternidade à mãe biológica e o disposto no art. 71-B, não poderá ser concedido o benefício a mais de um segurado, decorrente do mesmo processo de adoção ou guarda, ainda que os cônjuges ou companheiros estejam submetidos a Regime Próprio de Previdência Social."*

A assertiva B está incorreta, pois atualmente é proibido o enquadramento da aposentadoria especial em função da categoria profissional, restando apenas o enquadramento em razão da exposição a agentes nocivos à saúde. Essa mudança se deu pela Lei 9032/95.

A assertiva C diz que "O professor ou a professora da educação infantil, fundamental e ensino médio, bem como o do superior terão direito a se aposentar com 25 anos de contribuição, se mulher, e 30 anos de contribuição, se homem." Essa é a antiga regra da aposentadoria por tempo de contribuição do professor, salvo no que diz respeito ao professor de ensino superior, que não tem direito à aposentadoria especial.

A assertiva D diz que "O valor do auxílio-acidente poderá ser integrado ao salário de contribuição para fins de cálculo da futura aposentadoria. Por essa razão atualmente a aposentadoria e o auxílio-acidente não se cumulam.". A integração do auxílio-acidente ao salário de contribuição tem previsão expressa no art. 31 da Lei 8.213/91, enquanto a vedação de acumulação da aposentadoria com o auxílio acidente tem previsão no art. 86§3º da supramencionada lei.

Saliente-se que, em função da reforma trazida pela EC 103/2019, houve a extinção do fator previdenciário. No entanto, mesmo na época em que este se encontrava vigente, não se aplicava ao benefício de aposentadoria especial.

Gabarito oficial: D

QUESTÃO 127

Ano: 2019 • Banca: FCC • Órgão: TRF - 4ª REGIÃO • Prova: FCC - 2019 - TRF - 4ª REGIÃO - Técnico Judiciário - Área Administrativa

Sobre os benefícios por incapacidade é INCORRETO afirmar:

Alternativas:

A) Para os empregados e para os empregados domésticos, o empregador ficará obrigado a pagar os 15 primeiros dias de afastamento da licença-saúde, e só a partir do décimo sexto dia o segurado afastado receberá do INSS.

B) A carência para o auxílio-doença é de 12 meses, salvo nos casos de acidentes de trabalho e de qualquer natureza, bem como no caso de doenças e afecções especificadas em lista elaborada pelos Ministérios da Saúde e da Previdência Social.

C) Não haverá direito ao auxílio-doença nos casos de doença preexistente, salvo quando a incapacidade sobrevier por motivo de progressão ou agravamento da doença ou da lesão.

D) Será pago um adicional de 25% no valor da aposentadoria por invalidez para aqueles que necessitam de ajuda permanente de terceiros.

E) O auxílio acidente é um benefício por incapacidade que será pago ao segurado no término do auxílio-doença decorrente de acidentes de trabalho ou de qualquer natureza. Deverá ser comprovada a redução da capacidade laboral para que haja direito ao benefício.

COMENTÁRIOS: A questão trata dos benefícios por incapacidade: o auxílio doença – atual benefício por incapacidade temporária, e a aposentadoria por invalidez – atual aposentadoria por incapacidade permanente.

É necessário identificar a assertiva incorreta. A assertiva A diz que para os empregados e para os empregados domésticos, o empregador ficará obrigado a pagar os 15 primeiros dias de afastamento da licença-saúde, e só a partir do décimo sexto dia o segurado afastado receberá do INSS. O artigo 60, §3º da Lei 8.213/91 preleciona que, no caso do segurado empregado, incumbe ao empregador o pagamento dos primeiros quinze dias de afastamento do benefício. No entanto, essa obrigação não se estende ao empregador doméstico, que não é responsável pelo pagamento dos primeiros 15 dias de afastamento. Por esta razão, a assertiva está incorreta.

Gabarito oficial: A

QUESTÃO 128

Ano: 2019 • Banca: FCC • Órgão: TRF - 4ª REGIÃO • Prova: FCC - 2019 - TRF - 4ª REGIÃO - Técnico Judiciário - Área Administrativa

Sobre o Sistema de Seguridade Social no Brasil, é correto afirmar:

Alternativas:

A) É um sistema de gestão bipartite entre governo e sociedade nas políticas de Previdência, Assistência e Saúde.

B) São princípios para os benefícios da Seguridade Social: a universalidade da cobertura de atendimento, a uniformidade e equivalência dos benefícios e serviços às populações urbanas e rurais; a seletividade e distributividade na prestação dos benefícios e serviços e a irredutibilidade do valor dos benefícios.

C) A Saúde é um sistema não contributivo, mas a Previdência e a Assistência Social são contributivas por ocasião dos benefícios previdenciários e do amparo assistencial ao idoso e ao deficiente.

D) Há diversidade na base de financiamento da Previdência Social e seu custeio é realizado pelas contribuições do empregador, da empresa e da entidade a ela equiparada na forma da lei, do trabalhador e dos demais segurados da previdência social, não incidindo contribuição sobre aposentadoria e pensão concedidas pelo Regime Geral da Previdência Social (RGPS), bem como do importador de bens ou serviços do exterior, ou de quem a lei a ele equiparar.

E) O benefício ou serviço da seguridade social pode ser criado, majorado ou estendido sem a correspondente fonte de custeio.

COMENTÁRIOS: A questão trata de características gerais do sistema de Seguridade Social no Brasil. A assertiva A diz que a seguridade é um sistema de gestão bipartite entre governo e sociedade. O erro dessa assertiva está na gestão do sistema, que nos termos do art. 194, é quadripartite, com participação dos trabalhadores, dos empregadores, dos aposentados e do Governo nos órgãos colegiados

A segunda assertiva traz corretamente os princípios da seguridade social, conforme art. 194 da CF.

A assertiva C diz que a Previdência e a Assistência social são contributivas, ao contrário da saúde. No entanto, nos termos do art. 203 da CF, a assistência social será prestada a quem dela necessitar, independentemente de contribuição à seguridade social, possuindo, portanto, caráter não contributivo.

A assertiva D traz, dentre outras informações, que não incide contribuição sobre aposentadorias e pensões do importador de bens ou serviços do exterior, ou de quem a lei a ele equiparar. No entanto, não há qualquer previsão legal nesse sentido, razão pela qual essa assertiva é incorreta.

A letra E diz que o benefício ou serviço da seguridade social pode ser criado, majorado ou estendido sem a correspondente fonte de custeio. Ao contrário do afirmado na assertiva, o art. 194 §5º da CF aduz que nenhum benefício ou serviço da seguridade social poderá ser criado, majorado ou estendido sem a correspondente fonte de custeio total.

Gabarito oficial: B

QUESTÃO 129

Ano: 2019 • Banca: CEV-URCA • Órgão: Prefeitura de Mauriti - CE • Prova: CEV-URCA - 2019 - Prefeitura de Mauriti - CE - Assistente Social

A Seguridade Social compreende um conjunto integrado de ações de iniciativa dos poderes públicos e da sociedade, destinado a assegurar o direito relativo à saúde, à previdência e à assistência social. Com base na Lei 8.212/91, constituem princípios e diretrizes da Seguridade Social, EXCETO:

Alternativas:

A) Universalização da cobertura e do atendimento.

B) Irredutibilidade do valor dos benefícios.

C) Equidade na forma de participação no custeio.

D) Seletividade e distributividade na prestação dos benefícios e serviços.

E) Organização dos serviços públicos de modo a evitar duplicidade de meios para fins idênticos.

COMENTÁRIOS: A questão cobra do examinando o conhecimento sobre os princípios da seguridade social, reproduzidos no art. 1º da Lei 8.212/91. Assim, nota-se que dentre os princípios elencados não consta o princípio da organização dos serviços públicos de modo a evitar duplicidade de meios para fins idênticos. Por este motivo a letra E é a incorreta.

Gabarito oficial: E

QUESTÃO 130

Ano: 2019 • Banca: COMPERVE • Órgão: Prefeitura de Parnamirim - RN • Prova: COMPERVE - 2019 - Prefeitura de Parnamirim - RN - Advogado

A Previdência Social tem por fim assegurar aos seus beneficiários meios indispensáveis de manutenção. Assim, no cumprimento de seus objetivos, a Previdência Social rege -se pelo princípio

Alternativas:

A) Do rendimento do trabalho do segurado não inferior ao salário-de-contribuição.

B) Do cálculo do benefício considerando-se os salários-de--contribuição corrigidos pela inflação.

C) Da universalidade de participação nos planos previdenciários.

D) Da centralização administrativa.

> **COMENTÁRIOS:** A questão cobra do examinando o conhecimento sobre os princípios da previdência social, reproduzidos no art. 3º da Lei 8.212/91. Assim, observa-se que a única opção que possui correspondência com o referido artigo é a assertiva C – da universalidade de participação nos planos previdenciários.
>
> **Gabarito oficial:** C

QUESTÃO 131

Ano: 2019 • Banca: FUNDATEC • Órgão: IMESF • Prova: FUNDATEC - 2019 - IMESF - Assessor Jurídico

O prazo para o segurado ou beneficiário requerer a revisão do ato de concessão do benefício é de ______ anos, contados a partir ______________________________.

Assinale a alternativa que preenche, correta e respectivamente, as lacunas do trecho acima.

Alternativas:

A) Três – do primeiro dia do mês seguinte ao do recebimento da primeira prestação

B) Três – do dia do deferimento administrativo do benefício

C) Cinco – do primeiro dia do mês seguinte ao do recebimento da primeira prestação

D) Dez – do primeiro dia do mês seguinte ao do recebimento da primeira prestação

E) Dez – do dia do deferimento administrativo do benefício

COMENTÁRIOS: A questão visa cobrar o conhecimento acerca do prazo decadencial para o segurado requerer a revisão do ato de concessão do benefício. A matéria está disciplinada pelo art. 103 da Lei 8.213/91[36].

Logo, a resposta correta é a D, uma vez que retrata corretamente o disposto no art. 103 da Lei de Benefícios.

Gabarito oficial: D

QUESTÃO 132

Ano: 2019 • Banca: FUNDATEC • Órgão: IMESF • Prova: FUNDATEC - 2019 - IMESF - Assessor Jurídico

Analise as seguintes afirmações:

I. O direito subjetivo à saúde é de todos, independentemente de contribuição.

36. O prazo de decadência do direito ou da ação do segurado ou beneficiário para a revisão do ato de concessão, indeferimento, cancelamento ou cessação de benefício e do ato de deferimento, indeferimento ou não concessão de revisão de benefício é de 10 (dez) anos, contado: (Redação dada pela Lei nº 13.846, de 2019) (Vide ADIN 6096)

I – do dia primeiro do mês subsequente ao do recebimento da primeira prestação ou da data em que a prestação deveria ter sido paga com o valor revisto; ou (Incluído pela Lei nº 13.846, de 2019) (Vide ADIN 6096)

II – do dia em que o segurado tomar conhecimento da decisão de indeferimento, cancelamento ou cessação do seu pedido de benefício ou da decisão de deferimento ou indeferimento de revisão de benefício, no âmbito administrativo.

II. A assistência social é prestada a quem dela necessitar, na forma da lei, independentemente de contribuição para custeio.

III. O direito subjetivo à proteção da previdência social é universal e independe de contribuição.

Quais estão corretas?

Alternativas:

A) Apenas I.

B) Apenas II.

C) Apenas III.

D) Apenas I e II.

E) Apenas II e III.

COMENTÁRIOS: A questão trata de características gerais do sistema de Seguridade Social.

A assertiva I diz que direito subjetivo à saúde é de todos, independentemente de contribuição. Essa afirmação está correta, uma vez que o direito à saúde independe de contribuições, conforme previsto no art. 196 da CF.

A assertiva II diz que a assistência social é prestada a quem dela necessitar, na forma da lei, independentemente de contribuição para custeio. Também está correta, visto que o direito à assistência também independe de contribuições, conforme previsto no art. 203 da CF.

A assertiva III, por outro lado, diz que direito subjetivo à proteção da previdência social é universal e independe de contribuição. Esta afirmativa está incorreta, uma vez que a previdência possui caráter nitidamente contributivo, sendo seus serviços e benefícios prestados apenas a quem se filia ao regime, nos termos do art. 201 da CF.

Gabarito oficial: D

QUESTÃO 133

Ano: 2019 • Banca: CESPE / CEBRASPE • Órgão: PGM - Campo Grande - MS • Prova: CESPE - 2019 - PGM - Campo Grande - MS - Procurador Municipal

Acerca dos benefícios previdenciários, julgue o item subsequente.

Perde o direito à pensão por morte o pretenso beneficiário que, após o trânsito em julgado, tenha sido condenado pela prática de crime de que tenha dolosamente ou mesmo culposamente resultado a morte do segurado.

Alternativas:

( ) Certo

( ) Errado

COMENTÁRIOS: A questão aborda a inovação legislativa trazida pela Lei 13846/2019, que é a perda da qualidade de dependente em razão do cometimento do crime doloso que tenha resultado em morte do segurado[37].

Para a perda da qualidade de dependente, é necessário que o crime tenha ocorrido na modalidade dolosa. O erro da assertiva está em admitir a perda da qualidade de dependente em razão de crime culposo.

Gabarito oficial: Errado

QUESTÃO 134

Ano: 2019 • Banca: CESPE / CEBRASPE • Órgão: PGM - Campo Grande - MS • Prova: CESPE - 2019 - PGM - Campo Grande - MS - Procurador Municipal

37. Lei 8213/91. Art. 16.[...] § 7° Será excluído definitivamente da condição de dependente quem tiver sido condenado criminalmente por sentença com trânsito em julgado, como autor, coautor ou partícipe de homicídio doloso, ou de tentativa desse crime, cometido contra a pessoa do segurado, ressalvados os absolutamente incapazes e os inimputáveis. (Incluído pela Lei n° 13.846, de 2019)

Acerca dos benefícios previdenciários, julgue o item subsequente.

Ao segurado ou à segurada da previdência social que adotar ou obtiver guarda judicial para fins de adoção de criança é devido salário-maternidade pelo período de cento e vinte dias.

Alternativas:

( ) Certo

( ) Errado

COMENTÁRIOS: A assertiva transcreve de maneira literal o art. 71-A da Lei 8.213/91, que garante o direito ao salário maternidade ao segurado que adotar ou obtiver guarda judicial para fins de adoção.

Gabarito oficial: Certo

QUESTÃO 135

Ano: 2019 • Banca: CESPE / CEBRASPE • Órgão: PGM - Campo Grande - MS • Prova: CESPE - 2019 - PGM - Campo Grande - MS - Procurador Municipal

Acerca dos benefícios previdenciários, julgue o item subsequente.

O salário-família será pago mensalmente ao segurado empregado, ao empregado doméstico e ao trabalhador avulso, por filho ou equiparado de qualquer condição até catorze anos de idade, ou inválido de qualquer idade. O segurado só fará jus ao benefício se tiver como salário de contribuição valor até certo teto, definido em portaria, periodicamente.

Alternativas:

( ) Certo

( ) Errado

COMENTÁRIOS: A questão trata das características do benefício de salário família. Este benefício é devido ao segurado empregado, doméstico e avulso de baixa renda, sendo paga uma cota por filho ou equiparado menor de 14 anos, condicionado à apresentação da certidão de nascimento do filho ou da documentação relativa ao equiparado ou ao inválido, e à apresentação anual de atestado de vacinação obrigatória e de comprovação de frequência à escola do filho ou equiparado.

A assertiva está correta, nos termos do art. 65 e seguintes da Lei 8.213/91.

Gabarito oficial: Certo

QUESTÃO 136

Ano: 2019 • Banca: CESPE / CEBRASPE • Órgão: PGM - Campo Grande - MS • Prova: CESPE - 2019 - PGM - Campo Grande - MS - Procurador Municipal

Acerca dos benefícios previdenciários, julgue o item subsequente.

Será automaticamente cessada, a partir da data do retorno, a aposentadoria do aposentado por invalidez que retornar voluntariamente à atividade.

Alternativas:

( ) Certo

( ) Errado

COMENTÁRIOS: O retorno voluntário ao trabalho é causa de cancelamento do benefício de aposentadoria por invalidez permanente – antiga aposentadoria por invalidez, nos termos do art. 46 da Lei de Benefícios. Logo, a assertiva está correta.

Gabarito oficial: Certo

QUESTÃO 137

Ano: 2019 • Banca: CESPE / CEBRASPE • Órgão: PGM - Campo Grande - MS • Prova: CESPE - 2019 - PGM - Campo Grande - MS - Procurador Municipal

Jorge, na qualidade de contribuinte individual, vinha contribuindo até o início do cumprimento de pena de reclusão pela prática do crime de homicídio qualificado, não tendo feito mais contribuições.

Com referência a essa situação hipotética, julgue os seguintes itens.

O reconhecimento da perda da qualidade de segurado de Jorge ocorrerá no dia seguinte ao do vencimento da contribuição de contribuinte individual relativa ao mês imediatamente posterior ao término do prazo de doze meses após o livramento.

Alternativas:

( ) Certo

( ) Errado

COMENTÁRIOS: A questão aborda a causa de dilação do período de graça do segurado detido ou recluso[38]. Na situação vertente, o período de graça é estendido em 12 meses após o livramento. Ademais, a perda da qualidade de segurado só ocorre no dia seguinte ao do vencimento da contribuição previdenciária que o segurado deveria efetuar. Assim, a assertiva está correta.

Gabarito oficial: Certo.

Jorge manterá a qualidade de segurado, independentemente de contribuições, até doze meses após o livramento.

Alternativas:

( ) Certo

( ) Errado

38. Art. 15. Mantém a qualidade de segurado, independentemente de contribuições: IV – até 12 (doze) meses após o livramento, o segurado retido ou recluso;

COMENTÁRIOS: A assertiva novamente cobra o conhecimento do prazo de 12 meses de prorrogação do período de graça do segurado recluso.

Gabarito oficial: Certo

QUESTÃO 138

Ano: 2019 • Banca: CESPE / CEBRASPE • Órgão: Prefeitura de Boa Vista - RR • Prova: CESPE - 2019 - Prefeitura de Boa Vista - RR - Procurador Municipal

João, casado com Ana desde 10/1/2018, é segurado do regime geral de previdência social desde 1.º/7/1989, na qualidade de contribuinte individual. Ele pretende solicitar ao INSS, em 1.º/7/2019, dia do seu aniversário de cinquenta anos, sua aposentadoria por tempo de contribuição.

Considerando essa situação hipotética e as disposições legais vigentes acerca de direito previdenciário, julgue os seguintes itens.

Considerando-se o tempo de casados de João e Ana, caso ele venha a falecer por qualquer motivo em junho de 2019, ela não terá direito à pensão por morte.

Alternativas:

( ) Certo

( ) Errado

Gabarito oficial: Errado

Por ser um contribuinte individual, João é segurado facultativo da previdência social.

Alternativas:

( ) Certo

( ) Errado

Gabarito oficial: Errado

Na data de seu referido aniversário, João ainda não terá cumprido os requisitos para começar a receber aposentadoria por tempo de contribuição.

Alternativas:

( ) Certo

( ) Errado

Gabarito oficial: Certo

COMENTÁRIOS: A questão traz uma situação-problema. João, segurado há 30 anos, casado há 1 ano e meio, pretende pleitear aposentadoria por tempo de contribuição.

O primeiro questionamento é no sentido da possibilidade de concessão de pensão por morte caso João faleça. Não há controvérsia quanto a isso, uma vez que João é segurado da Previdência Social. Por outro lado, embora o benefício de pensão por morte não tenha carência, termos do art. 26 da Lei 8.213/91, ele tem regras específicas de cessação.

Com efeito, nos termos do art. 77 da Lei de benefícios, a duração da pensão por morte será de apenas quatro meses caso o segurado possua menos de 18 (dezoito) contribuições mensais ou se o casamento ou a união estável tiverem sido iniciados em menos de 2 (dois) anos antes do óbito do segurado. Assim, na situação proposta, o benefício de pensão por morte seria concedido com duração de apenas quatro meses, uma vez que o casamento tem apenas um ano e meio de duração.

A segunda assertiva questiona se João, por ser contribuinte individual, é um segurado facultativo do Regime Geral de Previdência Social. Essa afirmativa está incorreta, uma vez que, nos termos do art. 11, V da Lei 8.213/91, o contribuinte individual é segurado obrigatório do RGPS, e não facultativo.

A terceira assertiva diz que na data de seu referido aniversário, João ainda não terá cumprido os requisitos para começar a receber aposentadoria por tempo de contribuição. Na situação problema, em 01/07/2019 João tem 50 anos de idade e 30 anos de contribuição. Logo, não completou os requisitos para aposentadoria por tempo de contribuição antes da Emenda Constitucional 103/2019, uma vez que a Lei exigia 35 anos de contribuição para os segurados do sexo masculino.

QUESTÃO 139

Ano: 2019 • Banca: CESPE / CEBRASPE • Órgão: Prefeitura de Boa Vista - RR • Prova: CESPE - 2019 - Prefeitura de Boa Vista - RR - Procurador Municipal

A respeito de princípios constitucionais relativos à seguridade social, julgue o item a seguir.

O princípio da diversidade da base de financiamento é imprescindível para a manutenção da saúde financeira e atuarial do sistema de seguridade social, uma vez que reduz o risco de desequilíbrio do orçamento direto e indireto desse sistema.

Alternativas:

( ) Certo

( ) Errado

COMENTÁRIOS: A diversidade da base de financiamento é um princípio basilar da seguridade social, uma vez que garante que os recursos provenham de fontes múltiplas, assegurando a saúde financeira do sistema. Por esta razão, a assertiva está correta.

Gabarito oficial: Certo

QUESTÃO 140

Ano: 2019 • Banca: CESPE / CEBRASPE • Órgão: SLU-DF • Prova: CESPE - 2019 - SLU-DF - Analista de Gestão de Resíduos Sólidos - Serviço Social

Antônio, de sessenta e três anos de idade, empregado celetista no cargo de auxiliar de serviços gerais havia dez anos em uma empresa de limpeza urbana, compareceu ao serviço de emergência de um hospital público, queixando-se de fortes dores de cabeça. Após primeiro atendimento médico, ele foi encaminhado para internação, sem previsão de alta, para investigação da causa das dores. Antônio é casado com Maria, de quarenta e cinco anos de idade, com a qual tem dois filhos menores de idade. Maria está desempregada e nunca contribuiu para a previdência social. Apreensiva pela possibilidade de Antônio não poder retornar ao trabalho, Maria buscou orientação no serviço social do hospital a respeito dos direitos de Antônio e dos meios de exercê-los.

A partir dessa situação hipotética, julgue o item subsecutivo, tendo como referência a Lei Orgânica da Seguridade Social (Lei n.° 8.212/1991), os planos de benefícios da previdência social (Lei n.° 8.213/1991) e o Estatuto do Idoso (Lei n.° 10.741/2003).

Para fins previdenciários, a dependência econômica de Maria e de seus filhos com Antônio deve ser comprovada.

Alternativas:

( ) Certo

( ) Errado

COMENTÁRIOS: Trata-se de questão da CESPE acerca da qualidade de dependente no Regime Geral de Previdência Social, bem como da comprovação de dependência econômica.

Primeiramente, cabe ressaltar que a questão faz menção ao Estatuto do Idoso, Lei 10741/2003. No entanto, essa Lei foi rebatizada para Estatuto da Pessoa Idosa, nos termos da Lei Nº 14.423, de 22 de julho de 2022.

A assertiva diz que a dependência econômica de Maria e de seus filhos deve ser comprovada, sendo Maria a cônjuge de Antônio. Essa afirmação está errada, tendo em vista que, nos termos do artigo 16 da Lei 8.213/91, a dependência econômica dos dependentes de classe I é presumida. Logo, o cônjuge, a companheira, o companheiro e o filho não emancipado, de qualquer condição, menor de 21 (vinte e um) anos ou inválido ou que tenha deficiência intelectual ou mental ou deficiência grave não precisam comprovar dependência econômica, pois esta é presumida na forma da lei.

Gabarito oficial: Errado

QUESTÃO 141

Ano: 2019 • Banca: CESPE / CEBRASPE • Órgão: SLU-DF • Prova: CESPE - 2019 - SLU-DF - Analista de Gestão de Resíduos Sólidos - Serviço Social

Antônio, de sessenta e três anos de idade, empregado celetista no cargo de auxiliar de serviços gerais havia dez anos em uma empresa de limpeza urbana, compareceu ao serviço de emergência de um hospital público, queixando-se de fortes dores de cabeça. Após primeiro atendimento médico, ele foi encaminhado para internação, sem previsão de alta, para investigação da causa das dores. Antônio é casado com Maria, de quarenta e cinco anos de idade, com a qual tem dois filhos menores de idade. Maria está desempregada e nunca contribuiu para a previdência social. Apreensiva pela possibilidade de Antônio não poder retornar ao trabalho, Maria buscou orientação no serviço social do hospital a respeito dos direitos de Antônio e dos meios de exercê-los.

A partir dessa situação hipotética, julgue o item subsecutivo, tendo como referência a Lei Orgânica da Seguridade Social (Lei n.º 8.212/1991), os planos de benefícios da previdência social (Lei n.º 8.213/1991) e o Estatuto do Idoso (Lei n.º 10.741/2003).

Por ser empregado celetista, Antônio é necessariamente segurado da previdência social e, por isso, sua esposa é considerada beneficiária.

Alternativas:

( ) Certo

( ) Errado

COMENTÁRIOS: A questão trata do conceito de segurados e dependentes no âmbito do RGPS.

A situação-problema traz um empregado celetista, casado e pai de dois filhos. A primeira assertiva é se a dependência econômica de Maria e seus filhos precisa ser comprovada.

O rol de dependentes do RGPS está descrito no art. 16 da Lei 8.213/91[39]. Para alguns dependentes, como pais e irmão, é necessário comprovar a dependência econômica em relação ao segurado instituidor para se fazer jus ao benefício de pensão por morte. Por outro lado, os dependentes da chamada classe I, que são o cônjuge, a companheira, o companheiro e o filho não emancipado, de qualquer condição, menor de 21 (vinte e um) anos ou inválido ou que tenha deficiência intelectual ou mental ou deficiência grave, a dependência econômica é presumida, não sendo necessária a sua comprovação.

A segunda assertiva é no sentido de que Antônio, por ser celetista, é necessariamente segurado da previdência social e, por isso, sua esposa é considerada beneficiária.

O rol de segurados do RGPS está descrito no artigo 11 da Lei 8.213/91[40]:

Antônio é empregado celetista, ou seja, é aquele trabalhador que cumpre os requisitos da relação de emprego, e por isso se amolda perfeitamente ao conceito de segurado do RGPS. Por esta razão, a assertiva está correta.

---

39. Art. 16. São beneficiários do Regime Geral de Previdência Social, na condição de dependentes do segurado: I – o cônjuge, a companheira, o companheiro e o filho não emancipado, de qualquer condição, menor de 21 (vinte e um) anos ou inválido ou que tenha deficiência intelectual ou mental ou deficiência grave; (Redação dada pela Lei nº 13.146, de 2015) II – os pais; III – o irmão não emancipado, de qualquer condição, menor de 21 (vinte e um) anos ou inválido ou que tenha deficiência intelectual ou mental ou deficiência grave; (Redação dada pela Lei nº 13.146, de 2015) IV – (Revogada pela Lei nº 9.032, de 1995)

    [...]§ 4º A dependência econômica das pessoas indicadas no inciso I é presumida e a das demais deve ser comprovada.

40. Art. 11. São segurados obrigatórios da Previdência Social as seguintes pessoas físicas:

    I – como empregado:

    a) aquele que presta serviço de natureza urbana ou rural à empresa, em caráter não eventual, sob sua subordinação e mediante remuneração, inclusive como diretor empregado;

Gabarito oficial: Certo

QUESTÃO 142

Ano: 2019 • Banca: CESPE / CEBRASPE • Órgão: SLU-DF • Prova: CESPE - 2019 - SLU-DF - Analista de Gestão de Resíduos Sólidos - Serviço Social

Acerca da história da seguridade social, da política social e das políticas setoriais, considerando suas respectivas legislações, julgue o item subsecutivo.

A seguridade social incorporada à Constituição Federal de 1988 caracteriza-se como um sistema híbrido que conjuga direitos dependentes do trabalho, direitos de caráter universal e direitos seletivos.

Alternativas:

( ) Certo

( ) Errado

COMENTÁRIOS: A universalidade da cobertura e do atendimento e a seletividades são objetivos da seguridade social brasileira estampados no artigo 194, parágrafo único, da Constituição.

No RGPS, que integra a seguridade social dentro do viés contributivo, é obrigatória a filiação previdenciária do trabalhadores, nos termos do artigo 201 da Constituição.

Gabarito oficial: Certo

QUESTÃO 143

Ano: 2019 • Banca: CESPE / CEBRASPE • Órgão: SLU-DF • Prova: CESPE - 2019 - SLU-DF - Analista de Gestão de Resíduos Sólidos - Economia

Julgue o item seguinte, a respeito do perfil demográfico brasileiro bem como da previdência e suas perspectivas.

De acordo com a legislação atual, a pensão por morte pode ser recebida pelo cônjuge ou companheiro do falecido independentemente de carência contributiva e deve corresponder à totalidade do valor da aposentadoria do falecido, sendo permitido, ainda, o acúmulo da pensão com eventual benefício de aposentadoria e renda de trabalho.

Alternativas:

( ) Certo

( ) Errado

COMENTÁRIOS: A questão trata de temas diversos de pensão por morte, como a carência, renda mensal inicial, bem como a possibilidade de acumulação.

O benefício de pensão por morte não tem carência[41], bastando que o segurado detenha a qualidade de segurado no momento do óbito. Não há vedação de acumulação da pensão por morte com aposentadoria ou proventos de trabalho. No entanto, ao acumular aposentadoria e pensão por morte, o benefício de menor valor terá seu valor reduzido[42].

---

41. Art. 26. Independe de carência a concessão das seguintes prestações:

    I – pensão por morte, salário-família e auxílio-acidente; (Redação dada pela Lei n° 13.846, de 2019)

42. Art. 24. É vedada a acumulação de mais de uma pensão por morte deixada por cônjuge ou companheiro, no âmbito do mesmo regime de previdência social, ressalvadas as pensões do mesmo instituidor decorrentes do exercício de cargos acumuláveis na forma do art. 37 da Constituição Federal.

    § 1° Será admitida, nos termos do § 2°, a acumulação de:

    I – pensão por morte deixada por cônjuge ou companheiro de um regime de previdência social com pensão por morte concedida por outro regime de previdência social ou com pensões decorrentes das atividades militares de que tratam os arts. 42 e 142 da Constituição Federal;

    II – pensão por morte deixada por cônjuge ou companheiro de um regime de previdência social com aposentadoria concedida no âmbito do Regime Geral de Previdência Social ou de regime próprio de previdência social ou com proventos de inatividade decorrentes das atividades militares de que tratam os arts. 42 e 142 da Constituição Federal; ou

    III – pensões decorrentes das atividades militares de que tratam os arts. 42 e 142 da Constituição Federal com aposentadoria concedida no âmbito do Regime Geral de Previdência Social ou de regime próprio de previdência social.

Quanto à renda mensal inicial do benefício de pensão por morte, houve expressivas mudanças no que diz respeito ao tema[43]. Antes da EC 103 o valor do benefício correspondia a cem por cento do valor da aposentadoria que o segurado recebia ou daquela a que teria direito se estivesse aposentado por invalidez na data de seu falecimento, nos termos do art. 75 da Lei 8.213/91. No entanto, após 13/11/2019 o valor do benefício passou a ser equivalente a uma cota familiar de 50% (cinquenta por cento) do valor da aposentadoria recebida pelo segurado ou servidor ou daquela a que teria direito se fosse aposentado por incapacidade permanente na data do óbito, acrescida de cotas de 10 (dez) pontos percentuais por dependente, até o máximo de 100% (cem por cento).

Assim, na época em que essa questão foi aplicada, antes da Ec103/2019, o gabarito foi considerado correto, pois atendia à sistemática de cálculo aplicável na época.

Gabarito oficial: Certo

---

§ 2° Nas hipóteses das acumulações previstas no § 1°, é assegurada a percepção do valor integral do benefício mais vantajoso e de uma parte de cada um dos demais benefícios, apurada cumulativamente de acordo com as seguintes faixas:

I – 60% (sessenta por cento) do valor que exceder 1 (um) salário-mínimo, até o limite de 2 (dois) salários-mínimos;

II – 40% (quarenta por cento) do valor que exceder 2 (dois) salários-mínimos, até o limite de 3 (três) salários-mínimos;

III – 20% (vinte por cento) do valor que exceder 3 (três) salários-mínimos, até o limite de 4 (quatro) salários-mínimos; e

IV – 10% (dez por cento) do valor que exceder 4 (quatro) salários-mínimos.

§ 3° A aplicação do disposto no § 2° poderá ser revista a qualquer tempo, a pedido do interessado, em razão de alteração de algum dos benefícios.

§ 4° As restrições previstas neste artigo não serão aplicadas se o direito aos benefícios houver sido adquirido antes da data de entrada em vigor desta Emenda Constitucional.

43. Art. 23. A pensão por morte concedida a dependente de segurado do Regime Geral de Previdência Social ou de servidor público federal será equivalente a uma cota familiar de 50% (cinquenta por cento) do valor da aposentadoria recebida pelo segurado ou servidor ou daquela a que teria direito se fosse aposentado por incapacidade permanente na data do óbito, acrescida de cotas de 10 (dez) pontos percentuais por dependente, até o máximo de 100% (cem por cento).

QUESTÃO 144

Ano: 2019 • Banca: CESPE / CEBRASPE • Órgão: TJ-DFT • Prova: CESPE - 2019 - TJ-DFT - Titular de Serviços de Notas e de Registros - Provimento

Oficial de cartório tomou posse no cargo em 2010. Não é remunerado pelo poder público, mas por taxas e emolumentos, e mantém em sua estrutura administrativa de cartório funcionários escreventes que lhe prestam serviços.

Nessa situação hipotética, o oficial de cartório deve contribuir para o INSS como

Alternativas:

A) segurado facultativo, sendo equiparado a empresa em relação aos escreventes que lhe prestam serviços.

B) segurado obrigatório na qualidade de contribuinte individual, sendo equiparado a empresa em relação aos escreventes que lhe prestam serviços.

C) segurado obrigatório na qualidade de empregado, sendo equiparado a empresa em relação aos escreventes que lhe prestam serviços.

D) segurado obrigatório na qualidade de trabalhador avulso, e não possui responsabilidade de contribuir em favor dos escreventes que lhe prestam serviços.

E) segurado obrigatório na qualidade de contribuinte individual, e não possui responsabilidade de contribuir em benefício dos escreventes que lhe prestam serviços.

COMENTÁRIOS: O oficial de cartório é considerado contribuinte individual, pois exerce, por conta própria, atividade econômica de natureza urbana, com fins lucrativos. Por outro lado, ele é equiparado à empresa em relação a pessoas que lhe prestem serviços, devendo reter todas as contribuições previdenciárias devidas.

Gabarito oficial: B

QUESTÃO 145

Ano: 2019 • Banca: FGV • Órgão: DPE-RJ • Prova: FGV - 2019 - DPE-RJ - Técnico Superior Especializado - Economia

Sobre a previdência social e suas principais reformas a partir da Constituição da República de 1988, é correto afirmar que:

A) A reforma trazida pela Emenda Constitucional n° 20, de 15 de dezembro de 1998, trouxe o fim da aposentadoria com proventos integrais para os servidores que ingressaram no serviço público após o advento dessa Emenda;

B) A Emenda Constitucional n° 41, de 19 de dezembro de 2003, também estabeleceu critérios para o cálculo e a correção dos proventos da aposentadoria por invalidez dos servidores públicos que ingressaram no serviço público até a data da publicação daquela Emenda Constitucional;

C) O fator previdenciário – uma fórmula matemática aplicada sobre o salário para definir o valor do benefício que leva em conta a idade do trabalhador, além do tempo de contribuição, foi uma regra implantada a partir da Emenda Constitucional n° 41, de 19 de dezembro de 2003, para desestimular a aposentadoria precoce;

D) A Emenda Constitucional n° 20, de 15 de dezembro de 1998, tem entre suas principais mudanças o estabelecimento da aposentadoria por tempo de contribuição e não mais por tempo de serviço, exigindo-se, assim, trinta e cinco anos de contribuição do homem, e trinta, da mulher;

E) As reformas adotadas durante os dois governos do presidente Lula focaram em grande maioria em mudanças na iniciativa privada.

COMENTÁRIOS: A questão aborda as reformas da previdência que ocorreram no ordenamento jurídico nacional.

A Letra A é falsa, pois a EC 20/1998 inseriu idade mínima na aposentadoria voluntária no RPPS, mas preservou os proventos integrais do benefício mesmo para quem ingressou no serviço público a contar de 16/12/1998.

A letra B é falsa, pois a regra de transição da aposentadoria por invalidez foi aprovada pela EC 70/2012, e não pela EC 41/2003.

O fator previdenciário foi criado pela Lei 9.876/99, e não pela EC 41/2003, sendo falta.

A letra D é a verdadeira. A substituição do tempo de serviço pelo tempo de contribuição se deu pela EC 20/1998, que exigiu no RGPS trinta e cinco anos de contribuição do homem, e trinta, da mulher para a aposentadoria por tempo de contribuição.

Letra E, falsa. As emendas 41/2003 e 47/2005 focaram na reforma da previdência pública (RGPS e RPPS).

Gabarito oficial: D

QUESTÃO 146

Ano: 2019 • Banca: CESPE / CEBRASPE • Órgão: PGE-PE • Prova: CESPE - 2019 - PGE-PE - Analista Judiciário de Procuradoria

O item a seguir apresenta uma situação hipotética seguida de uma assertiva a ser julgada, a respeito de benefícios previdenciários.

Após ter contribuído por vinte e cinco anos como professora do ensino fundamental, Valéria se aposentou pelo regime geral de previdência social, mas, mesmo após sua aposentadoria, ela continuou trabalhando na mesma escola, exercendo a mesma função. Devido a um acidente doméstico, Valéria está temporariamente incapacitada para o trabalho. Nessa situação, Valéria terá direito a receber o benefício do auxílio-doença cumulativamente com a aposentadoria por tempo de contribuição.

Alternativas:

( ) Certo

( ) Errado

COMENTÁRIOS: A questão trata da possibilidade de acumulação de benefícios do RGPS. A situação problema traz uma professora aposentada por tempo de contribuição, que permaneceu em atividade após sua aposentação. O questionamento diz respeito a possibilidade de receber benefício por incapacidade caso a professora venha a ficar incapacitada para o trabalho.

O aposentado pelo Regime Geral de Previdência Social que retornar à atividade é obrigatoriamente filiado. No entanto, não faz jus às prestações do RGPS, salvo salário família e reabilitação profissional. Nesse sentido, a Lei 8.213/91[44].

Gabarito oficial: Errado

QUESTÃO 147

Ano: 2019 • Banca: CESPE / CEBRASPE • Órgão: PGE-PE • Prova: CESPE - 2019 - PGE-PE - Analista Judiciário de Procuradoria

O item a seguir apresenta uma situação hipotética seguida de uma assertiva a ser julgada, a respeito de benefícios previdenciários.

Arnaldo, solteiro, maior de idade e capaz, é gerente de uma loja há mais de sete anos e recebe salário mensal equivalente a cinco salários mínimos. Por ter cometido crime e ter sido condenado à pena de cinco anos de reclusão, ele iniciou, na presente semana, o cumprimento dessa pena. Nessa situação, Arnaldo terá direito de receber o benefício previdenciário denominado auxílio-reclusão durante todo o período de cumprimento da pena.

Alternativas:

( ) Certo

---

44. Art. 18. O Regime Geral de Previdência Social compreende as seguintes prestações, devidas inclusive em razão de eventos decorrentes de acidente do trabalho, expressas em benefícios e serviços: [...] § 2° O aposentado pelo Regime Geral de Previdência Social–RGPS que permanecer em atividade sujeita a este Regime, ou a ele retornar, não fará jus a prestação alguma da Previdência Social em decorrência do exercício dessa atividade, exceto ao salário-família e à reabilitação profissional, quando empregado.

( ) Errado

COMENTÁRIOS: A questão trata o benefício de auxílio reclusão. A situação-problema envolve a prisão de Arnaldo, solteiro, empregado, recebendo salário equivalente a 5 salário mínimos.

O auxílio reclusão é o benefício devido ao dependente do segurado baixa renda recolhido à prisão[45]. Logo, não é uma prestação devida ao segurado, e sim, aos seus dependentes. Outrossim, para que os dependentes façam jus ao benefício, é necessário que ele seja baixa renda, ou seja, no mês de recolhimento à prisão a sua renda deve ser inferior ao limite estabelecido por portaria do Ministério da Previdência.

Assim, considerando a renda auferida por Arnaldo, bem como a inexistência de dependentes, conclui-se que a assertiva é falsa.

Gabarito oficial: Errado

QUESTÃO 148

Ano: 2019 • Banca: CESPE / CEBRASPE • Órgão: PGE-PE • Prova: CESPE - 2019 - PGE-PE - Analista Judiciário de Procuradoria

Acerca da seguridade social, julgue o item seguinte.

Uma fonte de custeio da seguridade social é a receita oriunda da realização de sorteios de números ou outros símbolos pelo Poder Público ou por sociedades comerciais ou civis.

Alternativas:

( ) Certo

45. Art. 80. O auxílio-reclusão, cumprida a carência prevista no inciso IV do caput do art. 25 desta Lei, será devido, nas condições da pensão por morte, aos dependentes do segurado de baixa renda recolhido à prisão em regime fechado que não receber remuneração da empresa nem estiver em gozo de auxílio-doença, de pensão por morte, de salário-maternidade, de aposentadoria ou de abono de permanência em serviço. (Redação dada pela Lei nº 13.846, de 2019)

( ) Errado

COMENTÁRIOS: Em atendimento ao Princípio da diversidade da base de financiamento, a seguridade social é custeada por diversas fontes, dentre as quais se destacam as receitas incidentes sobre a receita de concursos de prognósticos, prevista na Lei de Custeio da seguridade social[46]. Logo, esta assertiva está correta.

Gabarito oficial: Certo

QUESTÃO 149

Ano: 2019 • Banca: UPENET/IAUPE • Órgão: UPE • Prova: UPENET/IAUPE - 2019 - UPE - Advogado

Relativamente aos benefícios do Regime Geral de Previdência Social, é CORRETO afirmar que

Alternativas:

A) quando o óbito do segurado, casado há mais de 2 (dois) anos, ocorre depois de vertidas mais de 18 (dezoito) contribuições mensais, a pensão em favor da viúva, que conta 35 anos de idade, será devida por prazo indeterminado.

B) o auxílio-doença deve ser equivalente a uma renda mensal igual a 100% do salário de benefício do segurado.

---

46. Art. 26. Constitui receita da Seguridade Social a contribuição social sobre a receita de concursos de prognósticos a que se refere o inciso III do caput do art. 195 da Constituição Federal.[...]

§ 4° O produto da arrecadação da contribuição será destinado ao financiamento da Seguridade Social. (Incluído pela Lei n° 13.756, de 2018)

§ 5° A base de cálculo da contribuição equivale à receita auferida nos concursos de prognósticos, sorteios e loterias. (Incluído dada pela Lei n° 13.756, de 2018)

§ 6° A alíquota da contribuição corresponde ao percentual vinculado à Seguridade Social em cada modalidade lotérica, conforme previsto em lei. (Incluído pela Lei n° 13.756, de 2018)

C) o salário-maternidade será devido nos mesmos valores da remuneração habitual do segurado, não sofrendo qualquer limitação de teto quanto ao seu pagamento.

D) o auxílio-reclusão é garantido aos dependentes de baixa renda, não sendo acumulável com nenhum outro benefício do RGPS.

E) a pensão por morte será garantida, cumpridos os requisitos, ao enteado do de cujus.

COMENTÁRIOS: A questão trata de regras gerais do RGPS. A primeira assertiva diz que por ocasião do falecimento de um segurado casado há mais de 2 (dois) anos, que pagou mais de 18 (dezoito) contribuições mensais, será paga pensão em favor da viúva, que conta 35 anos de idade, será devida por prazo indeterminado. A questão é disciplinada pela Lei de Benefícios, que estatui regras próprias para a cessação do benefício de pensão por morte[47]. Logo,

---

47. Art. 77. A pensão por morte, havendo mais de um pensionista, será rateada entre todos em parte iguais. § 2° O direito à percepção da cota individual cessará: V – para cônjuge ou companheiro: (Incluído pela Lei n° 13.135, de 2015)

a) se inválido ou com deficiência, pela cessação da invalidez ou pelo afastamento da deficiência, respeitados os períodos mínimos decorrentes da aplicação das alíneas "b" e "c"; (Incluído pela Lei n° 13.135, de 2015)

b) em 4 (quatro) meses, se o óbito ocorrer sem que o segurado tenha vertido 18 (dezoito) contribuições mensais ou se o casamento ou a união estável tiverem sido iniciados em menos de 2 (dois) anos antes do óbito do segurado; (Incluído pela Lei n° 13.135, de 2015)

c) transcorridos os seguintes períodos, estabelecidos de acordo com a idade do beneficiário na data de óbito do segurado, se o óbito ocorrer depois de vertidas 18 (dezoito) contribuições mensais e pelo menos 2 (dois) anos após o início do casamento ou da união estável: (Incluído pela Lei n° 13.135, de 2015)

1) 3 (três) anos, com menos de 21 (vinte e um) anos de idade; (Incluído pela Lei n° 13.135, de 2015)

2) 6 (seis) anos, entre 21 (vinte e um) e 26 (vinte e seis) anos de idade; (Incluído pela Lei n° 13.135, de 2015)

3) 10 (dez) anos, entre 27 (vinte e sete) e 29 (vinte e nove) anos de idade; (Incluído pela Lei n° 13.135, de 2015)

caso o cônjuge possua mais de 18 contribuições e mais de 2 anos de união, o benefício será pago por mais de 4 meses, devendo ser consultada a idade do dependente para definir a duração do benefício. Logo, havendo um dependente de 35 anos de idade, sua pensão será paga por 15 anos, e não de maneira vitalícia, como estabelece a assertiva.

A assertiva B diz que o auxílio doença tem renda mensal equivalente a 100% do salário de benefício. Em verdade, o auxílio por incapacidade temporária, que é a nova nomenclatura do auxílio doença, equivale a 91% do salário de benefício[48]

A assertiva C diz que o salário-maternidade será devido nos mesmos valores da remuneração habitual do segurado, não sofrendo qualquer limitação de teto quanto ao seu pagamento. Muito embora o benefício seja devido no valor da remuneração habitual[49], ele

---

4) 15 (quinze) anos, entre 30 (trinta) e 40 (quarenta) anos de idade; (Incluído pela Lei n° 13.135, de 2015)

5) 20 (vinte) anos, entre 41 (quarenta e um) e 43 (quarenta e três) anos de idade; (Incluído pela Lei n° 13.135, de 2015)

6) vitalícia, com 44 (quarenta e quatro) ou mais anos de idade. (Incluído pela Lei n° 13.135, de 2015)

48. Art. 61. O auxílio-doença, inclusive o decorrente de acidente do trabalho, consistirá numa renda mensal correspondente a 91% (noventa e um por cento) do salário-de-benefício, observado o disposto na Seção III, especialmente no art. 33 desta Lei.

49. Art. 71. O salário-maternidade é devido à segurada da Previdência Social, durante 120 (cento e vinte) dias, com início no período entre 28 (vinte e oito) dias antes do parto e a data de ocorrência deste, observadas as situações e condições previstas na legislação no que concerne à proteção à maternidade. § 2° O benefício de que trata o caput será pago diretamente pela Previdência Social durante o período entre a data do óbito e o último dia do término do salário-maternidade originário e será calculado sobre: (Incluído pela Lei n° 12.873, de 2013)

I – a remuneração integral, para o empregado e trabalhador avulso; (Incluído pela Lei n° 12.873, de 2013) (Vigência)

II – o último salário-de-contribuição, para o empregado doméstico; (Incluído pela Lei n° 12.873, de 2013) (Vigência)

III – 1/12 (um doze avos) da soma dos 12 (doze) últimos salários de contribuição, apurados em um período não superior a 15 (quinze) meses, para o

se limita ao teto da remuneração dos Ministros do STF. Esse foi o entendimento do STF em julgamento à ADI 1936.

A quarta assertiva diz que o auxílio-reclusão é garantido aos dependentes de baixa renda, não sendo acumulável com nenhum outro benefício do RGPS. As regras de acumulação de benefícios estão previstas na Lei 8.213/91[50], e nela não consta qualquer regra de inacumulabilidade de auxílio reclusão e benefícios devidos ao segurado. Logo, a assertiva está incorreta.

A quinta assertiva diz que a pensão por morte será garantida, cumpridos os requisitos, ao enteado do de cujus. A assertiva está correta, uma vez que o enteado é considerado dependente para todos os fins, nos termos da Lei 8.213/91[51]

Gabarito oficial: E

QUESTÃO 150

---

contribuinte individual, facultativo e desempregado; e (Incluído pela Lei nº 12.873, de 2013)

IV – o valor do salário mínimo, para o segurado especial.

50. Art. 124. Salvo no caso de direito adquirido, não é permitido o recebimento conjunto dos seguintes benefícios da Previdência Social:

I – aposentadoria e auxílio-doença;

II – mais de uma aposentadoria; (Redação dada pela Lei nº 9.032, de 1995)

III – aposentadoria e abono de permanência em serviço;

IV – salário-maternidade e auxílio-doença; (Incluído dada pela Lei nº 9.032, de 1995)

V – mais de um auxílio-acidente; (Incluído dada pela Lei nº 9.032, de 1995)

VI – mais de uma pensão deixada por cônjuge ou companheiro, ressalvado o direito de opção pela mais vantajosa. (Incluído dada pela Lei nº 9.032, de 1995)

Parágrafo único. É vedado o recebimento conjunto do seguro-desemprego com qualquer benefício de prestação continuada da Previdência Social, exceto pensão por morte ou auxílio-acidente. (Incluído dada pela Lei nº 9.032, de 1995)

51. Art. 16. São beneficiários do Regime Geral de Previdência Social, na condição de dependentes do segurado: § 2º .O enteado e o menor tutelado equiparam-se a filho mediante declaração do segurado e desde que comprovada a dependência econômica na forma estabelecida no Regulamento.

Ano: 2019 • Banca: UPENET/IAUPE • Órgão: UPE • Prova: UPENET/IAUPE - 2019 - UPE - Advogado

Relativamente aos segurados do Regime Geral de Previdência Social, é CORRETO afirmar que

Alternativas:

A) O sacerdote é segurado obrigatório equiparado ao segurado individual.

B) Os segurados especiais são o rural, o pescador artesanal e o garimpeiro.

C) Poderá ser inscrito como segurado facultativo o estudante com idade a partir de 14 anos.

D) O estagiário maior de dezesseis anos de idade que receba bolsa de estudos da empresa concedente do estágio será considerado segurado obrigatório do RGPS.

E) É permitida a filiação ao regime geral de previdência social, na qualidade de segurado facultativo, à pessoa participante de regime próprio de previdência.

COMENTÁRIOS: A questão versa sobre o rol de segurados obrigatórios e facultativos do RGPS, com fundamento no art. 9º do Decreto 3048/99.

Com efeito, o sacerdote e o garimpeiro são considerados contribuintes individuais, ao passo que o pescador artesanal é um segurado especial. Ademais,O estagiário é segurado facultativo, e o estudante pode ser inscrito como segurado facultativo a partir dos 16 anos de idade.

Saliente-se que a banca considerou como correta a assertiva A. No entanto, não existe no RGPS a figura do segurado individual, e sim, do segurado contribuinte individual, razão pela qual acreditamos que o erro do enunciado invalidou a questão.

Gabarito oficial: A

QUESTÃO 151

Ano: 2019 • Banca: VUNESP • Órgão: TJ-SP • Prova: VUNESP - 2019 - TJ-SP - Contador Judiciário

Considere uma empresa contratada para prestar serviços que não possui empregados, cujo serviço é prestado pessoalmente pelo seu titular ou sócio. Seu faturamento do mês anterior foi igual ou inferior a 2 (duas) vezes o limite máximo do salário-de-contribuição, cumulativamente. No caso, será

Alternativas:

A) Retida 2,5% de contribuição previdenciária.

B) Dispensada a retenção da contribuição previdenciária.

C) Retida 1,5% de contribuição previdenciária.

D) Retida 5% de contribuição previdenciária.

E) Retida 11% de contribuição previdenciária.

COMENTÁRIOS: A questão trata da obrigação de retenção de contribuições previdenciárias. Na situação problema há uma empresa contratada para prestar serviços. Por não possuir empregados, essa empresa também não tem folha de pagamento, tendo em vista que o serviço é prestado diretamente pelo sócio. A situação é disciplinada pela Instrução Normativa 971 da Receita Federal do Brasil, *in verbis:*

> *"Art. 120. A contratante fica dispensada de efetuar a retenção, e a contratada, de registrar o destaque da retenção na nota fiscal, na fatura ou no recibo, quando:*
>
> *I – o valor correspondente a 11% (onze por cento) dos serviços contidos em cada nota fiscal, fatura ou recibo de prestação de serviços for inferior ao limite mínimo estabelecido pela RFB para recolhimento em documento de arrecadação;*
>
> *II – a contratada não possuir empregados, o serviço for prestado pessoalmente pelo titular ou sócio e o seu faturamento do mês anterior for igual ou inferior a 2 (duas) vezes o limite máximo do salário-de-contribuição, cumulativamente;"*

Gabarito oficial: B

QUESTÃO 152

Ano: 2019 • Banca: IADES • Órgão: AL-GO • Prova: IADES - 2019 - AL-GO - Procurador

Um senhor aposentado há alguns anos sempre vai ao supermercado fazer compras no dia em que recebe o respectivo benefício previdenciário. Ao longo dos últimos anos, verificou que tem comprado cada vez menos. Diante dessa situação, resolveu procurar uma advogada especialista no assunto para esclarecer se o ocorrido é possível e legal. Ao questionar a advogada, esta informou que os benefícios previdenciários, por serem prestação pecuniária, não podem sofrer mudanças em aparência monetária e nem em aspecto real, devendo a legislação estabelecer apropriado método de verificação do poder aquisitivo, de forma a restabelecer as perdas, mediante reajuste periódico do valor da prestação previdenciária. Tal princípio é chamado de

Alternativas:

A) Universalidade da cobertura e do atendimento.

B) Garantia do benefício mínimo.

C) Irredutibilidadc do valor dos benefícios.

D) Correção monetária dos salários de contribuição.

E) Preservação do valor real dos benefícios.

Gabarito oficial: C

QUESTÕES DE 2020

QUESTÃO 153

Ano: 2020 • Banca: Unoesc • Órgão: Prefeitura de Vargem Bonita - MG • Prova: Unoesc - 2020 - Prefeitura de Vargem Bonita - MG - Auxiliar Administrativo

Segundo a Constituição Federal, é correto afirmar que a seguridade social compreende:

Alternativas:

A) Um conjunto integrado de ações de iniciativa dos Poderes Públicos e da sociedade, destinadas a assegurar os direitos relativos à saúde, à previdência e à assistência social.

B) Um conjunto integrado de ações de iniciativa dos Poderes Públicos e da sociedade, destinadas a assegurar os direitos relativos à previdência e à assistência social.

C) Um conjunto integrado de ações de iniciativa dos Poderes Públicos e da sociedade, destinadas a assegurar os direitos relativos apenas à previdência.

D) Um conjunto integrado de ações de iniciativa exclusiva dos Municípios, destinadas a assegurar os direitos relativos à saúde, à previdência e à assistência social.

COMENTÁRIOS: A seguridade Social é, conforme previsão constitucional, um conjunto integrado de ações de iniciativa dos

Poderes Públicos e da sociedade, destinadas a assegurar os direitos relativos à saúde, à previdência e à assistência social[52]. Logo, a alternativa A está correta.

Gabarito oficial: A

QUESTÃO 154

Ano: 2020 • Banca: IBADE • Órgão: Prefeitura de Santa Luzia D`Oeste - RO • Prova: IBADE - 2020 - Prefeitura de Santa Luzia D`Oeste - RO - Auditor

De acordo com o Art. 195 da Constituição federal, a seguridade social será financiada por toda a sociedade, de forma direta e indireta, nos termos da Lei, mediante recursos provenientes dos orçamentos da União, dos Estados, do Distrito Federal e dos Municípios, e de algumas contribuições sociais. Assinale a alternativa que corresponda a uma das contribuições sociais que financiará a Seguridade Social.

Alternativas:

A) Financiamento de projetos ambientais relacionados com a indústria do petróleo e do gás

B) O seguro-desemprego que receberá uma contribuição adicional da empresa

C) A contagem de tempo de contribuição para efeito de concessão dos benefícios previdenciários

D) Do trabalhador, dos aposentados e dos demais segurados da previdência social, podendo ser adotadas alíquotas regressivas de acordo com o valor do salário de contribuição

E) A folha de salários e demais rendimentos do trabalho pagos ou creditados, a qualquer título, à pessoa física que lhe preste serviço, mesmo sem vínculo empregatício

52. Constituição Federal, art. 194.

COMENTÁRIOS: As fontes de custeio da seguridade social constam no art. 195 da Constituição Federal[53], sendo elas, em breve resumo, da empresa, do trabalhador, sobre a receita dos concursos de prognósticos e do importador de produtos ou serviços. A assertiva correta é a E, pois demonstra uma das contribuições devidas pela empresa.

Gabarito oficial: E

QUESTÃO 155

Ano: 2020 • Banca: CESPE / CEBRASPE • Órgão: Ministério da Economia • Prova: CESPE / CEBRASPE - 2020 - Ministério da Economia - Técnico de Complexidade Intelectual - Direito

Acerca do enquadramento legal como segurados e dependentes, julgue o item que se segue.

Considera-se regime de economia familiar a atividade em que o trabalho dos membros da família é indispensável à própria subsistência e ao desenvolvimento socioeconômico do núcleo familiar, devendo ser exercido em condições de mútua dependência e colaboração e sem o auxílio de empregados permanentes.

---

53. Art. 195. A seguridade social será financiada por toda a sociedade, de forma direta e indireta, nos termos da lei, mediante recursos provenientes dos orçamentos da União, dos Estados, do Distrito Federal e dos Municípios, e das seguintes contribuições sociais: (Vide Emenda Constitucional nº 20, de 1998)

    I – do empregador, da empresa e da entidade a ela equiparada na forma da lei, incidentes sobre: (Redação dada pela Emenda Constitucional nº 20, de 1998)

    a) a folha de salários e demais rendimentos do trabalho pagos ou creditados, a qualquer título, à pessoa física que lhe preste serviço, mesmo sem vínculo empregatício; (Incluído pela Emenda Constitucional nº 20, de 1998)

    b) a receita ou o faturamento; (Incluído pela Emenda Constitucional nº 20, de 1998)

    c) o lucro; (Incluído pela Emenda Constitucional nº 20, de 1998)

Alternativas:

( ) Certo

( ) Errado

COMENTÁRIOS: Trata-se do conceito de regime de economia familiar, definido pela Lei 8.213/91 como "a atividade em que o trabalho dos membros da família é indispensável à própria subsistência e ao desenvolvimento socioeconômico do núcleo familiar e é exercido em condições de mútua dependência e colaboração, sem a utilização de empregados permanentes."[54]. É aquela atividade rural exercida com os membros da família, visando a produção rural de subsistência. Assim, a assertiva está correta.

Gabarito oficial: Certo

QUESTÃO 156

Ano: 2020 • Banca: CESPE / CEBRASPE • Órgão: Ministério da Economia • Prova: CESPE / CEBRASPE - 2020 - Ministério da Economia - Técnico de Complexidade Intelectual - Direito

Acerca do enquadramento legal como segurados e dependentes, julgue o item que se segue.

O ministro de confissão religiosa e o membro de instituto de vida consagrada, de congregação ou de ordem religiosa são enquadrados como contribuinte individual.

Alternativas:

( ) Certo

( ) Errado

54. Lei 8.213/91. Art. 11, VII, §1°.

COMENTÁRIOS: A questão pergunta acerca do enquadramento previdenciário do ministro de confissão religiosa e do membro de instituto de vida consagrada. A questão é disciplinada pela Lei 8.213/91:

> *" Art. 11. São segurados obrigatórios da Previdência Social as seguintes pessoas físicas: [...] V – como contribuinte individual: [...] c) o ministro de confissão religiosa e o membro de instituto de vida consagrada, de congregação ou de ordem religiosa;"*

Assim, observa-se que os padres, pastores e demais líderes religiosos são filiados ao RGPS na condição de contribuinte individual.

Gabarito oficial: Certo

QUESTÃO 157

Ano: 2020 • Banca: CESPE / CEBRASPE • Órgão: Ministério da Economia • Prova: CESPE / CEBRASPE - 2020 - Ministério da Economia - Técnico de Complexidade Intelectual - Direito

Acerca da prescrição e da decadência em direito da seguridade social, julgue o item a seguir.

É de cinco anos o prazo de decadência do direito ou da ação do segurado ou beneficiário para a revisão do ato de concessão, indeferimento, cancelamento ou cessação de benefício e do ato de deferimento, indeferimento ou não concessão de revisão de benefício.

Alternativas:

( ) Certo

( ) Errado

COMENTÁRIOS: A Assertiva trata do prazo decadencial do direito ou da ação do segurado ou beneficiário para a revisão do ato de concessão, indeferimento, cancelamento ou cessação de benefício e do ato de deferimento, indeferimento ou não concessão de revisão de benefício.

Decadência é a perda de um direito que não foi não requerido no prazo legal. O prazo decadencial no âmbito do RGPS está previsto no art. 103 da Lei 8.213/91, que fixa em 10 anos o limite para que o segurado peça a revisão do ato de concessão, indeferimento, cancelamento ou cessação de benefício. Logo, a assertiva está incorreta.

Gabarito oficial: Errado

QUESTÃO 158

Ano: 2020 • Banca: CESPE / CEBRASPE • Órgão: Ministério da Economia • Prova: CESPE / CEBRASPE - 2020 - Ministério da Economia - Técnico de Complexidade Intelectual - Direito

Acerca do custeio da seguridade social, julgue o seguinte item.

A regra de que nenhum benefício da seguridade social deve ser criado, majorado ou estendido sem a correspondente fonte de custeio total não se aplica aos serviços da seguridade social.

Alternativas:

( ) Certo

( ) Errado

COMENTÁRIOS: Os princípios da seguridade social constam nos arts. 194 e 195 da Constituição Federal. Dentre eles, há o princípio da precedência da fonte de custeio, segundo o qual "Nenhum benefício ou serviço da seguridade social poderá ser criado, majorado ou estendido sem a correspondente fonte de custeio total."[55] Logo, a questão está incorreta.

Gabarito oficial: Errado

55. CF – Art. 195, § 5°

QUESTÃO 159

Ano: 2020 • Banca: CESPE / CEBRASPE • Órgão: Ministério da Economia • Prova: CESPE / CEBRASPE - 2020 - Ministério da Economia - Técnico de Complexidade Intelectual - Direito

Acerca do custeio da seguridade social, julgue o seguinte item.

A seguridade social deve ser financiada por toda a sociedade, de forma direta e indireta, mediante, entre outras fontes de custeio, as contribuições sociais do empregador, da empresa ou da entidade a ela equiparada, que incidem sobre o lucro.

Alternativas:

( ) Certo

( ) Errado

COMENTÁRIOS: A assertiva trata do princípio da diversidade da base de financiamento, previsto no art. 194, VI da Constituição, segundo o qual é um dos objetivos da seguridade social ter o maior número possível de fontes de custeio, a fim de assegurar a saúde financeira do sistema.

Gabarito oficial: Certo

QUESTÃO 160

Ano: 2020 • Banca: IPEFAE • Órgão: Prefeitura de Andradas - MG • Prova: IPEFAE - 2020 - Prefeitura de Andradas - MG - Advogado

Segundo prevê a Lei n°. 8.213/91, que regulamenta os planos de benefícios da previdência social, analise as frases abaixo e assinale a verdadeira.

Alternativas:

A) A previdência social compreende a assistência social, o regime geral de previdência social e o regime facultativo complementar de previdência social, sendo este último, regulamentado por emenda à constituição.

B) A empregada doméstica será uma segurada obrigatória. Já a diarista e a dona de casa são consideradas seguradas facultativas.

C) João, cadeirante, foi contratado aos 14 anos como aprendiz na empresa B. Hoje, João conta com quinze anos e meio. Como a idade mínima para o trabalho é 16 anos, então pode-se afirmar que o contrato é nulo e que o período laborado não contará para efeito de contribuição previdenciária, pois, ainda que o contrato fosse válido, o aprendiz é um contribuinte facultativo do regime geral.

D) É considerado dependente do segurado o cônjuge, a companheira, o companheiro e o filho não emancipado, de qualquer condição, menor de 21 (vinte e um) anos ou inválido ou que tenha deficiência intelectual ou mental ou deficiência grave.

COMENTÁRIOS: A assertiva A fala que a previdência social compreende a assistência social e o regime de previdência complementar facultativo, que é regulamentado por emenda à constituição. Em verdade, a previdência não compreende a assistência, pois são ramos distintos da seguridade social. A seguridade social compreende a saúde, assistência e a previdência social. Ademais, a previsão da Lei 8.213/91 é no sentido de que o regime de previdência complementar será regulamentado por lei específica, e não emenda à constituição[56].

A assertiva B classifica a empregada doméstica como segurada obrigatória, e a diarista e dona de casa como seguradas facultativas do RGPS. Essa afirmativa está incorreta, tendo em vista que são segurados obrigatórios todos aqueles que exercem atividade

56. Art. 9º A Previdência Social compreende: [...] § 2º O Regime Facultativo Complementar de Previdência Social será objeto de lei especifica.

remunerada. Assim, a empregada doméstica e a diarista são seguradas obrigatórias do RGPS, sendo a diarista considerada contribuinte individual, e a dona de casa segurada facultativa.

A assertiva C traz a situação-problema de João, pessoa com deficiência contratada aos 14 anos na condição de aprendiz. A questão afirma que a idade mínima para o trabalho é de 16 anos, o que torna o contrato de trabalho nulo. O equívoco está na idade mínima para o trabalho do aprendiz, que é 14 anos, nos termos da norma celetista[57].

A assertiva D diz que é considerado dependente do segurado o cônjuge, a companheira, o companheiro e o filho não emancipado, de qualquer condição, menor de 21 (vinte e um) anos ou inválido ou que tenha deficiência intelectual ou mental ou deficiência grave. Essa é a transcrição literal do art. 16, I da Lei 8.213/91.

Gabarito oficial: D

QUESTÃO 161

Ano: 2020 • Banca: Itame • Órgão: Câmara de Caldazinha - GO • Prova: Itame - 2020 - Câmara de Caldazinha - GO - Advogado

Na relação de custeio da Seguridade Social, aplica-se o princípio de que todos que compõem a sociedade devem colaborar para a cobertura dos riscos provenientes da perda ou redução da capacidade de trabalho ou dos meios de subsistência. Nesse contexto, é incorreto afirmar que:

Alternativas:

A) Nos termos do § 6° do art. 195 da CF, as contribuições sociais só poderão ser exigidas após decorridos 90 (noventa) dias da data da publicação da lei que as houver instituído

57. Consolidação das Leis do Trabalho, art. Art. 403. É proibido qualquer trabalho a menores de dezesseis anos de idade, salvo na condição de aprendiz, a partir dos quatorze anos.

ou modificado, não sendo aplicado, portanto, o disposto no art. 150, III, "b".

B) De acordo com o art. 27 da Lei 8.212/91, constituem outras receitas da Seguridade Social, dentre outras, a remuneração recebida por serviços de arrecadação, fiscalização e cobrança prestados a terceiros.

C) No âmbito federal, o orçamento da Seguridade Social é composto das receitas da União, das contribuições sociais e de outras fontes.

D) A contribuição dos empregados domésticos não está inserida no rol de fontes de custeio da Seguridade Social.

COMENTÁRIOS: A assertiva A diz que as contribuições sociais só podem ser exigidas após 90 dias da data de publicação que as houver instituído ou modificado. Essa assertiva está correta, nos termos do art. 195 da CF.

A assertiva B diz que constituem outras receitas da Seguridade Social, dentre outras, a remuneração recebida por serviços de arrecadação, fiscalização e cobrança prestados a terceiros. A assertiva está correta, nos termos do art. 27 da Lei de custeio.

A assertiva C diz que, no âmbito federal, o orçamento da Seguridade Social é composto das receitas da União, das contribuições sociais e de outras fontes. A afirmativa está correta, consoante art. 11 da Lei 8.212/91.

A assertiva D aduz que a contribuição dos empregados domésticos não está inserida no rol de fontes de custeio da Seguridade Social. A assertiva está incorreta, pois conforme art. 195, III da Constituição, as contribuições dos trabalhadores e demais segurados da previdência social são fontes de financiamento da seguridade social.

Gabarito oficial: D

QUESTÃO 162

Ano: 2020 • Banca: AMEOSC • Órgão: Prefeitura de Barra Bonita - SC Provas: AMEOSC - 2020 - Prefeitura de Barra Bonita - SC - Fiscal Tributário e Obras

Leia o trecho a seguir e assinale ao que segue com base na Lei nº 8.212/91:

"O Titular do Cartório de Registro Civil de Pessoas Naturais remeterá ao INSS, em até ____________ pelo Sistema Nacional de Informações de Registro Civil (SIRC) ou por outro meio que venha a substituí-lo, a relação dos nascimentos, dos natimortos, dos casamentos, dos óbitos, das averbações, das anotações e das retificações registradas na serventia".

Assinale a alternativa que preenche corretamente a lacuna do trecho:

Alternativas:

A) 2 (dois) dias úteis.

B) 1 (um) dia útil.

C) 2 (dois) dias corridos.

D) 3 (três) dias úteis.

COMENTÁRIOS: A questão trata do prazo do Titular do Cartório de Registro Civil de Pessoas Naturais para enviar ao INSS todas as informações sobre nascimentos, dos natimortos, dos casamentos, dos óbitos, das averbações, das anotações e das retificações registradas na serventia. Todas essas informações têm repercussões previdenciárias, servindo à concessão de benefícios previdenciários ou à cessação deles. Ante a urgência, essas informações devem ser prestadas no prazo de 1 dia útil, nos termos do art. 68 da Lei de Custeio.

Gabarito oficial: B

QUESTÃO 163

Ano: 2020 • Banca: AMEOSC • Órgão: Prefeitura de Barra Bonita - SC Provas: AMEOSC - 2020 - Prefeitura de Barra Bonita - SC - Fiscal Tributário e Obras

A Lei n° 8.212/91 dispõe sobre a organização da Seguridade Social, institui Plano de Custeio, e dá outras providências. De acordo com a referida Lei, a Saúde é direito de todos e dever do Estado, garantido mediante políticas sociais e econômicas que visem à redução do risco de doença e de outros agravos e ao acesso universal e igualitário às ações e serviços para sua promoção, proteção e recuperação. A Lei n° 8.212/91, estabelece que as atividades de saúde são de relevância pública e sua organização obedecerá à princípios e diretrizes. Assinale a única alternativa que não condiz com um destes princípios:

Alternativas:

A) Atendimento integral, com prioridade para as atividades preventivas.

B) Acesso universal e igualitário.

C) Participação da comunidade na gestão, fiscalização e acompanhamento das ações e serviços de saúde.

D) Centralização, com direção única na União.

COMENTÁRIOS: A questão é baseada nas disposições da Lei de Custeio que versam sobre a saúde pública. Cabe ao examinando dizer qual alternativa não condiz com os princípios da saúde, relacionados no art. 2º da Lei de Custeio[58] . Logo, nota-se que o aten-

58. Art. 2° A Saúde é direito de todos e dever do Estado, garantido mediante políticas sociais e econômicas que visem à redução do risco de doença e de outros agravos e ao acesso universal e igualitário às ações e serviços para sua promoção, proteção e recuperação.

Parágrafo único. As atividades de saúde são de relevância pública e sua organização obedecerá aos seguintes princípios e diretrizes:

dimento integral, com prioridade para as atividades preventivas, o acesso universal e igualitário e a participação da comunidade na gestão, fiscalização e acompanhamento das ações e serviços de saúde são princípios relacionados à saúde. Por outro lado, a centralização, com direção única na União, não condiz com essa vertente não contributiva da seguridade social. Em verdade, a Lei de Custeio fala em descentralização, com direção única em cada esfera de governo.

Gabarito oficial: D

QUESTÃO 164

Ano: 2020 • Banca: FCC • Órgão: AL-AP • Prova: FCC - 2020 - AL-AP - Advogado Legislativo - Procurador

No que tange aos beneficiários, enquanto dependentes do segurado do Regime Geral de Previdência Social, considere:

I. São beneficiários dependentes, entre outros, o cônjuge, a companheira, o companheiro e o filho não emancipado, de qualquer condição, menor de 21 anos ou inválido ou que tenha deficiência intelectual ou mental ou deficiência grave.

II. A existência de dependente de qualquer das classes previstas em lei não exclui do direito às prestações os das classes seguintes.

---

a) acesso universal e igualitário;

b) provimento das ações e serviços através de rede regionalizada e hierarquizada, integrados em sistema único;

c) descentralização, com direção única em cada esfera de governo;

d) atendimento integral, com prioridade para as atividades preventivas;

e) participação da comunidade na gestão, fiscalização e acompanhamento das ações e serviços de saúde;

f) participação da iniciativa privada na assistência à saúde, obedecidos os preceitos constitucionais.

III. O enteado e o menor tutelado equiparam-se a filho mediante declaração do segurado, independentemente de comprovação de dependência econômica.

IV. As provas de união estável e de dependência econômica exigem início de prova material contemporânea dos fatos, produzido em período não superior a 24 meses anterior à data do óbito ou do recolhimento à prisão do segurado, não admitida a prova exclusivamente testemunhal, exceto na ocorrência de motivo de força maior ou caso fortuito, conforme disposto no regulamento.

Está correto o que se afirma APENAS em

Alternativas:

A) III e IV.

B) I, II e IV.

C) I e IV.

D) II e III.

E) I, II e III.

COMENTÁRIOS: A questão se debruça sobre o rol de dependentes do RGPS, listado no art. 16 da Lei 8.213/91[59]. A assertiva I diz que

59. Art. 16. São beneficiários do Regime Geral de Previdência Social, na condição de dependentes do segurado:

I – o cônjuge, a companheira, o companheiro e o filho não emancipado, de qualquer condição, menor de 21 (vinte e um) anos ou inválido ou que tenha deficiência intelectual ou mental ou deficiência grave;

II – os pais;

III – o irmão não emancipado, de qualquer condição, menor de 21 (vinte e um) anos ou inválido ou que tenha deficiência intelectual ou mental ou deficiência grave; § 1° A existência de dependente de qualquer das classes deste artigo exclui do direito às prestações os das classes seguintes.

§ 2° .O enteado e o menor tutelado equiparam-se a filho mediante declaração do segurado e desde que comprovada a dependência econômica na forma estabelecida no Regulamento. (Redação dada pela Lei n° 9.528, de 1997) (Vide ADIN 4878) (Vide ADIN 5083)

são beneficiários dependentes, entre outros, o cônjuge, a companheira, o companheiro e o filho não emancipado, de qualquer condição, menor de 21 anos ou inválido ou que tenha deficiência intelectual ou mental ou deficiência grave. A assertiva está correta, pois aponta os dependentes da classe I da Lei 8.213/91.

A assertiva II afirma que a existência de dependente de qualquer das classes previstas em lei não exclui do direito às prestações os das classes seguintes. A assertiva está errada, pois nos termos do art. 16 da Lei 8.213/91, a existência de dependentes de classes superiores exclui o direito dos dependentes das classes seguintes.

A assertiva III diz que o enteado e o menor tutelado equiparam-se a filho mediante declaração do segurado, independentemente de comprovação de dependência econômica. Essa afirmativa está errada, visto que o reconhecimento da qualidade de dependente do menor tutelado e do enteado demanda a comprovação de dependência econômica, consoante art. 16, §2º da Lei de Benefícios.

A assertiva IV diz que as provas de união estável e de dependência econômica exigem início de prova material contemporânea dos fatos, produzido em período não superior a 24 meses anterior à data do óbito ou do recolhimento à prisão do segurado, não admitida a prova exclusivamente testemunhal, exceto na ocorrência de motivo de força maior ou caso fortuito, conforme disposto no regulamento. A assertiva está correta, pois transcreve o artigo 16, § 5º da Lei de Benefícios.

Gabarito oficial: C

---

§ 3º Considera-se companheira ou companheiro a pessoa que, sem ser casada, mantém união estável com o segurado ou com a segurada, de acordo com o § 3º do art. 226 da Constituição Federal.

§ 4º A dependência econômica das pessoas indicadas no inciso I é presumida e a das demais deve ser comprovada.

§ 5º As provas de união estável e de dependência econômica exigem início de prova material contemporânea dos fatos, produzido em período não superior a 24 (vinte e quatro) meses anterior à data do óbito ou do recolhimento à prisão do segurado, não admitida a prova exclusivamente testemunhal, exceto na ocorrência de motivo de força maior ou caso fortuito, conforme disposto no regulamento.

QUESTÃO 165

Ano: 2020 • Banca: INSTITUTO AOCP • Órgão: Prefeitura de Betim - MG • Prova: INSTITUTO AOCP - 2020 - Prefeitura de Betim - MG - Analista de Recursos Financeiros, Orçamentários, Contratos e Convênios

Sob quais pontos de vista os déficits públicos da previdência social impactam as contas públicas?

Alternativas:

A) Político e corporativo.

B) Administrativo e social.

C) Financeiro e atuarial.

D) Público e privado.

E) Prático e legal.

COMENTÁRIOS: A questão pergunta sob quais pontos de vista os déficits públicos da previdência impactam as contas públicas. A Previdência Social é tratada na Constituição Federal como um sistema organizado sob a forma de Regime Geral de Previdência Social, observados os critérios que preservem seu equilíbrio financeiro e atuarial. Logo, o déficit previdenciário tem o condão de impactar a saúde financeira do sistema sob o ponto de vista financeiro e atuarial.

Gabarito oficial: C

QUESTÃO 166

Ano: 2020 • Banca: IBADE • Órgão: Prefeitura de Vila Velha - ES • Prova: IBADE - 2020 - Prefeitura de Vila Velha - ES - Assistente Social

O tema da Previdência Social é uma questão em debate e disputa na sociedade, a partir de diferentes projetos políticos. De um lado, temos o atual governo que justifica o Projeto da Reforma da Previdência Social, entregue ao Congresso Nacional, sob a égide de sua sustentabilidade e equilíbrio fiscal, com promessas de um crescimento vigoroso baseado nas expectativas dos mercados. De outro lado, segmentos da sociedade civil questionam a anacrônica Reforma, alertando que um direito social fundamental do brasileiro está em perigo e representa um grande retrocesso face a um conjunto de direitos constante na Constituição de 1988. Os principais críticos da Reforma da Previdência argumentam que o sistema se tornará ainda mais excludente, uma vez que:

I. um contingente maior de trabalhadores não conseguirá cumprir os requisitos mínimos para requerer a aposentadoria.

II. a precarização desmontará a Seguridade e liquidará a ideia de que a aposentadoria é um direito.

III. obrigará os poucos privilegiados a recorrerem a planos privados.

IV. os ideais libertários e a defesa dos direitos de cidadania serão reforçados.

Está(ão) correta(s):

Alternativas:

A) somente I.

B) somente II.

C) somente III.

D) somente I, II e III.

E) somente II, III e IV

COMENTÁRIOS: As três primeiras assertivas trazem consequências claras das contrarreformas previdenciárias. A assertiva IV, por outro lado, diz que os ideais libertários e a defesa dos direitos de cidadania serão reforçados. Em verdade, tais ideais são enfraquecidos, frutos de uma sociedade cada vez mais excludente e injusta. De qualquer maneira, entendemos que a questão trouxe o assunto com certo tom político e especulativo, não havendo objetividade.

Gabarito oficial: D

QUESTÃO 167

Ano: 2020 • Banca: IBADE • Órgão: Prefeitura de Vila Velha - ES • Prova: IBADE - 2020 - Prefeitura de Vila Velha - ES - Procurador Autárquico - IPVV

De acordo com as previsões contidas na Lei nº 8.213/91, que dispõe sobre os Planos de Benefícios da Previdência Social e dá outras providências, é correto dizer que:

Alternativas:

A) O brasileiro ou o estrangeiro domiciliado e contratado no Brasil para trabalhar como empregado em sucursal ou agência de empresa nacional no exterior, é segurado facultativo.

B) Entende-se como regime de economia familiar a atividade em que o trabalho dos membros da família é indispensável à própria subsistência e ao desenvolvimento socioeconômico do núcleo familiar e é exercido em condições de mútua dependência e colaboração, ainda que utilizem empregados permanentes.

C) O aposentado pelo RGPS que permanecer em atividade sujeita a este Regime, ou a ele retornar, não fará jus a prestação alguma da Previdência Social em decorrência do exercício dessa atividade.

D) Considera-se acidente de trabalho o sofrido pelo segurado, ainda que fora do local e horário de trabalho, no percurso da residência para o local de trabalho ou deste para aquela, qualquer que seja o meio de locomoção, inclusive veículo de propriedade do segurado.

E) A participação em plano de previdência complementar instituído por entidade classista a que seja associado em razão da condição de trabalhador rural ou de produtor rural em regime de economia familiar, não descaracteriza a condição de segurado especial.

COMENTÁRIOS: A questão cobra informações gerais do RGPS, trazidas na Lei 8.213/1991. A primeira assertiva diz que o brasileiro ou o estrangeiro domiciliado e contratado no Brasil para trabalhar como empregado em sucursal ou agência de empresa nacional no exterior, é segurado facultativo. A assertiva está incorreta, já que essa é a descrição do segurado obrigatório na condição de segurado empregado, nos termos do art. 12, I, c da Lei 8.213/91.

A assertiva B diz: entende-se como regime de economia familiar a atividade em que o trabalho dos membros da família é indispensável à própria subsistência e ao desenvolvimento socioeconômico do núcleo familiar e é exercido em condições de mútua dependência e colaboração, ainda que utilizem empregados permanentes. Essa afirmativa está errada, pois o regime de economia familiar depende, para a sua caracterização, da inexistência de empregados permanentes, sendo fixado um limite máximo 120 (cento e vinte) pessoas por dia no ano civil, em períodos corridos ou intercalados ou, ainda, por tempo equivalente em horas de trabalho.

A assertiva C diz que o aposentado pelo RGPS que permanecer em atividade sujeita a este Regime, ou a ele retornar, não fará jus a prestação alguma da Previdência Social em decorrência do exercício dessa atividade. Essa afirmativa está errada, pois o segurado aposentado que retorna à atividade faz jus ao salário-família e à reabilitação profissional, quando empregado[60].

A assertiva D diz que se considera acidente de trabalho o sofrido pelo segurado, ainda que fora do local e horário de trabalho, no percurso da residência para o local de trabalho ou deste para aquela, qualquer que seja o meio de locomoção, inclusive veículo de propriedade do segurado. No entanto, estamos diante da figura do acidente de trabalho equiparado, previsto no art. 21, IV, d da Lei 8213/91, e não do acidente de trabalho típico, previsto no art. 20.

A assertiva E diz que a participação em plano de previdência complementar instituído por entidade classista a que seja associado em razão da condição de trabalhador rural ou de produtor rural em regime de economia familiar, não descaracteriza a condição

60. Art. 18, §2° da Lei 8.213/91.

de segurado especial. A assertiva está correta, conforme art. 11, VII, § 8º da Lei 8.213/91.

Gabarito oficial: E

QUESTÃO 168

Ano: 2020 • Banca: IBADE • Órgão: Prefeitura de Linhares - ES • Prova: IBADE - 2020 - Prefeitura de Linhares - ES - Analista de Controle Interno - Direito

Segundo dispõe a Constituição Federal, a seguridade social compreende um conjunto integrado de ações de iniciativa dos Poderes Públicos e da sociedade, destinadas a assegurar os direitos relativos a:

Alternativas:

A) Moradia, trabalho e esportes.
B) Moradia, previdência e lazer.
C) Saúde, previdência e assistência social.
D) Saúde, educação e esportes.
E) Trabalho, lazer e assistência social.

COMENTÁRIOS: A questão cobra a literalidade do texto constitucional ao buscar o conceito de Seguridade Social, previsto no art. 194 da Constituição: "A seguridade social compreende um conjunto integrado de ações de iniciativa dos Poderes Públicos e da sociedade, destinadas a assegurar os direitos relativos **à saúde, à previdência e à assistência social.**"

Gabarito oficial: C

QUESTÃO 169

Ano: 2020 • Banca: IBADE • Órgão: Prefeitura de Vila Velha - ES • Prova: IBADE - 2020 - Prefeitura de Vila Velha - ES - Assistente Público Administrativo- IPVV

Fransérgio, segurado pelo Regime Geral da Previdência Social, morreu em decorrência de um acidente automobilístico.

Fransérgio não possuía cônjuge ou companheira(o), bem como não deixou nenhum filho. Roberto, de 23 anos, portador de severa deficiência intelectual, é o único irmão de Fransérgio e tem como curadora a sua mãe, Maria Aparecida. Roberto e Maria Aparecida são inscritos na qualidade de dependente de Fransérgio no Instituto Nacional do Seguro Social. Considerando o quadro apresentado, assinale a afirmativa correta.

Alternativas:

A) Ao Roberto é devida a pensão pela morte de Fransérgio, visto que é dependente do segurado falecido

B) À Maria Aparecida é devido à pensão pela morte de Fransérgio

C) Tanto Maria Aparecida quanto Roberto são simultaneamente titulares do direito de receber o valor a título de pensão pela morte de Fransérgio

D) Maria Aparecida e Roberto não poderiam ser cadastrados como dependentes de Fransérgio, visto que tal inscrição se limita apenas aos descendentes e cônjuges

E) A inscrição de Roberto como dependente de Fransérgio está irregular, visto que apenas o irmão menor de 21 anos pode ser inscrito na qualidade de dependente do segurado

COMENTÁRIOS: A questão traz uma situação problema, na qual um segurado do RGPS faleceu em um acidente. Ele não possuía filhos nem cônjuge/companheiro, tendo deixado um irmão com severa deficiência intelectual, mantido por sua mãe, na condição de curadora. A questão é disciplinada pelo art. 16 da Lei 8.213/91, que traz o rol de dependentes do RGPS.[61]

61. Art. 16. São beneficiários do Regime Geral de Previdência Social, na condição de dependentes do segurado:

Assim, observa-se que a afirmativa correta é a letra B, pois a existência de Maria, mãe do falecido e dependente de classe II, exclui do direito de Roberto, que é dependente de classe III.

Gabarito oficial: B

QUESTÃO 170

Ano: 2020 • Banca: IBADE • Órgão: Prefeitura de Vila Velha - ES Provas: IBADE - 2020 - Prefeitura de Vila Velha - ES - Analista P. Gestão - Administrativo - IPVV

Sobre o benefício conhecido como auxílio-reclusão, previsto na Constituição Federal e regulado pela Lei 8.213/1991 (consideradas as alterações promovidas pela Lei 13.846/2019), assinale a alternativa que NÃO corresponde com as determinações legais acerca do benefício.

Alternativas:

A) O requerimento do auxílio-reclusão perante o órgão competente deve ser instruído com certidão judicial que comprove o recolhimento carcerário do segurado recluso

B) Faz jus ao recebimento do benefício, cônjuge ou parente de primeiro grau de pessoa reclusa, bastando informar e comprovar perante o INSS a relação conjugal ou o grau de parentesco

C) O exercício de atividade remunerada por parte do segurado recluso que cumpre pena no regime fechado, não acarreta perda do direito de seus dependentes receberem o auxílio-reclusão

---

I – o cônjuge, a companheira, o companheiro e o filho não emancipado, de qualquer condição, menor de 21 (vinte e um) anos ou inválido ou que tenha deficiência intelectual ou mental ou deficiência grave;

II – os pais;

D) O cálculo utilizado para determinar o enquadramento do segurado como de baixa renda consiste, na média do salário de contribuição apurado nos últimos 12 (doze) meses antes do recolhimento à prisão do segurado

E) É permitida a substituição de certidão judicial e prova de permanência na condição de presidiário pelo acesso à base de dados eletrônicos com dados cadastrais que assegurem a identificação plena do segurado e sua condição de encarcerado, disponibilizada pelo Conselho Nacional de Justiça

COMENTÁRIOS: A resolução da questão demanda a identificação da questão incorreta, no que diz respeito ao benefício de auxílio-reclusão. A assertiva incorreta é a B, pois menciona que faz jus ao recebimento do benefício, cônjuge ou parente de primeiro grau de pessoa reclusa, bastando informar e comprovar perante o INSS a relação conjugal ou o grau de parentesco. Isso porque não são todos os parentes de primeiro grau que fazem jus ao benefício. Os parentes de primeiro grau são, em suma, os pais e os filhos. No entanto, nos termos do art. 16 da Lei de Benefícios, a existência de dependente de qualquer das classes exclui do direito às prestações os das classes seguintes. Assim, a sistemática adotada leva

---

III – o irmão não emancipado, de qualquer condição, menor de 21 (vinte e um) anos ou inválido ou que tenha deficiência intelectual ou mental ou deficiência grave;

IV – (Revogada pela Lei n° 9.032, de 1995)

§ 1° A existência de dependente de qualquer das classes deste artigo exclui do direito às prestações os das classes seguintes.

§ 2° .O enteado e o menor tutelado equiparam-se a filho mediante declaração do segurado e desde que comprovada a dependência econômica na forma estabelecida no Regulamento. (Redação dada pela Lei n° 9.528, de 1997) (Vide ADIN 4878) (Vide ADIN 5083)

§ 3° Considera-se companheira ou companheiro a pessoa que, sem ser casada, mantém união estável com o segurado ou com a segurada, de acordo com o § 3° do art. 226 da Constituição Federal.

§ 4° A dependência econômica das pessoas indicadas no inciso I é presumida e a das demais deve ser comprovada.

em consideração a existência de dependentes do segurado, e não parentes de primeiro grau.

Gabarito oficial: B

QUESTÃO 171

Ano: 2020 • Banca: MPT • Órgão: MPT • Prova: MPT - 2020 - MPT - Procurador do Trabalho

O rompimento da barragem de uma grande mineradora provocou a morte de mais de 200 trabalhadores, próprios e terceirizados, além de outras pessoas que viviam e trabalhavam na região atingida. Considerando esta situação hipotética, analise as assertivas abaixo à luz da Constituição de 1988 e da Lei n° 8.213/91:

I. O falecimento do empregado "X", de pousada que não era de propriedade da mineradora, que estava prestando serviço em seu local de trabalho no momento do rompimento da barragem, não pode ser equiparado ao acidente de trabalho, em razão da ocorrência de caso fortuito e de força maior.

II. A empresa proprietária da barragem deverá comunicar o acidente do trabalho à Previdência Social até o quinto dia útil seguinte ao da ocorrência.

III. O falecimento do empregado doméstico "Y", que estava prestando serviço em seu local de trabalho no momento do rompimento da barragem, não pode ser equiparado a acidente de trabalho, em razão da ocorrência de caso fortuito e de força maior, e da especificidade do trabalho doméstico.

IV. Para fins de concessão do benefício previdenciário decorrente do acidente de trabalho, os dependentes dos trabalhadores falecidos deverão provar que o rompimento da barragem decorreu de culpa da mineradora.

Assinale a alternativa CORRETA:

Alternativas:

A) Apenas as assertivas I e III estão incorretas.

B) Apenas as assertivas II e IV estão incorretas.

C) Apenas a assertiva IV está incorreta.

D) Todas as assertivas estão incorretas.

COMENTÁRIOS: A questão trata da caracterização do acidente de trabalho para fins previdenciários.

A assertiva I está incorreta, pois o acidente sofrido pelo segurado no local e horário de trabalho decorrente de desabamento, inundação, incêndio e outros casos fortuitos ou decorrentes de força maior é uma das hipóteses do acidente de trabalho equiparado, nos termos do art. 21, II da Lei 8.213/91.

A assertiva II está incorreta. Os prazos para a empresa comunicar a ocorrência de um acidente de trabalho estão relacionados no art. 22 da Lei 8.213/91:

> *"A empresa ou o empregador doméstico deverão comunicar o acidente do trabalho à Previdência Social até o primeiro dia útil seguinte ao da ocorrência e, em caso de morte, de imediato, à autoridade competente, sob pena de multa variável entre o limite mínimo e o limite máximo do salário de contribuição, sucessivamente aumentada nas reincidências, aplicada e cobrada pela Previdência Social.".*

Assim, o prazo é de 1 dia útil ou de imediato, caso haja morte.

A assertiva III está incorreta, uma vez que nessa situação também está caracterizado o caso fortuito, conforme art. 21, III da Lei 8.213/91.

A assertiva IV está errada, pois a concessão do benefício previdenciário decorrente do acidente de trabalho demanda a comprovação apenas do nexo causal, prescindindo da comprovação de culpa do empregador.

Gabarito oficial: D

QUESTÃO 172

Ano: 2020 • Banca: MPT • Órgão: MPT • Prova: MPT - 2020 - MPT - Procurador do Trabalho

À luz da Lei nº 8.213/1991, assinale a alternativa INCORRETA:

Alternativas:

A) São beneficiários do Regime Geral de Previdência Social, na condição de dependentes do segurado o cônjuge, companheira, companheiro e o filho não emancipado, de qualquer condição, menor de 21 (vinte e um) anos ou inválido ou que tenha deficiência intelectual ou mental ou deficiência grave; os pais; o irmão emancipado, de qualquer condição, menor de 21 anos ou inválido ou que tenha deficiência intelectual ou mental ou deficiência grave.

B) Equipara-se ao acidente de trabalho o infortúnio ligado à atividade laboral que, embora não tenha sido a causa única, haja contribuído diretamente para a morte do segurado, para a redução ou perda da sua capacidade para o trabalho, ou produzido lesão que exija atenção médica para a sua recuperação.

C) Equipara-se ao acidente de trabalho o infortúnio sofrido pelo segurado, ainda que fora do local e horário de trabalho, na prestação espontânea de qualquer serviço à empresa para lhe evitar prejuízo ou proporcionar proveito.

D) O período de carência para concessão de aposentadoria por idade é de 180 (cento e oitenta) contribuições mensais.

COMENTÁRIOS: A questão aborda diversos assuntos do Regime Geral de Previdência Social. A assertiva A assevera que

> *"São beneficiários do Regime Geral de Previdência Social, na condição de dependentes do segurado o cônjuge, companheira, companheiro e o filho não emancipado, de qualquer condição, menor de 21 (vinte e um) anos ou inválido ou que tenha deficiência intelectual ou mental ou deficiência grave; os pais; o*

irmão emancipado, de qualquer condição, menor de 21 anos ou inválido ou que tenha deficiência intelectual ou mental ou deficiência grave".

A pegadinha está em "o irmão emancipado, de qualquer condição". Conforme art. 16, III da Lei de Benefícios, apenas o irmão não emancipado de qualquer condição, menor de 21 (vinte e um) anos ou inválido ou que tenha deficiência intelectual ou mental ou deficiência grave é considerado dependente do RGPS.

As demais assertivas são transcrições literais da Lei 8.213/91.

Gabarito oficial: A

QUESTÃO 173

Ano: 2020 • Banca: CESPE / CEBRASPE • Órgão: MPE-CE • Prova: CESPE / CEBRASPE - 2020 - MPE-CE - Analista Ministerial - Serviço Social

Uma instituição do terceiro setor realizou, em determinada comunidade carente de um município de médio porte, serviços essenciais gratuitos na área de cidadania, saúde e educação.

A seguir são apresentadas informações de alguns contribuintes da previdência social que participaram da ação em busca de orientações previdenciárias.

• Josefa, cinquenta e um anos de idade, presta serviço em caráter não eventual, em propriedade rural e recebe por mês R$ 1.200. Reside com o esposo Henrique, de cinquenta e quatro anos de idade e trabalhador informal na construção civil, com seu genitor José, de oitenta anos de idade, e com os dois filhos do casal, Miguel, de dezenove anos de idade e estudante, e Manoel, de vinte e três anos de idade, que está desempregado.

• Cleber, quarenta e oito anos de idade, casado, tem três filhos e é empregado de uma sociedade anônima, na qual ocupa o cargo de diretor.

• Maura, quarenta e cinco anos de idade, solteira, desenvolve atividade remunerada como síndica do prédio onde reside.

• Amélia, trinta e nove anos de idade, casada, sem filhos, presta serviço de natureza contínua, em atividades sem fins lucrativos, à família de Cleber.

• Samuel, cinquenta e cinco anos de idade, solteiro, sem filhos, ministro de congregação religiosa.

Considerando essa situação hipotética, julgue o item que se segue, com base nas Leis n.° 8.212/1991 e n.° 8.213/1991.

Para fins previdenciários, no que tange à dependência econômica da família de Josefa, a dependência do seu genitor é presumida, ao passo que a do seu cônjuge deve ser comprovada.

Alternativas:

( ) Certo

( ) Errado

COMENTÁRIOS: Consoante art. 16 da Lei 8.213/91, a dependência econômica do cônjuge é presumida, enquanto a dependência do genitor precisa ser comprovada. Assim, a questão inverteu a lógica do reconhecimento da dependência econômica no RGPS.

Gabarito oficial: Errado

QUESTÃO 174

Ano: 2020 • Banca: CESPE / CEBRASPE • Órgão: MPE-CE • Prova: CESPE / CEBRASPE - 2020 - MPE-CE - Analista Ministerial - Serviço Social

Uma instituição do terceiro setor realizou, em determinada comunidade carente de um município de médio porte, serviços essenciais gratuitos na área de cidadania, saúde e educação.

A seguir são apresentadas informações de alguns contribuintes da previdência social que participaram da ação em busca de orientações previdenciárias.

• Josefa, cinquenta e um anos de idade, presta serviço em caráter não eventual, em propriedade rural e recebe por mês R$ 1.200. Reside com o esposo Henrique, de cinquenta e quatro anos de idade e trabalhador informal na construção civil, com seu genitor José, de oitenta anos de idade, e com os dois filhos do casal, Miguel, de dezenove anos de idade e estudante, e Manoel, de vinte e três anos de idade, que está desempregado.

• Cleber, quarenta e oito anos de idade, casado, tem três filhos e é empregado de uma sociedade anônima, na qual ocupa o cargo de diretor.

• Maura, quarenta e cinco anos de idade, solteira, desenvolve atividade remunerada como síndica do prédio onde reside.

• Amélia, trinta e nove anos de idade, casada, sem filhos, presta serviço de natureza contínua, em atividades sem fins lucrativos, à família de Cleber.

• Samuel, cinquenta e cinco anos de idade, solteiro, sem filhos, ministro de congregação religiosa.

Considerando essa situação hipotética, julgue o item que se segue, com base nas Leis n.º 8.212/1991 e n.º 8.213/1991.

O companheiro de Josefa, Henrique, e seu filho, Miguel, são beneficiários do regime geral de previdência social, na condição de dependentes dela.

Alternativas:

( ) Certo

( ) Errado

COMENTÁRIOS: O companheiro de Josefa, bem como o seu filho, são considerados dependentes de classe I, nos termos do art. 16 da

Lei 8.213/91. Assim, não precisam comprovar dependência econômica, sendo a mesma presumida.

Gabarito oficial: Certo

QUESTÃO 175

Ano: 2020 • Banca: CESPE / CEBRASPE • Órgão: MPE-CE • Prova: CESPE / CEBRASPE - 2020 - MPE-CE - Analista Ministerial - Serviço Social

Uma instituição do terceiro setor realizou, em determinada comunidade carente de um município de médio porte, serviços essenciais gratuitos na área de cidadania, saúde e educação.

A seguir são apresentadas informações de alguns contribuintes da previdência social que participaram da ação em busca de orientações previdenciárias.

• Josefa, cinquenta e um anos de idade, presta serviço em caráter não eventual, em propriedade rural e recebe por mês R$ 1.200. Reside com o esposo Henrique, de cinquenta e quatro anos de idade e trabalhador informal na construção civil, com seu genitor José, de oitenta anos de idade, e com os dois filhos do casal, Miguel, de dezenove anos de idade e estudante, e Manoel, de vinte e três anos de idade, que está desempregado.

• Cleber, quarenta e oito anos de idade, casado, tem três filhos e é empregado de uma sociedade anônima, na qual ocupa o cargo de diretor.

• Maura, quarenta e cinco anos de idade, solteira, desenvolve atividade remunerada como síndica do prédio onde reside.

• Amélia, trinta e nove anos de idade, casada, sem filhos, presta serviço de natureza contínua, em atividades sem fins lucrativos, à família de Cleber.

• Samuel, cinquenta e cinco anos de idade, solteiro, sem filhos, ministro de congregação religiosa.

Considerando essa situação hipotética, julgue o item que se segue, com base nas Leis n.º 8.212/1991 e n.º 8.213/1991.

A família de Cleber pode ser considerada como empregador doméstico de Amélia.

Alternativas:

( ) Certo

( ) Errado

COMENTÁRIOS: O empregado doméstico é conceituado como aquele que presta serviço de natureza contínua a pessoa ou família, no âmbito residencial desta, em atividades sem fins lucrativos[62]. Logo, considerando que Amélia presta serviços de natureza contínua à família de Cleber, é forçoso considerar que Cleber é seu empregador doméstico.

Gabarito oficial: Certo

QUESTÃO 176

Ano: 2020 • Banca: CESPE / CEBRASPE • Órgão: MPE-CE • Prova: CESPE / CEBRASPE - 2020 - MPE-CE - Analista Ministerial - Serviço Social

Uma instituição do terceiro setor realizou, em determinada comunidade carente de um município de médio porte, serviços essenciais gratuitos na área de cidadania, saúde e educação.

A seguir são apresentadas informações de alguns contribuintes da previdência social que participaram da ação em busca de orientações previdenciárias.

• Josefa, cinquenta e um anos de idade, presta serviço em caráter não eventual, em propriedade rural e recebe por mês R$ 1.200. Reside com o esposo Henrique, de cinquenta e quatro anos de idade e trabalhador informal na construção

62. Art. 11 II da Lei 8.213/91.

civil, com seu genitor José, de oitenta anos de idade, e com os dois filhos do casal, Miguel, de dezenove anos de idade e estudante, e Manoel, de vinte e três anos de idade, que está desempregado.

• Cleber, quarenta e oito anos de idade, casado, tem três filhos e é empregado de uma sociedade anônima, na qual ocupa o cargo de diretor.

• Maura, quarenta e cinco anos de idade, solteira, desenvolve atividade remunerada como síndica do prédio onde reside.

• Amélia, trinta e nove anos de idade, casada, sem filhos, presta serviço de natureza contínua, em atividades sem fins lucrativos, à família de Cleber.

• Samuel, cinquenta e cinco anos de idade, solteiro, sem filhos, ministro de congregação religiosa.

Considerando essa situação hipotética, julgue o item que se segue, com base nas Leis n.º 8.212/1991 e n.º 8.213/1991.

Cleber, Maura e Samuel são segurados obrigatórios da previdência social: este, como segurado especial; aqueles, como contribuinte individual.

Alternativas:

( ) Certo

( ) Errado

COMENTÁRIOS: A questão diz que Samuel, ministro de congregação religiosa, é segurado especial, enquanto Cleber e Maura, diretor empregado e Síndica, respectivamente, são contribuintes individuais. A afirmativa está errada, visto que segurado especial é a pessoa física residente no imóvel rural ou em aglomerado urbano ou rural próximo a ele que, individualmente ou em regime de economia familiar, ainda que com o auxílio eventual de terceiros, na condição de produtor rural ou pescador artesanal. Samuel é ministro de congregação religiosa, e, portanto, é contribuinte individual, e não segurado especial.

Ademais, Cleber é segurado empregado, por exercer o cargo de diretor empregado, enquanto Maura é contribuinte individual, uma vez que trabalha como síndica. Logo, a assertiva está errada

Gabarito oficial: Errado

QUESTÃO 177

Ano: 2020 • Banca: VUNESP • Órgão: Valiprev - SP • Prova: VUNESP - 2020 - Valiprev - SP - Analista de Benefícios Previdenciários

Com relação aos beneficiários do Regime Geral de Previdência Social, na condição de dependentes do segurado, nos termos da Lei nº 8.213/1991, é correto afirmar que

Alternativas:

A) Não pode ser considerado como dependente para os fins de obtenção de benefício previdenciário o irmão não emancipado, de qualquer condição, menor de 21 (vinte e um) anos ou inválido ou que tenha deficiência intelectual ou mental ou deficiência grave.

B) O enteado e o menor tutelado equiparam-se a filho e dispensam a comprovação da dependência econômica, bastando, para essa finalidade, a declaração escrita de próprio punho do segurado.

C) A companheira, o companheiro e o filho não emancipado, de qualquer condição, menor de 21 (vinte e um) anos são exemplos de dependentes presumidos, que dispensam prova da dependência econômica.

D) As provas de união estável e de dependência econômica exigem início de prova material contemporânea dos fatos, sendo admitida, porém, a prova exclusivamente testemunhal quando não houver provas documentais.

E) Os pais e os avós são considerados dependentes especiais do segurado e poderão obter o benefício por meio de simples apresentação do documento que comprove a relação de parentesco, dispensados outros meios de prova.

COMENTÁRIOS: A questão trata do rol de dependentes do RGPS, nos termos do art. 16 da Lei 8.213/91. A assertiva A diz que não pode ser considerado como dependente para os fins de obtenção de benefício previdenciário o irmão não emancipado, de qualquer condição, menor de 21 (vinte e um) anos ou inválido ou que tenha deficiência intelectual ou mental ou deficiência grave. No entanto, a leitura do art. 16, III da Lei 8.213/91 deixa claro que o irmão pode ser considerado dependente previdenciário, desde que comprove dependência econômica e não existam dependentes das classes anteriores. Assim, a alternativa está errada.

A assertiva B aduz: o enteado e o menor tutelado equiparam-se a filho e dispensam a comprovação da dependência econômica, bastando, para essa finalidade, a declaração escrita de próprio punho do segurado. Entretanto, a Lei 8.213/91 estabelece que "O enteado e o menor tutelado equiparam-se a filho mediante declaração do segurado e desde que comprovada a dependência econômica na forma estabelecida no Regulamento.". Assim, a assertiva está incorreta.

A assertiva C diz que a companheira, o companheiro e o filho não emancipado, de qualquer condição, menor de 21 (vinte e um) anos são exemplos de dependentes presumidos, que dispensam prova da dependência econômica. A assertiva está correta, conforme art. 16, § 4º da Lei 8.213/91[63]

A assertiva D: as provas de união estável e de dependência econômica exigem início de prova material contemporânea dos fatos, sendo admitida, porém, a prova exclusivamente testemunhal quando não houver provas documentais. Todavia, o sistema previdenciário adota, nesse caso, o sistema de tarifação de prova. Logo, não é possível o reconhecimento de união estável e dependência econômica pelo meio de prova exclusivamente testemunhal[64].

63. § 4º A dependência econômica das pessoas indicadas no inciso I é presumida e a das demais deve ser comprovada.

64. § 5º As provas de união estável e de dependência econômica exigem início de prova material contemporânea dos fatos, produzido em período não superior a 24 (vinte e quatro) meses anterior à data do óbito ou do recolhimento à prisão do segurado, não admitida a prova exclusivamente

A assertiva E diz: os pais e os avós são considerados dependentes especiais do segurado e poderão obter o benefício por meio de simples apresentação do documento que comprove a relação de parentesco, dispensados outros meios de prova. No entanto, não há previsão legal do direito à pensão por morte aos avós, razão pela qual a alternativa está incorreta.

Gabarito oficial: C

QUESTÃO 178

Ano: 2020 • Banca: VUNESP • Órgão: Valiprev - SP • Prova: VUNESP - 2020 - Valiprev - SP - Analista de Benefícios Previdenciários

Considerando as diferentes categorias de segurados do Regime Geral de Previdência Social, previstas na Lei n° 8.213/1991, assinale a alternativa que aponta corretamente exemplo(s) de segurado obrigatório individual.

Alternativas:

A) O ministro de confissão religiosa e o membro de instituto de vida consagrada, de congregação ou de ordem religiosa.

B) O brasileiro ou o estrangeiro domiciliado e contratado no Brasil para trabalhar como empregado em sucursal ou agência de empresa nacional no exterior.

C) O exercente de mandato eletivo federal, estadual ou municipal, desde que não vinculado a regime próprio de previdência social.

D) A pessoa física residente em imóvel rural que exerce atividade na condição de produtor agropecuário, individualmente ou em regime de economia familiar, ainda que com o auxílio eventual de terceiros.

---

testemunhal, exceto na ocorrência de motivo de força maior ou caso fortuito, conforme disposto no regulamento. (Incluído pela Lei n° 13.846, de 2019)

E) O servidor público ocupante de cargo em comissão, sem vínculo efetivo com a União, Autarquias, inclusive em regime especial, e Fundações Públicas Federais.

COMENTÁRIOS: A Lei 8.213/91 define em seu art. 11, V os segurados do Regime Geral de Previdência Social na condição de Contribuinte Individual[65].

---

65. V – como contribuinte individual: (Redação dada pela Lei n° 9.876, de 26.11.99)

a) a pessoa física, proprietária ou não, que explora atividade agropecuária, a qualquer título, em caráter permanente ou temporário, em área superior a 4 (quatro) módulos fiscais; ou, quando em área igual ou inferior a 4 (quatro) módulos fiscais ou atividade pesqueira, com auxílio de empregados ou por intermédio de prepostos; ou ainda nas hipóteses dos §§ 9° e 10 deste artigo; (Redação dada pela Lei n° 11.718, de 2008)

b) a pessoa física, proprietária ou não, que explora atividade de extração mineral – garimpo, em caráter permanente ou temporário, diretamente ou por intermédio de prepostos, com ou sem o auxílio de empregados, utilizados a qualquer título, ainda que de forma não contínua; (Redação dada pela Lei n° 9.876, de 26.11.99)

c) o ministro de confissão religiosa e o membro de instituto de vida consagrada, de congregação ou de ordem religiosa; (Redação dada pela Lei n° 10.403, de 8.1.2002)

d) (Revogado pela Lei n° 9.876, de 26.11.1999)

e) o brasileiro civil que trabalha no exterior para organismo oficial internacional do qual o Brasil é membro efetivo, ainda que lá domiciliado e contratado, salvo quando coberto por regime próprio de previdência social; (Redação dada pela Lei n° 9.876, de 26.11.99)

f) o titular de firma individual urbana ou rural, o diretor não empregado e o membro de conselho de administração de sociedade anônima, o sócio solidário, o sócio de indústria, o sócio gerente e o sócio cotista que recebam remuneração decorrente de seu trabalho em empresa urbana ou rural, e o associado eleito para cargo de direção em cooperativa, associação ou entidade de qualquer natureza ou finalidade, bem como o síndico ou administrador eleito para exercer atividade de direção condominial, desde que recebam remuneração; (Incluído pela Lei n° 9.876, de 26.11.99)

g) quem presta serviço de natureza urbana ou rural, em caráter eventual, a uma ou mais empresas, sem relação de emprego; (Incluído pela Lei n° 9.876, de 26.11.99)

h) a pessoa física que exerce, por conta própria, atividade econômica de natureza urbana, com fins lucrativos ou não; (Incluído pela Lei n° 9.876, de 26.11.99)

Logo, a assertiva A está correta, pois trazer acertadamente o exemplo do ministro de confissão religiosa e o membro de instituto de vida consagrada, de congregação ou de ordem religiosa.

Gabarito oficial: A

QUESTÃO 179

Ano: 2020 • Banca: VUNESP • Órgão: Valiprev - SP • Prova: VUNESP - 2020 - Valiprev - SP - Analista de Benefícios Previdenciários

Nos termos da Constituição Federal, a seguridade social compreende um conjunto integrado de ações de iniciativa dos Poderes Públicos e da sociedade, destinadas a assegurar os direitos relativos à saúde, à previdência e à assistência social, e compete ao Poder Público, nos termos da lei, organizar a seguridade social, com base, dentre outros, no seguinte objetivo:

Alternativas:

A) Seletividade da cobertura e do atendimento.

B) Equidade na forma de participação no custeio.

C) Diferenciação dos benefícios às populações urbanas e rurais.

D) Caráter centralizado da administração e gestão tripartite.

E) Vedação da diversidade na base de financiamento.

Os objetivos da seguridade social estão descritos no art. 194 da Constituição Federal. [66]. Da leitura do referido artigo depreende-

---

66. Parágrafo único. Compete ao Poder Público, nos termos da lei, organizar a seguridade social, com base nos seguintes objetivos:

    I – universalidade da cobertura e do atendimento;

    II – uniformidade e equivalência dos benefícios e serviços às populações urbanas e rurais;

-se que a assertiva B está correta, por transcrever corretamente um dos princípios da seguridade social.

Gabarito oficial: B

QUESTÃO 180

Ano: 2020 • Banca: VUNESP • Órgão: Valiprev - SP • Prova: VUNESP - 2020 - Valiprev - SP - Analista de Benefícios Previdenciários

Assinale a alternativa correta no tocante às disposições constitucionais relativas à Previdência Social.

Alternativas:

A) Ela será organizada sob a forma de regime geral, de caráter retributivo e de filiação facultativa.

B) Deve abranger cobertura aos eventos de doença, invalidez, morte e idade avançada e promover a integração ao mercado de trabalho.

C) Ela deve atender, na forma da lei, a finalidade de proteção ao trabalhador em situação de desemprego voluntário e involuntário.

D) O participante de regime próprio de previdência não pode filiar-se como segurado facultativo do regime geral.

E) O amparo às crianças, aos idosos e aos adolescentes carentes é um dos objetivos do regime de previdência social no Brasil.

III – seletividade e distributividade na prestação dos benefícios e serviços;

IV – irredutibilidade do valor dos benefícios;

V – eqüidade na forma de participação no custeio;

VI – diversidade da base de financiamento, identificando-se, em rubricas contábeis específicas para cada área, as receitas e as despesas vinculadas a ações de saúde, previdência e assistência social, preservado o caráter contributivo da previdência social

VII – caráter democrático e descentralizado da administração, mediante gestão quadripartite, com participação dos trabalhadores, dos empregadores, dos aposentados e do Governo nos órgãos colegiados.

COMENTÁRIOS: A questão trata da vertente contributiva da seguridade social, que é a previdência social. Seus princípios estão relacionados no art., 201 da Constituição[67] .

Nos termos do §5º, "É vedada a filiação ao regime geral de previdência social, na qualidade de segurado facultativo, de pessoa participante de regime próprio de previdência.". Logo, a assertiva D está correta.

Gabarito oficial: D

QUESTÃO 181

Ano: 2020 • Banca: VUNESP • Órgão: Valiprev - SP • Prova: VUNESP - 2020 - Valiprev - SP - Analista de Benefícios Previdenciários

Acerca de acidente do trabalho, assinale a alternativa correta.

Alternativas:

A) Não se equipara a acidente de trabalho o acidente sofrido pelo segurado no local e no horário de trabalho, em

67. Art. 201. A previdência social será organizada sob a forma do Regime Geral de Previdência Social, de caráter contributivo e de filiação obrigatória, observados critérios que preservem o equilíbrio financeiro e atuarial, e atenderá, na forma da lei, a: (Redação dada pela Emenda Constitucional nº 103, de 2019)

    I – cobertura dos eventos de incapacidade temporária ou permanente para o trabalho e idade avançada; (Redação dada pela Emenda Constitucional nº 103, de 2019)

    II – proteção à maternidade, especialmente à gestante; (Redação dada pela Emenda Constitucional nº 20, de 1998)

    III – proteção ao trabalhador em situação de desemprego involuntário; (Redação dada pela Emenda Constitucional nº 20, de 1998)

    IV – salário-família e auxílio-reclusão para os dependentes dos segurados de baixa renda; (Redação dada pela Emenda Constitucional nº 20, de 1998)

    V – pensão por morte do segurado, homem ou mulher, ao cônjuge ou companheiro e dependentes, observado o disposto no § 2º.

consequência de ato de imprudência, de negligência ou de imperícia de terceiro ou de companheiro de trabalho.

B) Equipara-se a acidente de trabalho o acidente sofrido pelo segurado no local e no horário de trabalho, em consequência de desabamento, inundação, incêndio e outros casos fortuitos ou decorrentes de força maior.

C) Não se equipara a acidente de trabalho o acidente sofrido pelo segurado fora do local e horário de trabalho na prestação espontânea de qualquer serviço à empresa para lhe evitar prejuízo ou proporcionar proveito.

D) A doença proveniente de contaminação acidental do empregado no exercício de sua atividade não se equipara a acidente de trabalho.

E) Nos períodos destinados a refeição ou descanso, ou por ocasião da satisfação de outras necessidades fisiológicas, no local do trabalho ou durante este, o empregado não é considerado no exercício do trabalho.

COMENTÁRIOS: A questão aborda o acidente de trabalho, na sua forma típica e equiparada, consoante arts. 20 e 21 da Lei 8.213/91.

O erro da assertiva A está no "não", visto que o acidente descrito é uma das formas equiparadas do acidente de trabalho[68]

A assertiva B está correta, pois traz corretamente uma das formas do acidente de trabalho equiparado, como o acidente sofrido pelo segurado no local e no horário de trabalho, em consequência de desabamento, inundação, incêndio e outros casos fortuitos ou decorrentes de força maior.

O erro da assertiva C também está no "não", visto que se equipara a acidente de trabalho o acidente sofrido pelo segurado fora do

68. Art. 21. Equiparam-se também ao acidente do trabalho, para efeitos desta Lei: II – o acidente sofrido pelo segurado no local e no horário do trabalho, em conseqüência de: c) ato de imprudência, de negligência ou de imperícia de terceiro ou de companheiro de trabalho;

local e horário de trabalho na prestação espontânea de qualquer serviço à empresa para lhe evitar prejuízo ou proporcionar proveito.

O erro da assertiva E está em não considerar no exercício do trabalho o empregado no local do trabalho ou durante o expediente, nos períodos destinados a refeição ou descanso, ou por ocasião da satisfação de outras necessidades fisiológicas

Gabarito oficial: B

QUESTÃO 182

Ano: 2020 • Banca: VUNESP • Órgão: Valiprev - SP • Prova: VUNESP - 2020 - Valiprev - SP - Analista de Benefícios Previdenciários

Assinale a alternativa correta acerca do Regime Geral de Previdência Social.

Alternativas:

A) Admite-se benefício que substitua o salário de contribuição ou o rendimento do trabalho do segurado com valor mensal inferior ao salário-mínimo.

B) É vedada a adoção de requisitos e critérios diferenciados para a concessão de aposentadoria quando se tratar de segurados portadores de deficiência.

C) É admitida a filiação ao Regime Geral de Previdência Social, na qualidade de segurado facultativo, de pessoa participante de regime próprio de previdência.

D) O tempo mínimo de contribuição será reduzido em 3 (três) anos para o professor que comprove exclusivamente tempo de efetivo exercício das funções de magistério na educação infantil e no ensino fundamental e médio.

E) Para efeito de aposentadoria, é assegurada a contagem recíproca do tempo de contribuição na administração pública e na atividade privada, rural e urbana.

COMENTÁRIOS: A assertiva A está incorreta, visto que o benefício substitutivo do salário de contribuição ou do rendimento do trabalho não pode ser inferior ao salário mínimo [69].

A assertiva B está incorreta, visto que a Constituição prevê a adoção de critérios diferenciados de aposentadoria em caso de segurados com deficiência ou cujas atividades sejam exercidas com efetiva exposição a agentes químicos, físicos e biológicos prejudiciais à saúde, ou associação desses agentes[70].

A assertiva C está incorreta, pois o participante de RPPS não pode ser filiado ao RGPS na condição de facultativo, por expressa vedação constitucional[71].

A assertiva D está incorreta, pois o tempo mínimo de contribuição do professor é reduzido em 5 anos, e não 3 anos, [72]por expressa disposição constitucional nesse sentido.

A assertiva E está correta, pois para efeito de aposentadoria, é assegurada a contagem recíproca do tempo de contribuição na administração pública e na atividade privada, rural e urbana, nos termos do parágrafo nono do art. 201 da Constituição.

Gabarito oficial: E

---

69. Art. 33. A renda mensal do benefício de prestação continuada que substituir o salário-de-contribuição ou o rendimento do trabalho do segurado não terá valor inferior ao do salário-mínimo, nem superior ao do limite máximo do salário-de-contribuição, ressalvado o disposto no art. 45 desta Lei.

70. CF, art. 201, §1°.

71. CF, art. 201 §5°: § 5° É vedada a filiação ao regime geral de previdência social, na qualidade de segurado facultativo, de pessoa participante de regime próprio de previdência.

72. CF, art. 201, §8°: § 8° O requisito de idade a que se refere o inciso I do § 7° será reduzido em 5 (cinco) anos, para o professor que comprove tempo de efetivo exercício das funções de magistério na educação infantil e no ensino fundamental e médio fixado em lei complementar.

QUESTÃO 183

Ano: 2020 • Banca: VUNESP • Órgão: Valiprev - SP • Prova: VUNESP - 2020 - Valiprev - SP - Analista de Benefícios Previdenciários

Entre os princípios da previdência social, consta

Alternativas:

A) Contributividade.

B) Filiação não obrigatória.

C) A não equivalência dos benefícios e serviços às populações urbanas e rurais.

D) Cálculo dos benefícios desvinculados dos salários de contribuição.

E) Redutibilidade do valor dos benefícios.

COMENTÁRIOS: Os princípios da previdência social estão relacionados no art. 3º da Lei de Custeio da Previdência Social[73]. Assim, da leitura desses princípios, depreende-se que a letra A está correta.

Gabarito oficial: A

---

73. Art. 3° A Previdência Social tem por fim assegurar aos seus beneficiários meios indispensáveis de manutenção, por motivo de incapacidade, idade avançada, tempo de serviço, desemprego involuntário, encargos de família e reclusão ou morte daqueles de quem dependiam economicamente.

Parágrafo único. A organização da Previdência Social obedecerá aos seguintes princípios e diretrizes:

a) universalidade de participação nos planos previdenciários, mediante contribuição;

b) valor da renda mensal dos benefícios, substitutos do salário-de-contribuição ou do rendimento do trabalho do segurado, não inferior ao do salário mínimo;

c) cálculo dos benefícios considerando-se os salários-de-contribuição, corrigidos monetariamente;

d) preservação do valor real dos benefícios;

e) previdência complementar facultativa, custeada por contribuição adicional.

QUESTÃO 184

Ano: 2020 • Banca: VUNESP • Órgão: Valiprev - SP • Prova: VUNESP - 2020 - Valiprev - SP - Analista de Benefícios Previdenciários

Assinale a alternativa correta sobre o custeio da seguridade social.

Alternativas:

A) A seguridade social será financiada por toda a sociedade, mediante recursos provenientes dos orçamentos da União, dos Estados, do Distrito Federal e dos Municípios, exceto as contribuições sociais do empregador e da empresa.

B) A lei não poderá instituir outras fontes destinadas a garantir a manutenção ou a expansão da seguridade social.

C) As receitas dos Estados, do Distrito Federal e dos Municípios destinadas à seguridade social constarão dos respectivos orçamentos, integrando o orçamento da União.

D) Nenhum benefício ou serviço da seguridade social poderá ser criado, majorado ou estendido sem a correspondente fonte de custeio total.

E) A pessoa jurídica em débito com o sistema da seguridade social poderá contratar com o Poder Público, porém dele não poderá receber benefícios ou incentivos fiscais ou creditícios.

COMENTÁRIOS: A questão aborda as fontes de custeio previstas constitucionalmente para o financiamento da seguridade social.

O erro da assertiva A está em excepcionar as contribuições sociais do empregador e da empresa como fontes de custeio da seguridade social.

A falha da assertiva B está no "não", visto que a Lei poderá instituir novas fontes em favor da seguridade social[74].

74. CF, Art. 195 §4º – A lei poderá instituir outras fontes destinadas a garantir a manutenção ou expansão da seguridade social, obedecido o disposto no art. 154, I.

A assertiva C disse que a receita dos Estados, Municípios e do DF destinadas à seguridade social integram o orçamento da União. No entanto, a Constituição estabelece que "As receitas dos Estados, do Distrito Federal e dos Municípios destinadas à seguridade social constarão dos respectivos orçamentos, não integrando o orçamento da União.". Logo, a assertiva está errada.

A alternativa D está correta, pois cita corretamente o princípio da precedência da fonte de custeio.

A alternativa E diz que a pessoa jurídica em débito com o sistema da seguridade social poderá contratar com o Poder Público. No entanto, a Constituição veda a empresa em débito com o sistema da seguridade social de contratar com o poder público.

Gabarito oficial: D

QUESTÃO 185

Ano: 2020 • Banca: VUNESP • Órgão: Valiprev - SP • Prova: VUNESP - 2020 - Valiprev - SP - Analista de Benefícios Previdenciários

Assinale a alternativa correta acerca das competências para legislar sobre seguridade social.

Alternativas:

A) Compete à União, aos Estados, ao Distrito Federal e aos Municípios legislar concorrentemente sobre previdência social, proteção e defesa da saúde.

B) Compete à União, aos Estados e ao Distrito Federal legislar concorrentemente sobre previdência social, proteção e defesa da saúde.

C) Por meio de lei ordinária, os entes federados, Estados e Municípios, poderão ser autorizados a legislar sobre questões afetas a seguridade social.

D) É competência exclusiva da União cuidar da saúde e assistência pública, da proteção e garantia das pessoas portadoras de deficiência.

E) É competência da União e dos Municípios legislar concorrentemente sobre previdência social, proteção e defesa da saúde.

COMENTÁRIOS: A questão versa sobre a competência para legislar sobre a seguridade social. O tema é disciplinado pela Constituição, em seu artigo 24:

> *"Art. 24. Compete à União, aos Estados e ao Distrito Federal legislar concorrentemente sobre:*
>
> *XII – previdência social, proteção e defesa da saúde;"*

Assim, a alternativa B está correta.

Gabarito oficial: B

QUESTÃO 186

Ano: 2020 • Banca: VUNESP • Órgão: Valiprev - SP • Prova: VUNESP - 2020 - Valiprev - SP - Analista de Benefícios Previdenciários

Em matéria de seguridade social, assinale a alternativa que contempla o princípio comum para assistência social, saúde e previdência social.

Alternativas:

A) Obrigatoriedade de contribuição.

B) Garantia do padrão médio de vida.

C) Garantia da concessão do mínimo vital.

D) Equidade da capacidade contributiva.

E) Solidariedade.

COMENTÁRIOS: A questão trata dos princípios da seguridade social. Note-se que os princípios da seguridade social se aplicam a todas as suas vertentes, ou seja, à previdência social, à assistência social e à saúde pública.

Os princípios da seguridade social estão previstos no art. 194 da Constituição Federal: [75]. Logo, a única alternativa que referencia um dos princípios da seguridade social é a alternativa E, que trata do princípio da solidariedade.

Gabarito oficial: E

QUESTÃO 187

Ano: 2020 • Banca: VUNESP • Órgão: AVAREPREV-SP • Prova: VUNESP - 2020 - AVAREPREV-SP - Procurador Jurídico

A respeito do salário de benefício, de acordo com a Lei n° 8.213/91, assinale a alternativa correta.

Alternativas:

A) Todos os benefícios previdenciários concedidos pelo Regime Geral de Previdência Social são calculados de acordo com as regras do salário de benefício.

---

75. Art. 194. A seguridade social compreende um conjunto integrado de ações de iniciativa dos Poderes Públicos e da sociedade, destinadas a assegurar os direitos relativos à saúde, à previdência e à assistência social.

Parágrafo único. Compete ao Poder Público, nos termos da lei, organizar a seguridade social, com base nos seguintes objetivos:

I – universalidade da cobertura e do atendimento;

II – uniformidade e equivalência dos benefícios e serviços às populações urbanas e rurais;

III – seletividade e distributividade na prestação dos benefícios e serviços;

IV – irredutibilidade do valor dos benefícios;

V – eqüidade na forma de participação no custeio;

VI – diversidade da base de financiamento, identificando-se, em rubricas contábeis específicas para cada área, as receitas e as despesas vinculadas a ações de saúde, previdência e assistência social, preservado o caráter contributivo da previdência social; (Redação dada pela Emenda Constitucional n° 103, de 2019)

VII – caráter democrático e descentralizado da administração, mediante gestão quadripartite, com participação dos trabalhadores, dos empregadores, dos aposentados e do Governo nos órgãos colegiados. (Redação dada pela Emenda Constitucional n° 20, de 1998)

B) O fator previdenciário incide, de maneira obrigatória, na aposentadoria por idade e por tempo de contribuição.

C) O salário de benefício será superior ao salário de contribuição vigente no momento da aposentadoria, quando a média das 180 maiores contribuições ultrapassar esse valor.

D) Desde que observados determinados pressupostos legais, o segurado que preencher o requisito para a aposentadoria por tempo de contribuição poderá optar pela não incidência do fator previdenciário no cálculo de sua aposentadoria.

E) O salário de benefício do segurado que contribuir em razão de atividades concomitantes será calculado com base no valor da maior remuneração na data da concessão do benefício.

COMENTÁRIOS: A questão acima tornou-se desatualizada pela superveniência da Emenda Constitucional 103/2019, que mudou as regras de aposentação.

A assertiva A diz que Todos os benefícios previdenciários concedidos pelo Regime Geral de Previdência Social são calculados de acordo com as regras do salário de benefício. Essa afirmativa está errada, pois o salário família possui valor fixo, definido por portaria. Ademais, o salário-maternidade da segurada empregada é concedido com base na remuneração, e não no salário de benefício.

A assertiva B diz que o fator previdenciário incide, de maneira obrigatória, na aposentadoria por idade e por tempo de contribuição. Cabe ressaltar que o tema passou por uma mudança com a Emenda Constitucional 103. Antigamente, o fator previdenciário incidia de maneira obrigatória apenas sobre a aposentadoria por tempo de contribuição e de maneira facultativa sobre a aposentadoria por idade. Após a referida Emenda, o fator previdenciário foi extinto.

A assertiva C diz que o salário de benefício será superior ao salário de contribuição vigente no momento da aposentadoria, quando a média das 180 maiores contribuições ultrapassar esse valor. Essa afirmativa está errada, tendo em vista que o salário de benefício possui um limite máximo.

A assertiva D diz que desde que observados determinados pressupostos legais, o segurado que preencher o requisito para a aposentadoria por tempo de contribuição poderá optar pela não incidência do fator previdenciário no cálculo de sua aposentadoria. Como já mencionado, essa questão tornou-se desatualizada pela EC103/2019, que extinguiu o fator previdenciário. No entanto, antes da referida Emenda a aplicação do fator previdenciário era obrigatória na aposentadoria por tempo de contribuição.

Gabarito oficial: D

QUESTÃO 188

Ano: 2020 • Banca: VUNESP • Órgão: AVAREPREV-SP • Prova: VUNESP - 2020 - AVAREPREV-SP - Procurador Jurídico

A respeito da contagem recíproca de tempo de serviço e da emissão de Certidão de Tempo de Contribuição (CTC), com base na Lei n° 8.213/91, assinale a alternativa correta.

Alternativas:

A) É vedada, em qualquer situação, a emissão de CTC com o registro exclusivo de tempo de serviço, sem a comprovação de contribuição efetiva.

B) É admitida, a qualquer tempo, a desaverbação de tempo em regime próprio de previdência social da contagem do tempo necessário para a concessão de benefício no regime geral de previdência.

C) É admitida a contagem de tempo de serviço público com o de atividade privada, quando concomitantes.

D) É permitida a contagem recíproca de tempo de contribuição do RGPS por regime próprio de previdência social mediante a apresentação da carteira de trabalho com a respectiva anotação.

E) A CTC somente poderá ser emitida por regime próprio de previdência social para ex-servidor.

COMENTÁRIOS: A questão trata de diversas particularidades a respeito da contagem recíproca de tempo de contribuição, com base nos artigos 94 e seguintes da Lei 8.213/91.

A assertiva A diz que é vedada, em qualquer situação, a emissão de CTC com o registro exclusivo de tempo de serviço, sem a comprovação de contribuição efetiva. No entanto, a Lei de Benefícios excepciona dessa regra todos os segurados que possuem presunção de recolhimento das contribuições previdenciárias, quais sejam: o segurado empregado, empregado doméstico, trabalhador avulso e, a partir de 1º de abril de 2003, o contribuinte individual que presta serviço a empresa obrigada a arrecadar a contribuição a seu cargo.

A assertiva B diz que é admitida, a qualquer tempo, a desaverbação de tempo em RPPS. No entanto, essa desaverbação só é admitida quando o tempo averbado não tiver gerado a concessão de vantagens remuneratórias ao servidor público em atividade.

A assertiva C diz que é admitida a contagem de tempo de serviço público com o de atividade privada, quando concomitantes. No entanto, a Lei 8.213/91 proíbe expressamente a contagem recíproca de tempo de contribuição quando se trata de atividades concomitantes.

A assertiva D diz que é permitida a contagem recíproca de tempo de contribuição do RGPS por regime próprio de previdência social mediante a apresentação da carteira de trabalho com a respectiva anotação. Todavia, não é a CTPS o documento necessário para realizar a averbação, e sim, a certidão de tempo de contribuição – CTC.

A assertiva E diz que a CTC somente poderá ser emitida por regime próprio de previdência social para ex-servidor. Esta é a alternativa correta.

Gabarito oficial: E

QUESTÃO 189

Ano: 2020 • Banca: VUNESP • Órgão: AVAREPREV-SP • Prova: VUNESP - 2020 - AVAREPREV-SP - Procurador Jurídico

De acordo com a legislação federal relativa ao Regime Geral de Previdência Social e com a jurisprudência do Superior Tribunal de Justiça, é correto afirmar que as contribuições previdenciárias não incidem sobre

Alternativas:

A) terço de férias gozadas.

B) o adicional noturno.

C) décimo terceiro salário.

D) adicional de periculosidade.

E) salário maternidade.

COMENTÁRIOS: A primeira assertiva está correta, tendo em vista que o STJ já se manifestou no sentido de que o adicional de terço de férias gozadas não integra o salário de contribuição por se tratar de parcela indenizatória.

As demais assertivas estão erradas. O rol de parcelas que não integram o salário de contribuição está relacionado no art. 214, §9º, do Regulamento, sendo que o adicional noturno, 13º salário, adicional de periculosidade e salário-maternidade não estão descritos naquele rol. Inclusive, o salário-maternidade compõe a base de cálculo dos benefícios previdenciários por expressa previsão legal, conforme art. 28, §2º da Lei de Custeio.

Gabarito oficial: A

QUESTÃO 190

Ano: 2020 • Banca: VUNESP • Órgão: AVAREPREV-SP • Prova: VUNESP - 2020 - AVAREPREV-SP - Procurador Jurídico

Tício estava em seu local e horário de trabalho quando foi agredido fisicamente por Mévio, seu companheiro de trabalho. Diante desse fato, assinale a alternativa correta.

Alternativas:

A) Tal situação não poderá ser equiparada a acidente de trabalho.

B) O empregador responde pelos atos de seus empregados somente se houver culpa. Logo somente com culpa do empregador haverá a equiparação com acidente de trabalho.

C) A responsabilidade do empregador é subjetiva, razão pela qual o fato não configurou acidente de trabalho.

D) O empregador não responde pelos atos de seus empregados, não havendo que se falar em acidente de trabalho neste caso.

E) Tal situação será equiparada a acidente de trabalho.

COMENTÁRIOS: A questão traz uma situação-problema, na qual um trabalhador em seu horário de trabalho foi agredido fisicamente por um colega. O examinando deverá responder se a situação em questão configura acidente de trabalho.

Nos termos do art. 21 da Lei 8.213/91,

> *"Art. 21. Equiparam-se também ao acidente do trabalho, para efeitos desta Lei:*
>
> *II – o acidente sofrido pelo segurado no local e no horário do trabalho, em conseqüência de: a) ato de agressão, sabotagem ou terrorismo praticado por terceiro ou companheiro de trabalho;"*

Logo, a alternativa correta é a letra E, pois a situação se equipara a acidente de trabalho.

Gabarito oficial: E

QUESTÃO 191

Ano: 2020 • Banca: INSTITUTO AOCP • Órgão: Prefeitura de Recife - PE • Prova: INSTITUTO AOCP - 2020 - Prefeitura de Recife - PE - Assistente Social 30H

Considerando o contexto histórico da Saúde no Brasil, preencha a lacuna e assinale a alternativa correta.

Com regulamentação através da Lei Elói Chaves, o/as ________________ concedia benefícios pecuniários, nas modalidades de aposentadorias e pensões, bem como na prestação de serviços do tipo de consultas médicas e fornecimento de medicamentos, se constitui(ram) em embrião do Seguro Social, correspondendo ao primeiro período da história da Previdência brasileira.

Alternativas:

A) Sistema Médico Previdenciário (SIMP)

B) Sistema Nacional de Previdência Social (SINPAS)

C) Instituto Nacional de Assistência Médica da Previdência Social (Inamps)

D) Instituto Nacional de Previdência Social (INPS)

E) Caixas de Aposentadorias e Pensões (CAPs)

COMENTÁRIOS: A Lei Eloy Chaves é considerada como uma norma de origem da previdência social no Brasil. Através dela, foram criadas caixas de aposentadorias e pensões, que eram institutos incumbidos de recolher a contribuição patronal e conceder benefícios aos aposentados e pensionistas. Assim, a alternativa correta é a letra E.

Gabarito oficial: E

QUESTÃO 192

Ano: 2020 • Banca: FCC • Órgão: AL-AP • Prova: FCC - 2020 - AL-AP - Analista Legislativo - Assessor Jurídico Legislativo

Em relação aos princípios constitucionais da Previdência Social, considere:

I. O Sistema Previdenciário Nacional engloba a universalidade da cobertura e do atendimento, significando que todos os que vivem no território nacional têm direito ao mínimo indispensável à sobrevivência com dignidade, salvo àqueles que não tenham contribuído para com a seguridade social.

II. A Constituição Federal reafirmou o princípio da irredutibilidade, ao garantir o reajustamento dos benefícios, a fim de preservar-lhes o valor real, conforme critérios legalmente estabelecidos.

III. É defesa em qualquer hipótese a adoção de requisitos e critérios diferenciados para a concessão da aposentadoria aos beneficiários do regime geral de previdência social.

Está correto o que se afirma APENAS em

Alternativas:

A) I e III.

B) II.

C) III.

D) I e II.

E) II e III.

COMENTÁRIOS: A questão trata dos princípios da previdência social, listados no art. 3º da Lei 8.212/91[76]e no art. 194 da Constituição Federal[77]. Assim, conclui-se que a assertiva II é a correta,

---

76. Art. 3º A Previdência Social tem por fim assegurar aos seus beneficiários meios indispensáveis de manutenção, por motivo de incapacidade, idade avançada, tempo de serviço, desemprego involuntário, encargos de família e reclusão ou morte daqueles de quem dependiam economicamente.

    Parágrafo único. A organização da Previdência Social obedecerá aos seguintes princípios e diretrizes:

    a) universalidade de participação nos planos previdenciários, mediante contribuição;

    b) valor da renda mensal dos benefícios, substitutos do salário-de-contribuição ou do rendimento do trabalho do segurado, não inferior ao do salário mínimo;

    c) cálculo dos benefícios considerando-se os salários-de-contribuição, corrigidos monetariamente;

    d) preservação do valor real dos benefícios;

    e) previdência complementar facultativa, custeada por contribuição adicional.

77. Art. 194. A seguridade social compreende um conjunto integrado de ações de iniciativa dos Poderes Públicos e da sociedade, destinadas a assegurar os direitos relativos à saúde, à previdência e à assistência social.

por referenciar acertadamente o princípio da irredutibilidade do valor dos benefícios.

Gabarito oficial: B

QUESTÃO 193

Ano: 2020 • Banca: Quadrix • Órgão: CRMV-AM • Prova: Quadrix - 2020 - CRMV-AM - Assistente Administrativo

De acordo com o Decreto n.º 69.134/1971, a Lei n.º 6.885/1980, a Lei n.º 12.514/2011 e a Lei n.º 10.520/2002, julgue o item.

O médico-residente é filiado ao Regime Geral de Previdência Social (RGPS) como contribuinte individual e tem direito, conforme o caso, à licença-paternidade de cinco dias ou à licença-maternidade de 120 dias.

Alternativas:

( ) Certo

( ) Errado

Parágrafo único. Compete ao Poder Público, nos termos da lei, organizar a seguridade social, com base nos seguintes objetivos:

I – universalidade da cobertura e do atendimento;

II – uniformidade e equivalência dos benefícios e serviços às populações urbanas e rurais;

III – seletividade e distributividade na prestação dos benefícios e serviços;

IV – irredutibilidade do valor dos benefícios;

V – eqüidade na forma de participação no custeio;

VI – diversidade da base de financiamento, identificando-se, em rubricas contábeis específicas para cada área, as receitas e as despesas vinculadas a ações de saúde, previdência e assistência social, preservado o caráter contributivo da previdência social; (Redação dada pela Emenda Constitucional n° 103, de 2019)

VII – caráter democrático e descentralizado da administração, mediante gestão quadripartite, com participação dos trabalhadores, dos empregadores, dos aposentados e do Governo nos órgãos colegiados. (Redação dada pela Emenda Constitucional n° 20, de 1998)

COMENTÁRIOS: Os benefícios de licença-paternidade e salário maternidade estão previstos na Constituição Federal[78], sendo devidos a todos os segurados, inclusive o contribuinte individual.

Gabarito oficial: Certo

QUESTÃO 194

Ano: 2020 • Banca: CESPE / CEBRASPE • Órgão: SEFAZ-AL • Prova: CESPE - 2020 - SEFAZ-AL - Auditor de Finanças e Controle de Arrecadação da Fazenda Estadual

Com relação a déficit público, reforma administrativa, reforma previdenciária, responsabilidade fiscal, regra de ouro e ordenação de despesa, julgue o item a seguir.

Nenhum benefício relativo à seguridade social poderá ser criado sem a indicação de uma fonte de custeio para suportar essa despesa.

Alternativas:

( ) Certo

( ) Errado

COMENTÁRIOS: A questão trata do princípio da precedência da fonte de custeio, trazido pelo artigo 195, §5º da Constituição.

Gabarito oficial: Certo

78. Art. 7º São direitos dos trabalhadores urbanos e rurais, além de outros que visem à melhoria de sua condição social: XVIII – licença à gestante, sem prejuízo do emprego e do salário, com a duração de cento e vinte dias;

QUESTÃO 195

Ano: 2020 • Banca: VUNESP • Órgão: Valiprev - SP • Prova: VUNESP - 2020 - Valiprev - SP - Procurador

A Previdência Social constitui

Alternativas:

A) Direito fundamental assegurado a todos os brasileiros e estrangeiros residentes no país.

B) Direito fundamental assegurado aos trabalhadores.

C) Conjunto integrado de ações de iniciativa dos Poderes Públicos e da sociedade, destinadas a assegurar os direitos relativos à saúde, à seguridade social e à assistência social.

D) Direito fundamental assegurado a quem dele necessitar, independentemente de recolhimento de contribuições.

E) Conjunto integrado de ações de iniciativa dos Poderes Públicos e da sociedade, destinadas a assegurar os direitos relativos à saúde, à velhice e à incapacidade laboral.

COMENTÁRIOS: A questao trata do conceito de previdência social, enquanto vertente contributiva da seguridade social.

A alternativa A diz que a previdência é um direito fundamental assegurado a todos os brasileiros e estrangeiros residentes no país. No entanto, o direito à previdência social não é extensível a todos, uma vez que é marcada pela contributividade. Assim, apenas aqueles filiados ao Regime têm direito às suas prestações.

XIX – licença-paternidade, nos termos fixados em lei;

Art. 201. A previdência social será organizada sob a forma do Regime Geral de Previdência Social, de caráter contributivo e de filiação obrigatória, observados critérios que preservem o equilíbrio financeiro e atuarial, e atenderá, na forma da lei, a: II – proteção à maternidade, especialmente à gestante;

A alternativa B está correta, visto que a Previdência Social é um direito fundamental assegurado aos trabalhadores.

A alternativa C está incorreta, pois "conjunto integrado de ações de iniciativa dos Poderes Públicos e da sociedade, destinadas a assegurar os direitos relativos à saúde, à previdência e à assistência social " é o conceito da seguridade social como um todo, e não da previdência social.

A alternativa D diz que a previdência é um direito fundamental assegurado a quem dele necessitar, independentemente de recolhimento de contribuições. No entanto, esse é o conceito da assistência social, e não da previdência social.

A alternativa E diz que a previdência é "conjunto integrado de ações de iniciativa dos Poderes Públicos e da sociedade, destinadas a assegurar os direitos relativos à saúde, à velhice e à incapacidade laboral." No entanto, não existe essa previsão constitucional, e não cabe à previdência social assegurar a prestação da saúde pública.

Gabarito oficial: B

QUESTÃO 196

Ano: 2020 • Banca: VUNESP • Órgão: Valiprev - SP • Prova: VUNESP - 2020 - Valiprev - SP - Procurador

Hilário foi aposentado por invalidez, mas depois de cinco anos da sua aposentadoria, ele conseguiu comprovar que recuperou a sua capacidade de trabalho. Consequentemente, pretende retornar ao emprego na mesma função que exercia antes da aposentadoria, mas o seu empregador se recusa a readmiti-lo, alegando que sua antiga função na empresa foi extinta. Nessa hipótese, considerando o entendimento sumulado do Supremo Tribunal Federal a respeito da matéria, é correto afirmar que Hilário

Alternativas:

A) Teria direito de retornar ao emprego na mesma função que exercia antes da aposentadoria, mas como ela foi extinta, seu empregador deverá indenizá-lo.

B) Não terá o direito de retornar ao emprego pelo fato de sua função ter sido extinta na empresa, não tendo direito a qualquer indenização.

C) Tem o direito de retornar ao emprego em função assemelhada, mas o empregador terá a opção de indenizá-lo se optar por não aceitá-lo de volta.

D) Teria direito a retornar ao emprego, mas está impedido em razão do tempo decorrido desde a sua aposentadoria, tendo esta se tornado definitiva.

E) Tem o direito de retornar ao emprego em função assemelhada ou superior àquela que exercia, não podendo o empregador se recusar a aceitá-lo de volta.

COMENTÁRIOS: A questão versa sobre a possibilidade de recuperação da capacidade para o trabalho após a concessão da aposentadoria por invalidez, ou aposentadoria por incapacidade permanente, conforme sua nova denominação. Com efeito, a concessão de aposentadoria por invalidez não é considerada uma causa de cessação do contrato de trabalho, e sim de suspensão, conforme art. 475 da CLT. Nesse sentido, a súmula 217 do STF:

> *"Tem direito de retornar ao emprego, ou ser indenizado em caso de recusa do empregador, o aposentado que recupera a capacidade de trabalho dentro de cinco anos, a contar da aposentadoria, que se torna definitiva após êsse prazo."*

Gabarito oficial: D

QUESTÕES DE 2021

QUESTÃO 197

Ano: 2021 • Banca: FUNDEP (Gestão de Concursos) • Órgão: IPREMU • Prova: FUNDEP (Gestão de Concursos) - 2021 - IPREMU - Advogado

Em relação aos benefícios previdenciários, assinale a alternativa correta.

Alternativas:

A) Os benefícios previdenciários devem ser regulados pela lei vigente ao tempo da formulação do requerimento administrativo pelo interessado, evitando possibilitar ao segurado a retroação da data de início do benefício.

B) Os valores relativos a benefícios previdenciários pagos a maior ao segurado de boa-fé por força de sentença transitada em julgado, que venha a ser rescindida, devem ser imediatamente devolvidos.

C) O exercício de atividade remunerada do segurado recluso, em cumprimento de pena em regime fechado, acarreta a perda automática do direito ao recebimento do auxílio-reclusão para seus dependentes.

D) Em regra, será excluído da condição de dependente quem tiver sido condenado criminalmente por sentença transitada em julgado, como partícipe de homicídio doloso, cometido contra a pessoa do segurado.

COMENTÁRIOS: A assertiva A diz que os benefícios previdenciários devem ser regulados pela lei vigente na época do requerimento administrativo. Esta afirmação está incorreta, uma vez que, em decorrência do princípio do *tempus regit actum*, a lei aplicável ao benefício previdenciário é aquela vigente no momento do fato gerador. Por conseguinte, a segunda parte da assertiva também está errada, uma vez que o direito à retroação de DIB é garantido ao segurado.

A assertiva B diz que os valores relativos a benefícios previdenciários pagos a maior ao segurado de boa-fé por força de sentença transitada em julgado, que venha a ser rescindida, implica na obrigação da imediata devolução de valores.

O erro é que deve haver parcelamento, nos termos do artigo 115, II, da Lei 8.213/91. Veja-se o STJ:

> Tema Repetitivo 692
>
> Situação: Revisado;
>
> Órgão julgador: PRIMEIRA SEÇÃO
>
> Ramo do direito: DIREITO PREVIDENCIÁRIO
>
> Questão submetida a julgamento: Proposta de Revisão de Entendimento firmado em tese repetitiva firmada pela Primeira Seção relativa ao Tema 692/STJ, quanto à devolução dos valores recebidos pelo litigante beneficiário do Regime Geral da Previdência Social - RGPS em virtude de decisão judicial precária, que venha a ser posteriormente revogada.
>
> Tese Firmada: A reforma da decisão que antecipa os efeitos da tutela final obriga o autor da ação a devolver os valores dos benefícios previdenciários ou assistenciais recebidos, o que pode ser feito por meio de desconto em valor que não exceda 30% (trinta por cento) da importância de eventual benefício que ainda lhe estiver sendo pago.

A assertiva C aduz que o exercício de atividade remunerada pelo segurado recluso culmina com a perda automática do direito ao auxílio-reclusão dos dependentes. No entanto, a Lei é expressa no sentido de que o trabalho por parte do segurado recluso não acarreta a perda do direito ao benefício. Nesse sentido, a Lei 8.213/91:

> *"Art. 80. O auxílio-reclusão, cumprida a carência prevista no inciso IV do caput do art. 25 desta Lei, será devido, nas condições da pensão por morte, aos dependentes do segurado de baixa renda recolhido à prisão em regime fechado que não receber remuneração da empresa nem estiver em gozo de auxílio-doença, de pensão por morte, de salário-maternidade, de aposentadoria ou de abono de permanência em serviço.[...]*
>
> *§7º O exercício de atividade remunerada do segurado recluso, em cumprimento de pena em regime fechado, não acarreta a perda do direito ao recebimento do auxílio-reclusão para seus dependentes."*

A assertiva D diz que em regra, será excluído da condição de dependente quem tiver sido condenado criminalmente por sentença transitada em julgado, como partícipe de homicídio doloso, cometido contra a pessoa do segurado. Essa assertiva está correta, uma vez que a Lei 13.846/2019 criou essa hipótese da perda da qualidade de dependente[79].

Gabarito oficial: D

QUESTÃO 198

Ano: 2021 • Banca: INSTITUTO MAIS • Órgão: SETEC Campinas • Prova: INSTITUTO MAIS - 2021 - SETEC Campinas - Procurador

De acordo com a Lei n.º 8.212/1991, o Titular do Cartório de Registro Civil de Pessoas Naturais remeterá ao INSS, pelo Sistema Nacional de Informações de Registro Civil (Sirc) ou por outro meio que venha a substituí-lo, a relação dos nascimentos, dos natimortos, dos casamentos, dos óbitos, das averbações, das anotações e das retificações registradas na serventia, em até

Alternativas:

79. Art. 16. São beneficiários do Regime Geral de Previdência Social, na condição de dependentes do segurado: [...] § 7º Será excluído definitivamente da condição de dependente quem tiver sido condenado criminalmente por

A) 1 (um) dia útil.
B) 10 (dez) dias corridos.
C) 15 (quinze) dias úteis.
D) 30 (trinta) dias corridos.

COMENTÁRIOS: A Lei de custeio da Previdência Social traz diversos assuntos referentes ao custeio da seguridade social, além de obrigações acessórias. Dentre essas obrigações, existe o ônus imposto ao titular do cartório de registro de pessoas naturais de informar a relação dos nascimentos, dos natimortos, dos casamentos, dos óbitos, das averbações, das anotações e das retificações registradas na serventia. Isso tem o objetivo de repassar informações relevantes para o INSS para fins de concessão de benefícios previdenciários, ou para a suspensão de benefícios de falecidos. Essa obrigação deve ser cumprida em 1 dia útil, conforme previsão legal.[80]

Gabarito oficial: A

QUESTÃO 199

Ano: 2021 • Banca: INSTITUTO MAIS • Órgão: SETEC Campinas • Prova: INSTITUTO MAIS - 2021 - SETEC Campinas - Procurador

Sobre a Lei n.º 8.213/1991, assinale a alternativa correta.
Alternativas:

sentença com trânsito em julgado, como autor, coautor ou partícipe de homicídio doloso, ou de tentativa desse crime, cometido contra a pessoa do segurado, ressalvados os absolutamente incapazes e os inimputáveis.

80. Art. 68. O Titular do Cartório de Registro Civil de Pessoas Naturais remeterá ao INSS, em até 1 (um) dia útil, pelo Sistema Nacional de Informações de Registro Civil (Sirc) ou por outro meio que venha a substituí-lo, a relação dos nascimentos, dos natimortos, dos casamentos, dos óbitos, das averbações, das anotações e das retificações registradas na serventia.

A) As provas de união estável e de dependência econômica exigem início de prova material contemporânea dos fatos, produzido em período não superior a 36 (trinta e seis) meses anterior à data do óbito do segurado, admitindo-se a prova, exclusivamente, testemunhal.

B) Será excluído definitivamente da condição de dependente quem tiver sido condenado criminalmente por sentença com trânsito em julgado, como autor, coautor ou partícipe de homicídio doloso, ou de tentativa desse crime, cometido contra a pessoa do segurado, ressalvados os absolutamente incapazes e os inimputáveis.

C) Mantém a qualidade de segurado, independentemente de contribuições, até 12 (doze) meses após a cessação das contribuições, o segurado facultativo e até 6 (seis) meses após o licenciamento, o segurado incorporado às Forças Armadas para prestar serviço militar.

D) O exercício de atividade remunerada do segurado recluso, em cumprimento de pena em regime fechado, acarreta a perda do direito ao recebimento do auxílio-reclusão para seus dependentes.

COMENTÁRIOS: A primeira assertiva trata da apresentação de provas de união estável e dependência econômica para fins de reconhecimento da qualidade de dependente. De acordo a Lei 8.213/91, as provas devem ter sido produzidas num período de até 24 meses antes do óbito do segurado instituidor[81], e não 36 meses, como dito na assertiva.

81. Art. 16. São beneficiários do Regime Geral de Previdência Social, na condição de dependentes do segurado: [...] § 5° As provas de união estável e de dependência econômica exigem início de prova material contemporânea dos fatos, produzido em período não superior a 24 (vinte e quatro) meses anterior à data do óbito ou do recolhimento à prisão do segurado, não admitida a prova exclusivamente testemunhal, exceto na ocorrência de motivo de força maior ou caso fortuito, conforme disposto no regulamento. (Incluído pela Lei n° 13.846, de 2019)

A segunda assertiva trata da possibilidade de perda da qualidade de dependente de quem tiver sido condenado criminalmente por sentença com trânsito em julgado de homicídio doloso, ou de tentativa desse crime, cometido contra a pessoa do segurado, ressalvados os absolutamente incapazes e os inimputáveis. Essa assertiva está correta, pois traz corretamente essa hipótese de perda da qualidade de dependente, introduzida pela Lei 13846/ 2019[82].

A terceira assertiva trata do período de graça no RGPS. A questão está disciplinada pelo art. 15 da Lei 8.213/91[83]. O período de graça do segurado incorporado às forças armadas é de 3 meses após o licenciamento e de 6 meses após a cessação das

82. Art. 16 [...] § 7° Será excluído definitivamente da condição de dependente quem tiver sido condenado criminalmente por sentença com trânsito em julgado, como autor, coautor ou partícipe de homicídio doloso, ou de tentativa desse crime, cometido contra a pessoa do segurado, ressalvados os absolutamente incapazes e os inimputáveis.

83. Art. 15. Mantém a qualidade de segurado, independentemente de contribuições:

I – sem limite de prazo, quem está em gozo de benefício, exceto do auxílio-acidente; (Redação dada pela Lei n° 13.846, de 2019)

II – até 12 (doze) meses após a cessação das contribuições, o segurado que deixar de exercer atividade remunerada abrangida pela Previdência Social ou estiver suspenso ou licenciado sem remuneração;

III – até 12 (doze) meses após cessar a segregação, o segurado acometido de doença de segregação compulsória;

IV – até 12 (doze) meses após o livramento, o segurado retido ou recluso;

V – até 3 (três) meses após o licenciamento, o segurado incorporado às Forças Armadas para prestar serviço militar;

VI – até 6 (seis) meses após a cessação das contribuições, o segurado facultativo.

§ 1° O prazo do inciso II será prorrogado para até 24 (vinte e quatro) meses se o segurado já tiver pago mais de 120 (cento e vinte) contribuições mensais sem interrupção que acarrete a perda da qualidade de segurado.

§ 2° Os prazos do inciso II ou do § 1° serão acrescidos de 12 (doze) meses para o segurado desempregado, desde que comprovada essa situação pelo registro no órgão próprio do Ministério do Trabalho e da Previdência Social.

contribuições para o segurado facultativo. Por esta razão, a assertiva está incorreta.

A quarta assertiva diz que o exercício de atividade remunerada pelo detento implica em perda do direito ao auxílio reclusão. No entanto, a lei é peremptória no sentido contrário, de que o labor do detento não causa a perda do direito ao benefício[84]

Gabarito oficial: B

QUESTÃO 200

Ano: 2021 • Banca: CESPE / CEBRASPE • Órgão: PG-DF • Prova: CESPE / CEBRASPE - 2021 - PG-DF - Analista Jurídico - Direito e Legislação

Relativamente à carência e à forma de apuração dos benefícios previdenciários, julgue o item que segue.

O recebimento de auxílio-acidente depende de contribuição, para a previdência social por, no mínimo, doze meses.

Alternativas:

( ) Certo

( ) Errado

COMENTÁRIOS: A questão traz uma afirmativa no sentido de que o auxílio-acidente possui carência de 12 meses. Entretanto, a Lei 8.213/91 estabelece que o benefício de auxílio-acidente não exige carência:

> *"Art. 26. Independe de carência a concessão das seguintes prestações: I – pensão por morte, salário-família e auxílio-acidente; (Redação dada pela Lei nº 13.846, de 2019)"*

Gabarito oficial: Errado

84. Art. 80: [...] § 7° O exercício de atividade remunerada do segurado recluso, em cumprimento de pena em regime fechado, não acarreta a perda do direito ao recebimento do auxílio-reclusão para seus dependentes. (Incluído pela Lei n° 13.846, de 2019)

QUESTÃO 201

Ano: 2021 • Banca: CESPE / CEBRASPE • Órgão: PG-DF • Prova: CESPE / CEBRASPE - 2021 - PG-DF - Analista Jurídico - Direito e Legislação

Acerca dos segurados do regime geral de previdência social, julgue o item a seguir.

Está apto à filiação como segurado facultativo o estudante com mais de quatorze anos de idade que não exerça atividade remunerada e que contribua para a previdência social.

Alternativas:

( ) Certo

( ) Errado

COMENTÁRIOS: A questão trata da idade mínima para filiação facultativa ao Regime Geral de Previdência Social. Nos termos do art. 13 da Lei de Benefícios da Previdência Social, é segurado facultativo o maior de 14 (quatorze) anos que se filiar ao Regime Geral de Previdência Social, mediante contribuição, desde que não exerça atividade remunerada que o sujeite à filiação obrigatória. Logo, a assertiva está correta.

Gabarito oficial: Certo

QUESTÃO 202

Ano: 2021 • Banca: CESPE / CEBRASPE • Órgão: PG-DF • Prova: CESPE / CEBRASPE - 2021 - PG-DF - Analista Jurídico - Direito e Legislação

Acerca dos segurados do regime geral de previdência social, julgue o item a seguir.

É considerada segurada especial a pessoa física que exerce atividade em exposição a agentes químicos, físicos ou biológicos prejudiciais à saúde.

Alternativas:

( ) Certo

( ) Errado

COMENTÁRIOS: A questão explora uma confusão terminológica bem comum na seara previdenciária, que é a distinção entre aposentadoria especial e segurado especial. Com efeito, segurado especial é a pessoa física residente no imóvel rural ou em aglomerado urbano ou rural próximo que, individualmente ou em regime de economia familiar, exerça atividade na condição de produtor rural ou pescador artesanal. É o clássico trabalhador rural.

A aposentadoria especial, por outro lado, é o benefício devido a quem que comprove o exercício de atividades com exposição a agentes químicos, físicos e biológicos prejudiciais à saúde, ou a associação desses agentes, de forma permanente, não ocasional nem intermitente.

A questão diz que segurada especial é a pessoa que exerce atividade exposta a agentes prejudiciais à saúde. Essa afirmativa está errada pois, como demonstrado, segurado especial é o trabalhador rural.

Gabarito oficial: Errado

QUESTÃO 203

Ano: 2021 • Banca: CEV-URCA • Órgão: Prefeitura de Crato - CE • Prova: CEV-URCA - 2021 - Prefeitura de Crato - CE - Analista Previdenciário

Assinale a alternativa CORRETA. São beneficiários do Regime Próprio de Previdência Social, na condição de dependentes do segurado:

Alternativas:

A) O cônjuge, a companheira ou o companheiro e o filho não emancipado, de qualquer condição, menor de vinte e um anos ou inválido; ou o irmão não emancipado, de qualquer condição, menor de vinte e um anos ou inválido.

B) O cônjuge, a companheira ou o companheiro e o filho não emancipado, de qualquer condição, menor de vinte e um anos ou inválido; os pais; ou o irmão não emancipado, de qualquer condição, menor de vinte e um anos ou inválido.

C) O cônjuge, a companheira ou o companheiro e o filho não emancipado, de qualquer condição, menor de dezoito e um anos ou inválido; os pais; ou o irmão não emancipado, de qualquer condição, menor de vinte e um anos ou inválido.

D) O cônjuge, a companheira ou o companheiro e o filho não emancipado, de qualquer condição, menor de vinte e um anos ou inválido; os pais; ou o irmão emancipado, de qualquer condição, menor de vinte e um anos ou inválido.

E) O cônjuge, a companheira ou o companheiro e o filho não emancipado, de qualquer condição, menor de vinte e um anos ou inválido; os pais; ou o irmão não emancipado, de qualquer condição, menor de vinte anos ou inválido.

COMENTÁRIOS: A questão trata do rol de dependentes do regime geral de previdência social. Esta lista está presente no art. 16 da Lei 8.213/91[85]. Assim, a assertiva B é a que reflete corretamente o rol de beneficiários dependentes.

Gabarito oficial: B

---

85. Art. 16. São beneficiários do Regime Geral de Previdência Social, na condição de dependentes do segurado:

I – o cônjuge, a companheira, o companheiro e o filho não emancipado, de qualquer condição, menor de 21 (vinte e um) anos ou inválido ou que tenha deficiência intelectual ou mental ou deficiência grave;

II – os pais;

III – o irmão não emancipado, de qualquer condição, menor de 21 (vinte e um) anos ou inválido ou que tenha deficiência intelectual ou mental ou deficiência grave;

QUESTÃO 204

Ano: 2021 • Banca: CEV-URCA • Órgão: Prefeitura de Crato - CE • Prova: CEV--URCA - 2021 - Prefeitura de Crato - CE - Analista Previdenciário

Assinale a alternativa CORRETA: Nos termos da Emenda Constitucional n° 103 de 12 dezembro de 2019, para fins de aposentadoria é assegurado:

Alternativas:

A) Para fins de aposentadoria, será assegurada a contagem recíproca do tempo de contribuição entre o Regime Geral de Previdência Social e os regimes próprios de previdência social, e destes entre si, de acordo com os critérios estabelecidos em lei.

B) Para fins de aposentadoria, será assegurada a contagem recíproca do tempo de contribuição entre o Regime Geral de Previdência Social e os regimes próprios de previdência social, e destes entre si, observada a compensação financeira, de acordo com os critérios estabelecidos em lei.

C) Para fins de aposentadoria, não será assegurada a contagem recíproca do tempo de contribuição entre o Regime Geral de Previdência Social e os regimes próprios de previdência social, e destes entre si, observada a compensação financeira, de acordo com os critérios estabelecidos em lei.

D) Para fins de aposentadoria, o Regime Geral de Previdência Social e os regimes próprios de previdência social, poderão entre si, fazer contagem recíproca do tempo de contribuição, mediante autorização da legislação municipal.

E) Para fins de aposentadoria a contagem recíproca do tem pode contribuição ficará a cargo da vontade do segurado, observada a compensação financeira e mediante autorização da legislação federal.

COMENTÁRIOS: A questão trata da contagem recíproca de tempo de contribuição, que é a possibilidade de transferir tempo de contribuição entre Regimes Próprios entre si, ou entre o Regime

Próprio e o Regime Geral. A questão é disciplinada pela Constituição Federal em seu art. 201, §9º, *in verbis*:

> *"Art. 201, § 9º Para fins de aposentadoria, será assegurada a contagem recíproca do tempo de contribuição entre o Regime Geral de Previdência Social e os regimes próprios de previdência social, e destes entre si, observada a compensação financeira, de acordo com os critérios estabelecidos em lei.".*

Ante o exposto, a assertiva correta é a letra B, pois transcreve corretamente a atual redação do dispositivo constitucional.

Gabarito oficial: B

QUESTÃO 205

Ano: 2021 • Banca: SELECON • Órgão: EMGEPRON • Prova: SELECON - 2021 - EMGEPRON - Médico do Trabalho

Segundo a legislação previdenciária vigente, mantém – se a qualidade de segurado, independentemente de estar contribuindo ou não, até:

Alternativas:

A) 8 meses após o livramento, o segurado retido ou recluso

B) 10 meses após a cessação das contribuições, o segurado facultativo

C) 12 meses após cessar a segregação, o segurado acometido de doença de segregação compulsória

D) 14 meses após o licenciamento, o segurado incorporado às Forças Armadas para prestar serviço militar

COMENTÁRIOS: A questão trata do período de graça, disciplinado pelo art. 15 da Lei 8.213/91[86], podendo ser conceituado como período em que a pessoa mantém a sua filiação ao RGPS sem

86. Art. 15. Mantém a qualidade de segurado, independentemente de contribuições:

precisar fazer contribuições ao sistema. O período de graça do segurado retido ou recluso, bem como do segurado acometido de doença de segregação compulsória é de 12 meses, enquanto o do segurado facultativo é de 6 meses. Logo, a assertiva C está correta.

Gabarito oficial: C

QUESTÃO 206

Ano: 2021 • Banca: CESPE / CEBRASPE • Órgão: DEPEN • Prova: CESPE / CEBRASPE - 2021 - DEPEN - CARGO 6 - Serviço Social

Marina, com 70 anos de idade, e Marcos, com 81 anos de idade, são casados e residem com um de seus filhos, Luís. Marcos é servidor público federal aposentado e, Luís, após passar um período de quatro anos desempregado, foi admitido em uma empresa privada, com carteira de trabalho assinada há cinco meses.

Tendo a situação hipotética acima como referência, julgue o item subsequente.

Em caso de Luís ficar incapacitado para o trabalho por sete dias, por motivo de doença, ele poderá recorrer ao auxílio-doença da previdência social, passando a receber integralmente seu salário para continuar assumindo suas despesas.

I – sem limite de prazo, quem está em gozo de benefício, exceto do auxílio-acidente; (Redação dada pela Lei nº 13.846, de 2019)

II – até 12 (doze) meses após a cessação das contribuições, o segurado que deixar de exercer atividade remunerada abrangida pela Previdência Social ou estiver suspenso ou licenciado sem remuneração;

III – até 12 (doze) meses após cessar a segregação, o segurado acometido de doença de segregação compulsória;

IV – até 12 (doze) meses após o livramento, o segurado retido ou recluso;

V – até 3 (três) meses após o licenciamento, o segurado incorporado às Forças Armadas para prestar serviço militar;

VI – até 6 (seis) meses após a cessação das contribuições, o segurado facultativo.

Alternativas:

( ) Certo

( ) Errado

COMENTÁRIOS: A questão trata do tema auxílio doença - atual auxílio por incapacidade temporária –, cuidando da sua hipótese de incidência, bem como da carência do benefício.

O auxílio doença é devido, nos termos do art. 59 da Lei 8.213/91, ao segurado que, havendo cumprido, quando for o caso, o período de carência exigido, ficar incapacitado para o seu trabalho ou para a sua atividade habitual por mais de 15 (quinze) dias consecutivos.

A questão traz a situação-problema de Luís, segurado que permaneceu desempregado por 4 anos, mas atualmente está filiado ao RGPS na condição de empregado, por 5 meses, tendo ficado incapacitado por 7 dias. Assim, o examinando deve responder se Luiz teria direito ao auxílio doença.

Pela leitura do art. 59, depreende-se que Luís não teria direito ao benefício, pois não foi caracterizado o seu fato gerador. O benefício só é devido em afastamentos superiores a 15 dias, não sendo esse o caso de Luís.

Ademais, o auxílio por incapacidade temporária tem carência de 12 meses[87], e Luís está filiado há apenas 5 meses. Logo, ele ainda não completou a carência do benefício. Muito embora exista a possibilidade de utilizar as contribuições anteriores à perda da qualidade de segurado[88], ele precisaria estar filiado há pelo menos

87. Lei 8.213/91 – Art. 25. A concessão das prestações pecuniárias do Regime Geral de Previdência Social depende dos seguintes períodos de carência, ressalvado o disposto no art. 26:

I – auxílio-doença e aposentadoria por invalidez: 12 (doze) contribuições mensais;

88. Art. 27-A Na hipótese de perda da qualidade de segurado, para fins da concessão dos benefícios de auxílio-doença, de aposentadoria por invalidez, de salário-maternidade e de auxílio-reclusão, o segurado deverá contar, a

6 meses, período que equivale à metade da carência. Outrossim, a questão não informou quantas contribuições Luís tinha em seu último emprego.

Ante o exposto, conclui-se que a assertiva está incorreta.

Gabarito oficial: Errado

QUESTÃO 207

Ano: 2021 • Banca: SELECON • Órgão: EMGEPRON • Prova: SELECON - 2021 - EMGEPRON - Advogado (Tributário)

De acordo com a Lei nº 8.212/91, é segurado obrigatório como contribuinte individual da Previdência Social:

Alternativas:

A) A pessoa física que exerce, por conta própria, atividade econômica de natureza urbana, com fins lucrativos ou não

B) Aquele que, como empregado, presta serviço de natureza urbana ou rural à empresa, em caráter não eventual, sob subordinação e mediante remuneração, inclusive como diretor empregado

C) O brasileiro ou estrangeiro domiciliado e contratado no Brasil para trabalhar como empregado em sucursal ou agência de empresa nacional no exterior

D) Aquele que, contratado por empresa de trabalho temporário, definida em legislação específica, presta serviço para atender à necessidade transitória de substituição de pessoal regular e permanente ou a acréscimo extraordinário de serviços de outras empresas

---

partir da data da nova filiação à Previdência Social, com metade dos períodos previstos nos incisos I, III e IV do caput do art. 25 desta Lei.

COMENTÁRIOS: A questão trata do conceito legal do contribuinte individual, trazido pela Lei 8.212/91.[89]. A assertiva A transcreve corretamente o conceito de contribuinte individual da alínea h do art. 12 da Lei de Custeio.

As demais assertivas por outro lado, fazem referência ao conceito do segurado empregado. Na assertiva B, como aquele que presta serviço de natureza urbana ou rural à empresa, em caráter não eventual, sob subordinação e mediante remuneração, inclusive como diretor empregado. Trata-se de celetista clássico.

Ademais, a assertiva C traz outro conceito de empregado, como aquele brasileiro ou estrangeiro domiciliado e contratado no Brasil para trabalhar como empregado em sucursal ou agência de empresa nacional no exterior. E a assertiva D, contratado por empresa de trabalho temporário, definida em legislação específica, presta serviço para atender à necessidade transitória de substituição de pessoal regular e permanente ou a acréscimo extraordinário de serviços de outras empresas

Gabarito oficial: A

---

89. V – como contribuinte individual: (Redação dada pela Lei n° 9.876, de 1999).

a) a pessoa física, proprietária ou não, que explora atividade agropecuária, a qualquer título, em caráter permanente ou temporário, em área superior a 4 (quatro) módulos fiscais; ou, quando em área igual ou inferior a 4 (quatro) módulos fiscais ou atividade pesqueira, com auxílio de empregados ou por intermédio de prepostos; ou ainda nas hipóteses dos §§ 10 e 11 deste artigo; (Redação dada pela Lei n° 11.718, de 2008).

b) a pessoa física, proprietária ou não, que explora atividade de extração mineral – garimpo, em caráter permanente ou temporário, diretamente ou por intermédio de prepostos, com ou sem o auxílio de empregados, utilizados a qualquer título, ainda que de forma não contínua; (Redação dada pela Lei n° 9.876, de 1999).

c) o ministro de confissão religiosa e o membro de instituto de vida consagrada, de congregação ou de ordem religiosa; (Redação dada pela Lei n° 10.403, de 2002).

d) revogada; (Redação dada pela Lei n° 9.876, de 1999).

QUESTÃO 208

Ano: 2021 • Banca: SELECON • Órgão: EMGEPRON • Prova: SELECON - 2021 - EMGEPRON - Advogado (Tributário)

De acordo com a atual Constituição Federal de 1988, as contribuições sociais do empregador, da empresa e da entidade a ela equiparada na forma da lei, incidentes sobre o lucro, a receita ou o faturamento, exemplificam algumas das fontes de financiamento voltadas ao sistema:

Alternativas:

A) Da educação

B) Do meio ambiente

C) Da seguridade social

D) Da ciência e tecnologia

---

e) o brasileiro civil que trabalha no exterior para organismo oficial internacional do qual o Brasil é membro efetivo, ainda que lá domiciliado e contratado, salvo quando coberto por regime próprio de previdência social; (Redação dada pela Lei n° 9.876, de 1999).

f) o titular de firma individual urbana ou rural, o diretor não empregado e o membro de conselho de administração de sociedade anônima, o sócio solidário, o sócio de indústria, o sócio gerente e o sócio cotista que recebam remuneração decorrente de seu trabalho em empresa urbana ou rural, e o associado eleito para cargo de direção em cooperativa, associação ou entidade de qualquer natureza ou finalidade, bem como o síndico ou administrador eleito para exercer atividade de direção condominial, desde que recebam remuneração; (Incluído pela Lei n° 9.876, de 1999).

g) quem presta serviço de natureza urbana ou rural, em caráter eventual, a uma ou mais empresas, sem relação de emprego; (Incluído pela Lei n° 9.876, de 1999).

h) a pessoa física que exerce, por conta própria, atividade econômica de natureza urbana, com fins lucrativos ou não; (Incluído pela Lei n° 9.876, de 1999).

COMENTÁRIOS: A questão trata das contribuições sociais do empregador, previstas na Constituição de 1988[90] sobre o lucro, a receita e o faturamento da empresa, sendo bases clássicas de financiamento do sistema da seguridade social.

Gabarito oficial: C

QUESTÃO 209

Ano: 2021 • Banca: SELECON • Órgão: EMGEPRON • Prova: SELECON - 2021 - EMGEPRON - Advogado (Tributário)

À luz da atual Constituição Federal de 1988, a seguridade social abrange um conjunto integrado de ações de iniciativa dos Poderes Públicos e da sociedade com o propósito de assegurar os direitos:

Alternativas:

A) apenas sociais

B) à previdência social exclusivamente

C) à previdência e à assistência social exclusivamente

D) à saúde, à previdência e à assistência social

COMENTÁRIOS: A questão se debruça sobre a previsão constitucional da seguridade social: "Art. 194. A seguridade social compreende um conjunto integrado de ações de iniciativa dos Poderes Públicos e da sociedade, destinadas a assegurar os direitos relativos à saúde, à previdência e à assistência social.". Logo, a resposta correta é a letra d.

Gabarito oficial: D

---

90. Art. 195. A seguridade social será financiada por toda a sociedade, de forma direta e indireta, nos termos da lei, mediante recursos provenientes dos orçamentos da União, dos Estados, do Distrito Federal e dos Municípios, e das seguintes contribuições sociais: [...] I – do empregador, da empresa e da entidade a ela equiparada na forma da lei, incidentes sobre: a) a folha de salários e demais rendimentos do trabalho pagos ou creditados, a qualquer título, à pessoa física que lhe preste serviço, mesmo sem vínculo empregatício;b) a receita ou o faturamento; c) o lucro;

QUESTÃO 210

Ano: 2021 • Banca: CESPE / CEBRASPE • Órgão: Polícia Federal • Prova: CESPE / CEBRASPE - 2021 - Polícia Federal - Delegado de Polícia Federal

Luzia é segurada da previdência social na categoria empregada e é beneficiária de auxílio-acidente. No ano de 2015, ao atingir a idade mínima para a aposentadoria, ela requereu o benefício ao INSS e, em razão do indeferimento, ajuizou, nesse mesmo ano, ação previdenciária. Na instrução processual, ficou comprovado que alguns períodos de contribuição constantes no sistema do INSS eram falsos, tendo sido dolosamente inseridos no sistema, de forma indevida, para que Luzia obtivesse a vantagem de majoração do tempo de contribuição.

Tendo como referência essa situação hipotética, julgue o item a seguir.

O limite de prazo para que Luzia ajuizasse a ação contra o indeferimento administrativo era, de fato, o ano de 2015, já que, por exemplo, se ela tivesse postergado para o ano de 2021, haveria decadência do direito.

Alternativas:

( ) Certo

( ) Errado

COMENTÁRIOS: A questão traz uma situação-problema. Luzia, beneficiária de auxílio acidente, requereu aposentadoria por idade em 2015. Após indeferimento, ajuizou uma ação judicial, na qual ficou constatada a inserção de vínculos fictícios no CNIS de maneira dolosa, a fim de majorar o tempo de contribuição.

A assertiva é: o limite de prazo para que Luzia ajuizasse a ação contra o indeferimento administrativo era, de fato, o ano de 2015, já que, por exemplo, se ela tivesse postergado para o ano de 2021, haveria decadência do direito.

Note-se que não há decadência do direito ao benefício em si, mas apenas da faculdade de pleitear a revisão do ato administrativo de concessão ou indeferimento.

Assim, o prazo de decadência do direito do segurado em pedir a revisão do ato de indeferimento do benefício é de dez anos[91], não havendo decadência do direito ao benefício em si, podendo o segurado requerer o benefício no momento em que lhe for mais conveniente. Por esta razão, a assertiva está errada.

Gabarito oficial: Errado

QUESTÃO 211

Ano: 2021 • Banca: CESPE / CEBRASPE • Órgão: Polícia Federal • Prova: CESPE / CEBRASPE - 2021 - Polícia Federal - Delegado de Polícia Federal

Luzia é segurada da previdência social na categoria empregada e é beneficiária de auxílio-acidente. No ano de 2015, ao atingir a idade mínima para a aposentadoria, ela requereu o benefício ao INSS e, em razão do indeferimento, ajuizou, nesse mesmo ano, ação previdenciária. Na instrução processual, ficou comprovado que alguns períodos de contribuição constantes no sistema do INSS eram falsos, tendo sido dolosamente inseridos no sistema, de forma indevida, para que Luzia obtivesse a vantagem de majoração do tempo de contribuição.

Tendo como referência essa situação hipotética, julgue o item a seguir.

---

91. Art. 103. O prazo de decadência do direito ou da ação do segurado ou beneficiário para a revisão do ato de concessão, indeferimento, cancelamento ou cessação de benefício e do ato de deferimento, indeferimento ou não concessão de revisão de benefício é de 10 (dez) anos, contado:

    I – do dia primeiro do mês subsequente ao do recebimento da primeira prestação ou da data em que a prestação deveria ter sido paga com o valor revisto; ou

    II – do dia em que o segurado tomar conhecimento da decisão de indeferimento, cancelamento ou cessação do seu pedido de benefício ou da decisão de deferimento ou indeferimento de revisão de benefício, no âmbito administrativo.

Se for comprovado o ilícito criminal, Luzia poderá responder pela prática do crime de apropriação indébita previdenciária.

Alternativas:

( ) Certo

( ) Errado

COMENTÁRIOS: A assertiva é: se for comprovado o ilícito criminal, Luzia poderá responder pela prática do crime de apropriação indébita previdenciária.

A apropriação indébita previdenciária é o crime previsto no art. 168-A do Código Penal, consistente em "Deixar de repassar à previdência social as contribuições recolhidas dos contribuintes, no prazo e forma legal ou convencional". Logo, a inserção de dados fictícios no sistema do INSS não configura apropriação indébita previdenciária, e sim estelionato previdenciário, nos termos do art. 171 §3° do Código Penal[92]. Assim, a assertiva está errada.

Gabarito oficial: Errado

QUESTÃO 212

Ano: 2021 • Banca: CESPE / CEBRASPE • Órgão: Polícia Federal • Prova: CESPE / CEBRASPE - 2021 - Polícia Federal - Delegado de Polícia Federal

Luzia é segurada da previdência social na categoria empregada e é beneficiária de auxílio-acidente. No ano de 2015,

92. Art. 171 – Obter, para si ou para outrem, vantagem ilícita, em prejuízo alheio, induzindo ou mantendo alguém em erro, mediante artifício, ardil, ou qualquer outro meio fraudulento:

Pena – reclusão, de um a cinco anos, e multa, de quinhentos mil réis a dez contos de réis. (Vide Lei n° 7.209, de 1984) [...] § 3° – A pena aumenta-se de um terço, se o crime é cometido em detrimento de entidade de direito público ou de instituto de economia popular, assistência social ou beneficência.

ao atingir a idade mínima para a aposentadoria, ela requereu o benefício ao INSS e, em razão do indeferimento, ajuizou, nesse mesmo ano, ação previdenciária. Na instrução processual, ficou comprovado que alguns períodos de contribuição constantes no sistema do INSS eram falsos, tendo sido dolosamente inseridos no sistema, de forma indevida, para que Luzia obtivesse a vantagem de majoração do tempo de contribuição.

Tendo como referência essa situação hipotética, julgue o item a seguir.

Caso a aposentadoria de Luzia seja futuramente deferida, será possível a acumulação desse benefício com o auxílio-acidente.

Alternativas:

( ) Certo

( ) Errado

COMENTÁRIOS: A assertiva diz: caso a aposentadoria de Luzia seja futuramente deferida, será possível a acumulação desse benefício com o auxílio-acidente.

As regras de concessão e manutenção do auxílio acidente constam no art. 86 da Lei 8.213/91[93], que prevê a cessação do benefício na véspera da concessão da aposentadoria. Logo, tratam-se de benefícios inacumuláveis, o que torna incorreta a assertiva.

Gabarito oficial: Errado

93. Art. 86. O auxílio-acidente será concedido, como indenização, ao segurado quando, após consolidação das lesões decorrentes de acidente de qualquer natureza, resultarem seqüelas que impliquem redução da capacidade para o trabalho que habitualmente exercia. (Redação dada pela Lei n° 9.528, de 1997).

§ 1° O auxílio-acidente mensal corresponderá a cinqüenta por cento do salário-de-benefício e será devido, observado o disposto no § 5°, até a véspera do início de qualquer aposentadoria ou até a data do óbito do segurado. (Redação dada pela Lei n° 9.528, de 1997)

QUESTÃO 213

Ano: 2021 • Banca: CESPE / CEBRASPE • Órgão: Polícia Federal • Prova: CESPE / CEBRASPE - 2021 - Polícia Federal - Delegado de Polícia Federal

Considerando que determinado servidor público, ocupante de cargo em comissão, esteja preparando-se para o concurso de delegado da Polícia Federal, julgue o item a seguir.

Caso venha a ser aprovado no concurso almejado, esse servidor poderá requerer a contagem recíproca do tempo de contribuição.

Alternativas:

( ) Certo

( ) Errado

COMENTÁRIOS: A contagem recíproca de tempo de contribuição é um direito garantido na Constituição. Assim, não há impedimentos para que o servidor público ocupante de cargo em comissão aproveite seu tempo de contribuição prestado sob a égide do RGPS para o RPPS estadual.

Gabarito oficial: Certo

QUESTÃO 214

Ano: 2021 • Banca: CESPE / CEBRASPE • Órgão: Polícia Federal • Prova: CESPE / CEBRASPE - 2021 - Polícia Federal - Delegado de Polícia Federal

Considerando que determinado servidor público, ocupante de cargo em comissão, esteja preparando-se para o concurso de delegado da Polícia Federal, julgue o item a seguir.

É correto afirmar que, atualmente, o servidor em questão é segurado facultativo da previdência social.

Alternativas:

( ) Certo

( ) Errado

COMENTÁRIOS: No que diz respeito à filiação atual do servidor, este é considerado segurado empregado do Regime Geral da Previdência Social[94], sendo, portanto, segurado obrigatório, e não facultativo.

Gabarito oficial: Errado

QUESTÃO 215

Ano: 2021 • Banca: CESPE / CEBRASPE • Órgão: Polícia Federal • Prova: CESPE / CEBRASPE - 2021 - Polícia Federal - Delegado de Polícia Federal

No que se refere ao financiamento da seguridade social, julgue o item subsequente.

As contribuições sociais do empregador compõem o financiamento da seguridade social e são incidentes sobre a folha de salários, o faturamento e o lucro.

Alternativas:

( ) Certo

( ) Errado

COMENTÁRIOS: A questão trata de algumas das bases de financiamento da seguridade social. A primeira assertiva trata da contribuição social incidente sobre a receita de concursos de prognósticos[95], considerados esses como sorteios, loterias, jogos e apostas. Dessa maneira, cabe o repasse da receita líquida auferida

94. Art. 11. São segurados obrigatórios da Previdência Social as seguintes pessoas físicas:

    I – como empregado: [...] g) o servidor público ocupante de cargo em comissão, sem vínculo efetivo com a União, Autarquias, inclusive em regime especial, e Fundações Públicas Federais.

95. Art. 26. Constitui receita da Seguridade Social a contribuição social sobre a receita de concursos de prognósticos a que se refere o inciso III do caput do art. 195 da Constituição Federal. § 4° O produto da arrecadação da contribuição será destinado ao financiamento da Seguridade Social. (Incluído pela Lei n° 13.756, de 2018)

sobre tais concursos, para fins de financiamento da seguridade social. Logo, essa assertiva está correta.

A segunda assertiva cuida das contribuições dos empregadores. Nos termos da Constituição Federal[96], as contribuições sociais do empregador, empresa ou entidade equiparada são incidentes sobre a folha de salários, o faturamento e o lucro, razão pela qual essa assertiva está correta.

Gabarito oficial: Certo

QUESTÃO 216

Ano: 2021 • Banca: FUNDEP (Gestão de Concursos) • Órgão: CRM - MG • Prova: FUNDEP (Gestão de Concursos) - 2021 - CRM - MG - Analista de Departamento Pessoal e Contábil

De acordo com o Decreto nº 3.048/99 (Aprova o Regulamento da Previdência Social, e dá outras providências), em seu artigo 71, "o auxílio por incapacidade temporária será devido ao segurado que, uma vez cumprido, quando for o caso, o período de carência exigido, ficar incapacitado para

---

§ 5º A base de cálculo da contribuição equivale à receita auferida nos concursos de prognósticos, sorteios e loterias. (Incluído dada pela Lei nº 13.756, de 2018)

§ 6º A alíquota da contribuição corresponde ao percentual vinculado à Seguridade Social em cada modalidade lotérica, conforme previsto em lei. (Incluído pela Lei nº 13.756, de 2018)

96. Art. 195. A seguridade social será financiada por toda a sociedade, de forma direta e indireta, nos termos da lei, mediante recursos provenientes dos orçamentos da União, dos Estados, do Distrito Federal e dos Municípios, e das seguintes contribuições sociais:

I – do empregador, da empresa e da entidade a ela equiparada na forma da lei, incidentes sobre:

a) a folha de salários e demais rendimentos do trabalho pagos ou creditados, a qualquer título, à pessoa física que lhe preste serviço, mesmo sem vínculo empregatício;

b) a receita ou o faturamento;

c) o lucro;

o seu trabalho ou para a sua atividade habitual por mais de quinze dias consecutivos, conforme definido em avaliação médico-pericial".

Mediante o exposto, avalie as seguintes afirmativas e a relação proposta entre elas.

I. Será devido auxílio-doença, independentemente de carência, aos segurados obrigatório e facultativo, quando sofrerem acidente de qualquer natureza. PORQUE II. Não será devido auxílio-doença ao segurado que se filiar ao Regime Geral de Previdência Social já portador de doença ou lesão invocada como causa para a concessão do benefício, salvo quando a incapacidade sobrevier por motivo de progressão ou agravamento dessa doença ou lesão.

Assinale a alternativa correta.

Alternativas:

A) As afirmativas I e II são verdadeiras, e a II é uma justificativa da I.

B) As afirmativas I e II são verdadeiras, mas a II não é uma justificativa da I.

C) A afirmativa I é falsa, e a II é verdadeira.

D) A afirmativa I é verdadeira, e a II é justificativa da I.

COMENTÁRIOS: A questão trata do benefício de auxílio por incapacidade temporária, conforme previsão do Decreto 3048/99[97].

97. Art. 71. O auxílio por incapacidade temporária será devido ao segurado que, uma vez cumprido, quando for o caso, o período de carência exigido, ficar incapacitado para o seu trabalho ou para a sua atividade habitual por mais de quinze dias consecutivos, conforme definido em avaliação médico-pericial. (Redação dada pelo Decreto nº 10.410, de 2020)

§ 1º Não será devido auxílio por incapacidade temporária ao segurado que se filiar ao RGPS já portador de doença ou lesão invocada como causa para a concessão do benefício, exceto quando a incapacidade sobrevier por motivo de progressão ou agravamento dessa doença ou lesão. (Redação dada pelo Decreto nº 10.410, de 2020)

Ambas as assertivas são transcrições literais do art. 71 do Regulamento, razão pela qual as assertivas são verdadeiras.

Gabarito oficial: B

QUESTÃO 217

Ano: 2021 • Banca: CESPE / CEBRASPE • Órgão: TC-DF • Prova: CESPE / CEBRASPE - 2021 - TC-DF - Procurador

Acerca de prestações previdenciárias e de princípios da seguridade social e de seu custeio, julgue o item que se segue.

Não é aplicado o prazo decadencial de dez anos para a concessão inicial de benefício previdenciário.

Alternativas:

( ) Certo

( ) Errado

COMENTÁRIOS: A questão aduz que o prazo decadencial de dez anos não se aplica à concessão inicial de benefício previdenciário. Com efeito, a Lei 8.213/91 estabelece prazo para decadência do direito de ação para revisão do ato de concessão, indeferimento, cancelamento ou cessação de benefício e do ato de deferimento, indeferimento ou não concessão de revisão de benefício[98]. Entretanto, o direito à concessão inicial do benefício não se submete a

---

§ 2º Será devido auxílio por incapacidade temporária, independentemente do cumprimento de período de carência, aos segurados obrigatório e facultativo quando sofrerem acidente de qualquer natureza. (Redação dada pelo Decreto nº 10.410, de 2020)

98. Art. 103. O prazo de decadência do direito ou da ação do segurado ou beneficiário para a revisão do ato de concessão, indeferimento, cancelamento ou cessação de benefício e do ato de deferimento, indeferimento ou não concessão de revisão de benefício é de 10 (dez) anos, contado: (Redação dada pela Lei nº 13.846, de 2019) (Vide ADIN 6096)

qualquer prazo decadencial ou prescricional. Por este motivo, a assertiva está correta.

Gabarito oficial: Certo

QUESTÃO 218

Ano: 2021 • Banca: CESPE / CEBRASPE • Órgão: TC-DF • Prova: CESPE / CEBRASPE - 2021 - TC-DF - Procurador

Acerca de prestações previdenciárias e de princípios da seguridade social e de seu custeio, julgue o item que se segue.

A previsão constitucional do financiamento pelo Estado e pela sociedade – por meio das contribuições para a previdência social – atende ao princípio da diversidade na base do financiamento previdenciário.

Alternativas:

( ) Certo

( ) Errado

COMENTÁRIOS: O princípio da diversidade da base do financiamento preza pela multiplicidade de fontes de custeio como um dos objetivos da seguridade social, o que assegura a saúde financeira do sistema. Logo, a previsão constitucional do financiamento pelo Estado e pela sociedade atendem esse princípio. Por essa razão, a assertiva está correta.

Gabarito oficial: Certo

I – do dia primeiro do mês subsequente ao do recebimento da primeira prestação ou da data em que a prestação deveria ter sido paga com o valor revisto; ou (Incluído pela Lei n° 13.846, de 2019) (Vide ADIN 6096)

II – do dia em que o segurado tomar conhecimento da decisão de indeferimento, cancelamento ou cessação do seu pedido de benefício ou da decisão de deferimento ou indeferimento de revisão de benefício, no âmbito administrativo. (Incluído pela Lei n° 13.846, de 2019) (Vide ADIN 6096)

QUESTÃO 219

Ano: 2021 • Banca: CESPE / CEBRASPE • Órgão: TC-DF • Prova: CESPE / CEBRASPE - 2021 - TC-DF - Procurador

Acerca de segurados e de custeio para o regime geral de previdência social (RGPS), julgue o item a seguir.

O valor recebido pelo segurado empregado a título de incentivo à demissão voluntária não fica sujeito à contribuição obrigatória para o custeio do RGPS.

Alternativas:

( ) Certo

( ) Errado

COMENTÁRIOS: A questão trata sobre um tema bastante comum nos concursos em geral, que é a incidência de contribuição previdenciária sobre parcelas recebidas pelo segurado. O tema é disciplinado pelo artigo 28 da Lei 8.212/91, que chega a listar expressamente as parcelas sobre as quais não incide contribuição previdenciária.

A Lei de Custeio é expressa em determinar que sobre as parcelas recebidas a título de incentivo à demissão não incide contribuição previdenciária. Dessa maneira, a questão está correta.

Gabarito oficial: Certo

QUESTÃO 220

Ano: 2021 • Banca: FURB • Órgão: TIMBOPREV - SC • Prova: FURB - 2021 - TIMBOPREV - SC - Técnico Previdenciário

A Seguridade Social será financiada por toda sociedade, de forma direta e indireta, nos termos do Art. 195 da Constituição Federal e da Lei n° 8.212/1991, mediante recursos provenientes da União, dos Estados, do Distrito Federal, dos

Municípios e de contribuições sociais. Isso posto, analise as afirmativas abaixo e, diante de cada uma, escreva V, se for verdadeira, e F, se for falsa, quanto às que constituem contribuições sociais:

( ) As das empresas, incidentes somente quando paga a remuneração aos segurados a seu serviço. ( ) As dos empregadores domésticos. ( ) As dos trabalhadores, incidentes sobre o seu salário de contribuição.

Assinale a alternativa com a sequência correta:

Alternativas:

A) V – V – F.

B) F – V – V.

C) V – F – F.

D) F – F – V.

E) F – V – F.

COMENTÁRIOS: A questão versa sobre a previsão constitucional de custeio da Seguridade Social, nos termos do art. 195 da Constituição Federal[99]. O erro da primeira assertiva está em deixar de listar todas as contribuições sociais devidas pelas empresas.

---

99. Art. 195. A seguridade social será financiada por toda a sociedade, de forma direta e indireta, nos termos da lei, mediante recursos provenientes dos orçamentos da União, dos Estados, do Distrito Federal e dos Municípios, e das seguintes contribuições sociais: (Vide Emenda Constitucional n° 20, de 1998)

I – do empregador, da empresa e da entidade a ela equiparada na forma da lei, incidentes sobre: (Redação dada pela Emenda Constitucional n° 20, de 1998)

a) a folha de salários e demais rendimentos do trabalho pagos ou creditados, a qualquer título, à pessoa física que lhe preste serviço, mesmo sem vínculo empregatício; (Incluído pela Emenda Constitucional n° 20, de 1998)

b) a receita ou o faturamento; (Incluído pela Emenda Constitucional n° 20, de 1998)

c) o lucro; (Incluído pela Emenda Constitucional n° 20, de 1998)

Com efeito, essas contribuições incidem sobre a folha de salários, o faturamento e o lucro das empresas, e não apenas sobre a remuneração dos empregados a seu serviço, como consta na assertiva.

As demais assertivas transcrevem corretamente as demais fontes de custeio constantes no art. 195 da Constituição Federal.

Gabarito oficial: B

QUESTÃO 221

Ano: 2021 • Banca: FURB • Órgão: TIMBOPREV - SC • Prova: FURB - 2021 - TIMBOPREV - SC - Técnico Previdenciário

A Previdência Social tem por fim assegurar aos seus beneficiários meios indispensáveis de manutenção, por motivo de incapacidade, idade avançada, tempo de serviço, desemprego involuntário, encargos de família e reclusão ou morte daqueles de quem dependiam economicamente. A organização da Previdência Social obedecerá aos seguintes princípios e diretrizes:

( ) Universalidade de participação nos planos previdenciários, independente de contribuição.

( ) Valor da renda mensal dos benefícios, substitutos do salário de contribuição ou do rendimento do trabalho do segurado, não inferior ao do salário mínimo.

II – do trabalhador e dos demais segurados da previdência social, podendo ser adotadas alíquotas progressivas de acordo com o valor do salário de contribuição, não incidindo contribuição sobre aposentadoria e pensão concedidas pelo Regime Geral de Previdência Social; (Redação dada pela Emenda Constitucional nº 103, de 2019)

III – sobre a receita de concursos de prognósticos.

IV – do importador de bens ou serviços do exterior, ou de quem a lei a ele equiparar

( ) Cálculo dos benefícios considerando-se os salários de contribuição, corrigidos monetariamente.

Ao analisar as afirmativas acima e, diante de cada uma, escrever V, se for verdadeira, e F, se for falsa, a alternativa com a sequência correta é:

Alternativas:

A) V – F – V.

B) F – V – F.

C) F – V – V.

D) V – F – F.

E) V – V – F.

COMENTÁRIOS: A questão trata dos princípios da seguridade social, encartado no artigo 194 da Constituição Federal. O erro está na primeira assertiva, visto que não há universalidade de participação dos planos previdenciários independente de contribuição. A Previdência Social possui caráter contributivo, sendo beneficiários de suas prestações apenas os contribuintes do sistema.

Gabarito oficial: C

QUESTÃO 222

Ano: 2021 • Banca: FURB • Órgão: TIMBOPREV - SC • Prova: FURB - 2021 - TIMBOPREV - SC - Técnico Previdenciário

No Regime Geral de Previdência Social, são considerados dependentes do segurado:

I. O cônjuge, a companheira ou companheiro.

II. O filho não emancipado, de qualquer condição, menor de 21 (vinte e um) anos ou inválido ou que tenha deficiência intelectual ou mental ou deficiência grave.

III. Os pais.

IV. O irmão não emancipado, de qualquer condição, menor de 21 (vinte e um) anos ou inválido ou que tenha deficiência intelectual ou mental ou deficiência grave.

V. O sogro ou sogra, desde que residam na mesma residência e comprovem dependência econômica com o segurado.

É correto o que se afirma em:

Alternativas:

A) I, II e III, apenas.

B) II, IV e V, apenas.

C) I, II, III e IV, apenas.

D) III e IV, apenas.

E) I, II, III, IV e V.

COMENTÁRIOS: O rol de dependentes do Regime Geral de Previdência Social está relacionado no artigo 16 da Lei 8.213/91[100]. Neste rol, que é taxativo, não consta o sogro ou a sogra. Por esta razão, a proposição V está incorreta.

Gabarito oficial: C

100. Art. 16. São beneficiários do Regime Geral de Previdência Social, na condição de dependentes do segurado:

I – o cônjuge, a companheira, o companheiro e o filho não emancipado, de qualquer condição, menor de 21 (vinte e um) anos ou inválido ou que tenha deficiência intelectual ou mental ou deficiência grave; (Redação dada pela Lei n° 13.146, de 2015)

II – os pais;

III – o irmão não emancipado, de qualquer condição, menor de 21 (vinte e um) anos ou inválido ou que tenha deficiência intelectual ou mental ou deficiência grave; (Redação dada pela Lei n° 13.146, de 2015)

QUESTÃO 223

Ano: 2021 • Banca: FURB • Órgão: TIMBOPREV - SC • Prova: FURB - 2021 - TIMBOPREV - SC - Técnico Previdenciário

Analise as afirmativas abaixo e identifique as corretas quanto às seguintes pessoas físicas, que são segurados obrigados da Previdência Social:

I. Como empregado, o servidor público ocupante de cargo em comissão, sem vínculo efetivo com a União, Autarquias, inclusive em regime especial, e Fundações Públicas Federais.

II. Como empregado, aquele que presta serviço de natureza urbana ou rural à empresa, em caráter eventual, sob sua subordinação e mediante remuneração, exceto como diretor empregado.

III. Como empregado doméstico, aquele que presta serviço de natureza contínua a pessoa ou família, no âmbito residencial desta, em atividades sem fins lucrativos.

É correto o que se afirma em:

Alternativas:

A) I, apenas.

B) II, apenas.

C) I e III, apenas.

D) I, II e III.

E) III, apenas.

COMENTÁRIOS: A questão trata do rol de segurados obrigatórios do RGPS. Em geral, os segurados obrigatórios são todas as pessoas físicas que exercem atividade remunerada, sendo enquadradas como segurado empregado, empregado doméstico, avulso, especial e contribuinte individual. Todas as assertivas retratam corretamente os segurados obrigatórios do RGPS, salvo a II. Para ser considerado segurado empregado, o trabalhador precisa exercer sua atividade em caráter habitual ou não eventual.

Gabarito oficial: E

QUESTÃO 224

Ano: 2021 • Banca: CESPE / CEBRASPE • Órgão: TCE-RJ • Prova: CESPE / CEBRASPE - 2021 - TCE-RJ - Analista de Controle Externo - Especialidade: Direito

Acerca da seguridade social e seus princípios, julgue o item a seguir.

O princípio da universalidade de cobertura e do atendimento é próprio da previdência social, de maneira que não se aplica à saúde e à assistência social.

Alternativas:

( ) Certo

( ) Errado

COMENTÁRIOS: O princípio da universalidade de cobertura e do atendimento está previsto no art. 194 da Constituição, que trata dos objetivos da seguridade social. Por isso, os princípios relacionados se aplicam a todos os ramos da seguridade social, à saúde, à assistência e à previdência social.

Gabarito oficial: Errado

QUESTÃO 225

Ano: 2021 • Banca: CESPE / CEBRASPE • Órgão: TCE-RJ • Prova: CESPE / CEBRASPE - 2021 - TCE-RJ - Analista de Controle Externo - Especialidade: Direito

Acerca da seguridade social e seus princípios, julgue o item a seguir.

A seguridade social constitui um conjunto integrado de ações que visam proteger exclusivamente os trabalhadores que contribuem para o sistema previdenciário.

Alternativas:

( ) Certo

( ) Errado

COMENTÁRIOS: A Seguridade Social é conceituada pela Constituição Federal como um conjunto integrado de ações de iniciativa dos Poderes Públicos e da sociedade, destinadas a assegurar os direitos relativos à saúde, à previdência e à assistência social. Assim, ela visa resguardar a proteção dos participantes das vertentes não contributivas (saúde e assistência social), bem como da vertente contributiva (previdência social). A assertiva está incorreta.

Gabarito oficial: Errado

QUESTÃO 226

Ano: 2021 • Banca: CESPE / CEBRASPE • Órgão: CODEVASF • Prova: CESPE / CEBRASPE - 2021 - CODEVASF - Assessor Jurídico - Direito

Acerca da contagem recíproca de tempo de serviço, custeio previdenciário e regime geral de previdência social (RGPS), julgue o próximo item.

Indivíduo sem vínculo efetivo com qualquer dos entes federativos que tenha sido nomeado para exercer cargo em comissão junto a órgão público federal é considerado segurado obrigatório do RGPS, devido ao cargo que passou a ocupar.

Alternativas:

( ) Certo

( ) Errado

COMENTÁRIOS: Nos termos da Lei de Benefícios, o servidor público ocupante de cargo em comissão, sem vínculo efetivo com a União, Autarquias, inclusive em regime especial, e Fundações Públicas Federais é considerado segurado empregado, e portanto, segurado obrigatório do RGPS.

Gabarito oficial: Errado

QUESTÃO 227

Ano: 2021 • Banca: CESPE / CEBRASPE • Órgão: CODEVASF • Prova: CESPE / CEBRASPE - 2021 - CODEVASF - Assessor Jurídico - Direito

Acerca da contagem recíproca de tempo de serviço, custeio previdenciário e regime geral de previdência social (RGPS), julgue o próximo item.

Para efeito de custeio do RGPS, as alíquotas aplicadas aos salários de contribuições dos segurados empregados são as mesmas alíquotas aplicadas aos salários de contribuições dos segurados contribuintes individuais.

Alternativas:

( ) Certo

( ) Errado

COMENTÁRIOS: As alíquotas de contribuições sociais incidentes sobre a remuneração dos empregados, bem como dos contribuintes individuais, estão previstas na Lei de Custeio da Previdência Social. A Alíquota de contribuição do empregado pode ser de 8, 9 ou 11%[101] , enquanto a alíquota do contribuinte individual pode variar entre 5, 11 e 20%[102]. Logo, a assertiva está incorreta.

Gabarito oficial: Errado

101. Art. 20. A contribuição do empregado, inclusive o doméstico, e a do trabalhador avulso é calculada mediante a aplicação da correspondente alíquota sobre o seu salário-de-contribuição mensal, de forma não cumulativa, observado o disposto no art. 28, de acordo com a seguinte tabela: (Redação dada pela Lei n° 9.032, de 28.4.95) (Vide Lei Complementar n° 150, de 2015)

Salário-de-contribuição	Alíquota em %
até 249,80	8,00
de 249,81 até 416,33	9,00
de 416,34 até 832,66	11,00

102. Art. 21. A alíquota de contribuição dos segurados contribuinte individual e facultativo será de vinte por cento sobre o respectivo salário-de-contribuição. (Redação dada pela Lei n° 9.876, de 1999).

QUESTÃO 228

Ano: 2021 • Banca: CESPE / CEBRASPE • Órgão: CODEVASF • Prova: CESPE / CEBRASPE - 2021 - CODEVASF - Assessor Jurídico - Direito

Acerca da contagem recíproca de tempo de serviço, custeio previdenciário e regime geral de previdência social (RGPS), julgue o próximo item.

Havendo contagem recíproca de tempo de serviço para efeito de concessão de aposentadoria por tempo de contribuição, esse benefício será concedido e pago pelo regime de previdência em que o segurado contenha o maior tempo de contribuição.

Alternativas:

( ) Certo

( ) Errado

[...]§ 1° Os valores do salário-de-contribuição serão reajustados, a partir da data de entrada em vigor desta Lei, na mesma época e com os mesmos índices que os do reajustamento dos benefícios de prestação continuada da Previdência Social. (Redação dada pela Lei n° 9.711, de 1998). (Renumerado pela Lei Complementar n° 123, de 2006).

§ 2° No caso de opção pela exclusão do direito ao benefício de aposentadoria por tempo de contribuição, a alíquota de contribuição incidente sobre o limite mínimo mensal do salário de contribuição será de: (Redação dada pela Lei n° 12.470, de 2011)

I – 11% (onze por cento), no caso do segurado contribuinte individual, ressalvado o disposto no inciso II, que trabalhe por conta própria, sem relação de trabalho com empresa ou equiparado e do segurado facultativo, observado o disposto na alínea b do inciso II deste parágrafo; (Incluído pela Lei n° 12.470, de 2011)

II – 5% (cinco por cento): (Incluído pela Lei n° 12.470, de 2011)

a) no caso do microempreendedor individual, de que trata o art. 18-A da Lei Complementar n° 123, de 14 de dezembro de 2006; e (Incluído pela Lei n° 12.470, de 2011) (Produção de efeito)

b) do segurado facultativo sem renda própria que se dedique exclusivamente ao trabalho doméstico no âmbito de sua residência, desde que pertencente à família de baixa renda. (Incluído pela Lei n° 12.470, de 2011)

COMENTÁRIOS: A afirmativa está errada, tendo em vista que nos termos do art. 94, §1º da Lei 8.213/91, "A compensação financeira será feita ao sistema a que o interessado estiver vinculado ao requerer o benefício pelos demais sistemas". Logo, o responsável pelo pagamento do benefício será o regime de previdência que o segurado estiver vinculado no momento da concessão, e não o regime que ele possua o maior tempo de contribuição.

Gabarito oficial: Errado

QUESTÃO 229

Ano: 2021 • Banca: CESPE / CEBRASPE • Órgão: CODEVASF • Prova: CESPE / CEBRASPE - 2021 - CODEVASF - Assessor Jurídico - Direito

Acerca dos princípios da seguridade social e do regime próprio de previdência dos servidores públicos, julgue o item a seguir.

Os empregados das empresas públicas federal são beneficiários do Regime Próprio de Previdência Social dos Servidores Públicos da União.

Alternativas:

( ) Certo

( ) Errado

COMENTÁRIOS: Empregados públicos são aqueles que exercem suas atividades laborais em empresas públicas ou sociedades de economia mista, sendo vinculados ao regime celetista. Dessa maneira, estão filiados ao Regime Geral, e não ao RPPS da União.

Gabarito oficial: Errado

QUESTÃO 230

Ano: 2021 • Banca: CESPE / CEBRASPE • Órgão: CODEVASF • Prova: CESPE / CEBRASPE - 2021 - CODEVASF - Assessor Jurídico - Direito

Acerca dos princípios da seguridade social e do regime próprio de previdência dos servidores públicos, julgue o item a seguir.

Por diversidade da base de financiamento da seguridade social compreende-se o fato de esta ser financiada por diferentes fontes, entre as quais as contribuições oriundas dos trabalhadores, dos empregadores, dos poderes públicos e até mesmo a sociedade, que participa de forma direta ou indireta.

Alternativas:

( ) Certo

( ) Errado

COMENTÁRIOS: O princípio da diversidade da base de financiamento da seguridade social está previsto no art. 194 da Constituição Federal, segundo o qual a seguridade social deve dispor de várias fontes de custeio, a fim de assegurar a saúde financeira do sistema. Assim, a assertiva está correta.

Gabarito oficial: Certo

QUESTÃO 231

Ano: 2021 • Banca: CESPE / CEBRASPE • Órgão: CODEVASF • Prova: CESPE / CEBRASPE - 2021 - CODEVASF - Assessor Jurídico - Direito

Acerca do Estatuto da Terra, do Programa Nacional de Reforma Agrária, do imposto territorial rural (ITR), da discriminação judicial de terras devolutas e da previdência rural, julgue o item que se segue.

Ainda que comprovada a atividade rural de trabalhador menor de 14 anos de idade, em regime de economia familiar, é vedado o cômputo desse tempo para fins previdenciários.

Alternativas:

( ) Certo

( ) Errado

COMENTÁRIOS: A idade mínima de filiação como segurado do Regime Geral de Previdência Social é de 14 anos, ressalvado o menor aprendiz, cuja filiação será permitida a partir dos 12 anos. Atualmente o INSS reconhece o labor rural em qualquer idade em função de uma condenação na Ação Civil Pública nº 5017267-34.2013.4.04.7100.

Gabarito oficial: Errado

QUESTÕES DE 2022

QUESTÃO 232

Ano: 2022 • Banca: VUNESP • Órgão: HORTOPREV - SP • Prova: VUNESP - 2022 - HORTOPREV - SP - Assessor Jurídico

Caracterizam inovações trazidas pela Emenda Constitucional n° 103/2019:

Alternativas:

A) A extinção do abono de permanência e a previsão de aposentadoria compulsória para os empregados públicos.

B) A obrigatoriedade da instituição de regime de previdência complementar por União, Estados, Distrito Federal e Municípios e a desconstitucionalização da forma de cálculo e reajuste das aposentadorias.

C) A vedação à existência de mais de um regime próprio de previdência social e de mais de um órgão ou entidade gestora desse regime em cada ente federativo.

D) A vedação à aplicação dos recursos de regime próprio de previdência social na concessão de empréstimos a seus segurados e a previsão de alíquotas progressivas para as contribuições previdenciárias.

E) A limitação do rol dos benefícios dos regimes próprios de previdência social às aposentadorias e pensões por morte e a autorização para que Estados, Distrito Federal e

Municípios possam estabelecer alíquota de contribuição inferior à da contribuição dos servidores da União.

COMENTÁRIOS:

Letra A: Falsa, pois a Emenda 103 conservou o regramento do abono de permanência, embora o tenha alterado no artigo 40 da Constituição: "§ 19. Observados critérios a serem estabelecidos em lei do respectivo ente federativo, o servidor titular de cargo efetivo que tenha completado as exigências para a aposentadoria voluntária e que opte por permanecer em atividade poderá fazer jus a um abono de permanência equivalente, no máximo, ao valor da sua contribuição previdenciária, até completar a idade para aposentadoria compulsória".

No que tange à segunda parte, é verdadeira, na forma do artigo 201 da Constituição: "§ 16. Os empregados dos consórcios públicos, das empresas públicas, das sociedades de economia mista e das suas subsidiárias serão aposentados compulsoriamente, observado o cumprimento do tempo mínimo de contribuição, ao atingir a idade máxima de que trata o inciso II do § 1º do art. 40, na forma estabelecida em lei."

Letra B, falsa. A desconstitucionalização da forma de cálculo e reajuste das aposentadorias é fruto da Emenda 20/1998, e não da Emenda 103/2019. Já obrigatoriedade da instituição de regime de previdência complementar por União, Estados, Distrito Federal e Municípios é fruto da EC 103/2019, realmente.

Letra C, falsa. Trata-se de inovação da Emenda 41/2003.

Letra D, falsa. A EC 103 permitiu (e não vedou) a aplicação dos recursos de regime próprio de previdência social na concessão de empréstimos a seus segurados: Art. 9º: "§ 7º Os recursos de regime próprio de previdência social poderão ser aplicados na concessão de empréstimos a seus segurados, na modalidade de consignados, observada regulamentação específica estabelecida pelo Conselho Monetário Nacional".

Já a parte das alíquotas progressivas no RPPS é previsão da EC 103, realmente.

Letra E, verdadeira. Veja-se a EC 103/2019: Art. 23. "*§ 4º O tempo de duração da pensão por morte e das cotas individuais por dependente até a perda dessa qualidade, o rol de dependentes e sua qualificação e as condições necessárias para enquadramento serão aqueles estabelecidos na Lei nº 8.213, de 24 de julho de 1991*". Art. 9º: "*§ 4º Os Estados, o Distrito Federal e os Municípios não poderão estabelecer alíquota inferior à da contribuição dos servidores da União, exceto se demonstrado que o respectivo regime próprio de previdência social não possui* ***deficit*** *atuarial a ser equacionado, hipótese em que a alíquota não poderá ser inferior às alíquotas aplicáveis ao Regime Geral de Previdência Social*".

Gabarito oficial: E

QUESTÃO 233

Ano: 2022 • Banca: VUNESP • Órgão: HORTOPREV - SP • Prova: VUNESP - 2022 - HORTOPREV - SP - Assessor Jurídico

De acordo com as normas constitucionais e legais que regem a matéria, a contagem recíproca de tempo é o mecanismo pelo qual

Alternativas:

A) O tempo de serviço com vínculo a um regime de previdência a que o trabalhador esteve vinculado é aproveitado no regime a que o trabalhador está vinculado, para fins de obtenção de benefícios funcionais e previdenciários.

B) O tempo de contribuição a um regime de previdência a que o trabalhador esteve vinculado é aproveitado no regime a que o trabalhador está vinculado, para fins de obtenção de benefícios previdenciários.

C) O tempo de serviço ou contribuição com vínculo ao regime de previdência a que o servidor está vinculado é aproveitado no regime a que o trabalhador pretende vincular-se, para fins de obtenção de benefícios funcionais e previdenciários.

D) O tempo de contribuição a um regime de previdência a que o trabalhador está vinculado é aproveitado no regime em que o trabalhador pretende obter benefícios funcionais.

E) O tempo de serviço ou contribuição a um regime de previdência a que o trabalhador esteve ou está vinculado é aproveitado no regime em que o trabalhador pretende obter benefícios funcionais e previdenciários.

COMENTÁRIOS: A contagem recíproca de tempo de contribuição é uma espécie de "transferência" do tempo de contribuição, por meio da qual é possível aproveitar o tempo prestado para um regime previdenciário a que o segurado foi vinculado. O objetivo dessa transferência é o ganho de benefícios previdenciários, como a majoração do tempo de contribuição para fins de aposentadoria ou a concessão de abono permanência.

Gabarito oficial: B

QUESTÃO 234

Ano: 2022 • Banca: CESPE / CEBRASPE • Órgão: FUNPRESP-EXE Provas: CESPE / CEBRASPE - 2022 - FUNPRESP-EXE - Analista de Previdência Complementar - Área Jurídica - Edital nº 1

Julgue o próximo item, acerca dos regimes de previdência.

Considere que Carla, João e Norma sejam servidores efetivos, respectivamente, da esfera federal, estadual e municipal e que Carla e João contribuam para regime próprio de previdência, já que a União e o estado propiciam regime próprio de previdência para servidores, mas que Norma não contribua para regime próprio porque o município ao qual ela está vinculada não instituiu regime próprio. Nessa situação hipotética, Norma está obrigatoriamente vinculada ao regime geral de previdência social.

Alternativas:

( ) Certo

( ) Errado

COMENTÁRIOS: A situação-problema exposta cuida da situação previdenciária de Norma, servidora pública municipal de um município que não instituiu Regime Próprio de Previdência Social. Anteriormente era facultada ao município a criação de um RPPS para seus servidores, mas por força da Emenda Constitucional nº 103/2019[103], não é mais possível a criação de novos regimes próprios após 13/11/2019.

Nos termos da Lei 8.213/91, o servidor civil ocupante de cargo efetivo ou o militar da União, dos Estados, do Distrito Federal ou dos Municípios, bem como o das respectivas autarquias e fundações, são excluídos do Regime Geral de Previdência Social, desde que amparados por regime próprio de previdência social[104]. Logo, Norma está vinculada ao RGPS.

Gabarito oficial: C

QUESTÃO 235

Ano: 2022 • Banca: CESPE / CEBRASPE • Órgão: FUNPRESP-EXE Provas: CESPE / CEBRASPE - 2022 - FUNPRESP-EXE - Analista de Previdência Complementar - Área Jurídica - Edital nº 1

Julgue o próximo item, acerca dos regimes de previdência.

---

103. Art. 40. O regime próprio de previdência social dos servidores titulares de cargos efetivos terá caráter contributivo e solidário, mediante contribuição do respectivo ente federativo, de servidores ativos, de aposentados e de pensionistas, observados critérios que preservem o equilíbrio financeiro e atuarial.

    [...] § 22. Vedada a instituição de novos regimes próprios de previdência social, lei complementar federal estabelecerá, para os que já existam, normas gerais de organização, de funcionamento e de responsabilidade em sua gestão, dispondo, entre outros aspectos, sobre:

    I – requisitos para sua extinção e consequente migração para o Regime Geral de Previdência Social;

104. Art. 12 da Lei 8.213/91

Servidora pública titular de cargo efetivo aposentada em 2018, por idade e tempo de contribuição, que tenha passada, logo após a aposentadoria, a exercer mandato eletivo, permanecerá vinculada apenas ao regime próprio de origem, a despeito do novo vínculo.

Alternativas:

( ) Certo

( ) Errado

COMENTÁRIOS: A questão traz a situação problema de uma servidora pública aposentada que passa a exercer cargo eletivo, alegando que ela permanece vinculada apenas ao regime próprio de origem, apesar do novo vínculo. Com efeito, a Lei 8.213/91 diz que é segurado obrigatório do RGPS na condição de empregado "o exercente de mandato eletivo federal, estadual ou municipal, desde que não vinculado a regime próprio de previdência social".

Saliente-se que no RPPS a aposentadoria implica em vacância do cargo, razão pela qual o vínculo com o RPPS se extingue com a aposentadoria. Dessa forma, a ex servidora ficará vinculada ao RGPS, e não ao RPPS, conforme descrito.

Gabarito oficial: E

QUESTÃO 236

Ano: 2022 • Banca: CESPE / CEBRASPE • Órgão: FUNPRESP-EXE Provas: CESPE / CEBRASPE - 2022 - FUNPRESP-EXE - Analista de Previdência Complementar - Área Jurídica - Edital nº 1

Julgue o próximo item, acerca dos regimes de previdência.

Servidor público vinculado a regime próprio de previdência pode filiar-se também ao Regime Geral de Previdência Social na qualidade de segurado facultativo.

Alternativas:

( ) Certo

( ) Errado

Gabarito oficial: E

COMENTÁRIOS: A assertiva afirma a possibilidade de um servidor vinculado a RPPS se filiar ao RGPS na condição de segurado facultativo. A assertiva está errada, tendo em vista que a Constituição Federal proíbe a filiação do servidor vinculado ao RPPS nessa situação:

> *"Art. 201.[...] § 5º É vedada a filiação ao regime geral de previdência social, na qualidade de segurado facultativo, de pessoa participante de regime próprio de previdência."*

QUESTÃO 237

Ano: 2022 • Banca: OBJETIVA • Órgão: Prefeitura de Varginha - MG • Prova: OBJETIVA - 2022 - Prefeitura de Varginha - MG - Procurador Municipal

Segundo o Decreto nº 3.048/1999 – Regulamento da Previdência Social, a Previdência Social será organizada sob a forma de regime geral, de caráter contributivo e de filiação obrigatória, observados critérios que preservem o equilíbrio financeiro e atuarial, e atenderá, EXCETO, à(ao):

Alternativas:

A) Cobertura de eventos de doença, invalidez, morte e idade avançada.

B) Proteção à maternidade, especialmente à gestante.

C) Salário-família e auxílio-reclusão para os dependentes dos segurados de baixa renda.

D) Proteção ao trabalhador em situação de desemprego voluntário ou involuntário.

COMENTÁRIOS: A fonte da questão, como explicitado, é o Regulamento da Previdência Social. O RPS é explícito no sentido de que o Regime Geral de Previdência Social garante a cobertura de todas as situações expressas no art. 5º[105], exceto a de desemprego involuntário; Logo, a letra correta é a D.

Gabarito Oficial: D

QUESTÃO 238

Ano: 2022 • Banca: OBJETIVA • Órgão: Prefeitura de Varginha - MG • Prova: OBJETIVA - 2022 - Prefeitura de Varginha - MG - Procurador Municipal

Com base na Lei nº 8.212/1991, são segurados obrigatórios da Previdência Social as pessoas físicas e, como contribuinte individual, aquele que presta serviço de natureza:

Alternativas:

A) Urbana ou rural à empresa, em caráter não eventual, sob sua subordinação e mediante remuneração, inclusive como diretor empregado.

B) Contínua à pessoa ou família, no âmbito residencial desta, em atividades sem fins lucrativos.

C) Urbana ou rural, definido no regulamento, a diversas empresas, sem vínculo empregatício.

105. Art. 5º A previdência social será organizada sob a forma de regime geral, de caráter contributivo e de filiação obrigatória, observados critérios que preservem o equilíbrio financeiro e atuarial, e atenderá a:

I – cobertura de eventos de incapacidade temporária ou permanente para trabalho e idade avançada; (Redação dada pelo Decreto nº 10.410, de 2020).

II – proteção à maternidade, especialmente à gestante;

III – proteção ao trabalhador em situação de desemprego involuntário;

IV – salário-família e auxílio-reclusão para os dependentes dos segurados de baixa renda; e

V – pensão por morte do segurado, homem ou mulher, ao cônjuge ou companheiro e dependentes.

D) Urbana ou rural, em caráter eventual, a uma ou mais empresas, sem relação de emprego.

COMENTÁRIOS: A questão se debruça sobre o conceito de contribuinte individual trazido pela Lei de Custeio. É necessário identificar a alternativa correta.

A assertiva A diz que é contribuinte individual quem presta serviço de natureza urbana ou rural à empresa, em caráter não eventual, sob sua subordinação e mediante remuneração, inclusive como diretor empregado. Esta assertiva está incorreta, tendo em vista que essa é a descrição de segurado empregado[106].

A assertiva B referencia o serviço de natureza contínua à pessoa ou família, no âmbito residencial desta, em atividades sem fins lucrativos. No entanto, esse é a descrição do empregado doméstico.

A assertiva C fala em atividade de caráter urbano e rural, definido no regulamento. Entretanto, a lei nesse particular não delegou ao Regulamento a competência para definir as atividades de natureza urbana ou rural.

A assertiva D está correta, pois traz de maneira literal a redação do artigo 12 da Lei de Custeio[107].

Gabarito Oficial: D

---

106. Art. 12. São segurados obrigatórios da Previdência Social as seguintes pessoas físicas:
I – como empregado:
a) aquele que presta serviço de natureza urbana ou rural à empresa, em caráter não eventual, sob sua subordinação e mediante remuneração, inclusive como diretor empregado;

107. Art. 12. São segurados obrigatórios da Previdência Social as seguintes pessoas físicas: V – como contribuinte individual: quem presta serviço de natureza urbana ou rural, em caráter eventual, a uma ou mais empresas, sem relação de emprego.

QUESTÃO 239

Ano: 2022 • Banca: CESPE / CEBRASPE • Órgão: DPE-PA • Prova: CESPE / CEBRASPE - 2022 - DPE-PA - Defensor Público

Manoel, empregado há doze meses como padeiro, sofreu acidente de trabalho que lhe deixou sequela impeditiva da continuidade de seu trabalho habitual.

Com referência a essa situação hipotética, ao auxílio-acidente e ao auxílio-doença, assinale a opção correta.

Alternativas:

A) O tempo de contribuição de Manoel não é suficiente para que ele tenha direito ao auxílio-acidente.

B) Na situação considerada, é possível cumular o auxílio-acidente com o auxílio-doença.

C) O valor do auxílio-acidente é calculado sobre o valor do salário- mínimo atual.

D) O auxílio-acidente não gera direito ao recebimento de abono anual.

E) Caso a sequela lhe cause a perda da audição, Manoel poderá solicitar o auxílio-acidente, ainda que inexista o reconhecimento entre o trabalho e a doença incapacitante.

COMENTÁRIOS: A situação-problema trazida é de um segurado empregado, tendo trabalhado por 12 meses e sofrido um acidente de trabalho que deixou sequela impeditiva do labor habitual. As assertivas tratam dos benefícios de auxílio-acidente e auxílio doença, atual auxílio por incapacidade temporária.

A primeira assertiva diz que o tempo de contribuição de Manoel é insuficiente para a concessão do auxílio-acidente. No entanto, a Lei 8.213/91 estabelece que o benefício de auxílio-acidente independe de carência[108].

108. Art. 26. Independe de carência a concessão das seguintes prestações:
I – pensão por morte, salário-família e auxílio-acidente; (Redação dada pela Lei n° 13.846, de 2019)

A assertiva B diz que na situação considerada é possível acumular auxílio-doença com auxílio-acidente. Muito embora a banca tenha apontado essa assertiva como correta, a questão não deixa claro ao examinando o fato gerador de cada benefício. Não há vedação legal ao recebimento conjunto de auxílio doença e auxílio acidente referentes a fatos geradores distintos. Todavia, a questão não deixa evidenciada essa situação.

A assertiva c diz que o valor do auxílio-acidente é calculado sobre o valor do salário- mínimo atual. Contudo, ele é devido à razão de 50% do salário de benefício[109], não tendo vinculação ao salário mínimo.

A assertiva D afirma que o auxílio-acidente não gera direito ao recebimento de abono anual. No entanto, a Lei 8.213/91 preleciona que "é devido abono anual ao segurado e ao dependente da Previdência Social que, durante o ano, recebeu auxílio-doença, auxílio-acidente ou aposentadoria, pensão por morte ou auxílio-reclusão".

A assertiva E diz que caso a sequela lhe cause a perda da audição, Manoel poderá solicitar o auxílio-acidente, ainda que inexista o reconhecimento entre o trabalho e a doença incapacitante. A Lei 8.213/91 aduz que "a perda da audição, em qualquer grau, somente proporcionará a concessão do auxílio-acidente, quando, além do reconhecimento de causalidade entre o trabalho e a doença, resultar, comprovadamente, na redução ou perda da capacidade para o trabalho que habitualmente exercia." Assim, é necessário que exista nexo entre o trabalho e a sequela. Logo, entendemos que essa assertiva deveria ter sido considerada correta.

Gabarito oficial: B

109. Art. 86. [...].§ 1° O auxílio-acidente mensal corresponderá a cinqüenta por cento do salário-de-benefício e será devido, observado o disposto no § 5°, até a véspera do início de qualquer aposentadoria ou até a data do óbito do segurado.

QUESTÃO 240

Ano: 2022 • Banca: CESPE / CEBRASPE • Órgão: DPE-PA • Prova: CESPE / CEBRASPE - 2022 - DPE-PA - Defensor Público

Assinale a opção correta acerca das contribuições para a seguridade social.

Alternativas:

A) Compete à justiça federal a execução, de ofício, das contribuições sociais devidas pelos empregadores e empregados.

B) É vedada a utilização dos recursos provenientes das contribuições sociais incidentes sobre receitas de concursos de prognósticos para a realização de despesas distintas do pagamento de benefícios do RGPS.

C) A lei complementar é o veículo adequado para a instituição das fontes de custeio previstas na CF.

D) Não incidem contribuições para a seguridade social sobre aposentadorias e pensões concedidas pelo RGPS.

E) Com a reforma promovida pela Emenda Constitucional n.º 103/2019, as contribuições para a seguridade social só podem ser cobradas no exercício seguinte ao de sua instituição.

COMENTÁRIOS: A questão aborda as diferentes contribuições para a seguridade social, com fundamento na Lei 8.212/91.

A letra D está correta, pois conforme previsão constitucional, a seguridade social será financiada por toda a sociedade, "não incidindo contribuição sobre aposentadoria e pensão concedidas pelo Regime Geral de Previdência Social" (art. 195, II da CF).

A letra A está errada, pois compete à Justiça do Trabalho a execução de contribuições sociais devidas pelos empregadores e trabalhadores, conforme art. 114, VIII da Constituição.

A letra B está errada, pois os recursos provenientes das contribuições sociais incidentes sobre receitas de concursos de prognósticos são uma fonte de financiamento da seguridade social como um todo, não apenas da Previdência.

A letra C está errada, pois para a instituição de fontes de custeio previstas no texto constitucional não é necessária a lei complementar, mas lei ordinária, conforme entendimento do STF.

A letra E está errada, pois não se aplica a anterioridade anual na cobrança de contribuições sociais, e sim, a anterioridade nonagesimal.

Gabarito Oficial: D

QUESTÃO 241

Ano: 2022 • Banca: CESPE / CEBRASPE • Órgão: DPE-PA • Prova: CESPE / CEBRASPE - 2022 - DPE-PA - Defensor Público

Marcos é oficial da Marinha Mercante brasileira há três anos.

Pedro é estagiário de um escritório de advocacia e recolheu seis contribuições facultativas à previdência social pela menor alíquota disponível.

Vânia é empregada da Caixa Econômica Federal há oito anos.

Acerca dessas situações hipotéticas, assinale a opção correta.

Alternativas:

A) Devido ao seu tempo de permanência na Marinha Mercante, Marcos já perdeu a qualidade de segurado.

B) Caso esteja grávida, em gozo de salário-maternidade, Vânia deverá contribuir facultativamente para manter a qualidade de segurada.

C) Após seis meses da última contribuição, Pedro perderá automaticamente a qualidade de segurado se deixar de contribuir para a previdência social.

D) Caso seja demitida, Vânia manterá a qualidade de segurada por até trinta e seis meses.

E) Caso fique doente e necessite parar de trabalhar por mais de quinze dias, Pedro poderá solicitar auxílio-doença à previdência social.

COMENTÁRIOS: A questão versa sobre situações diversas envolvendo manutenção e perda da qualidade de segurado, temas disciplinados pela Lei 8.213/91. A assertiva A diz que Marcos já perdeu a qualidade de segurado, por ser oficial da Marinha Mercante 3 anos. No entanto, o período de graça do segurado incorporado às Forças Armadas só começa a correr após o seu licenciamento, tendo duração de 3 meses[110].

A assertiva B diz que Vânia, caso esteja grávida, em gozo de salário-maternidade, deverá contribuir facultativamente para manter a qualidade de segurada. Só que, nos termos da Lei 8.213/91, não é necessário recolher durante o período de gozo do benefício, visto que o período de graça é mantido sem limite de prazo, quem está em gozo de benefício[111].

A Assertiva C diz que Pedro perderá a qualidade de segurado 6 meses após a cessação das contribuições. Tendo em vista que o período de graça do segurado facultativo é de apenas 6 meses[112], a assertiva está correta.

110. Art. 15. Mantém a qualidade de segurado, independentemente de contribuições: [...] V – até 3 (três) meses após o licenciamento, o segurado incorporado às Forças Armadas para prestar serviço militar;

111. Art. 15, I da Lei 8.213/91

112. Art. 15. Mantém a qualidade de segurado, independentemente de contribuições: VI – até 6 (seis) meses após a cessação das contribuições, o segurado facultativo.

A assertiva D diz que o período de graça de Vânia terá duração de 36 meses, caso demitida. A Lei 8.213/91 prevê uma única situação onde o período de graça pode chegar a 36 meses, que é o segurado já tiver pago mais de 120 (cento e vinte) contribuições mensais sem interrupção que acarrete a perda da qualidade de segurado, e que o desemprego do segurado tenha ocorrido de maneira involuntária[113]. Nessa situação em que estão presentes duas causas de prorrogação do período de graça, este pode chegar a 36 meses. Por outro lado, Vânia possui apenas 8 anos de contribuição, o que equivaleria a 96 meses, sendo inferior às 120 contribuições mensais exigidas para prorrogação do período de graça. Logo, a assertiva está incorreta.

A assertiva E diz que, caso fique doente e necessite parar de trabalhar por mais de quinze dias, Pedro poderá solicitar auxílio-doença à previdência social. A carência para o benefício de auxílio doença é, via de regra, de 12 meses[114]. Logo, Pedro ainda não possui a carência necessária ao benefício.

Gabarito oficial: C

113. Art. 15:

§ 1° O prazo do inciso II será prorrogado para até 24 (vinte e quatro) meses se o segurado já tiver pago mais de 120 (cento e vinte) contribuições mensais sem interrupção que acarrete a perda da qualidade de segurado.

§ 2° Os prazos do inciso II ou do § 1° serão acrescidos de 12 (doze) meses para o segurado desempregado, desde que comprovada essa situação pelo registro no órgão próprio do Ministério do Trabalho e da Previdência Social.

114. Art. 25. A concessão das prestações pecuniárias do Regime Geral de Previdência Social depende dos seguintes períodos de carência, ressalvado o disposto no art. 26:

I – auxílio-doença e aposentadoria por invalidez: 12 (doze) contribuições mensais;

QUESTÃO 242

Ano: 2022 • Banca: CESPE / CEBRASPE • Órgão: DPE-PA • Prova: CESPE / CEBRASPE - 2022 - DPE-PA - Defensor Público

Maria, empregada doméstica, é separada judicialmente de João, autônomo, e possui com ele dois filhos: Joana, menor, e Vitor, com vinte e quatro anos, inválido. Maria não recebe qualquer auxílio financeiro de João.

Acerca dessa situação hipotética, assinale a opção correta.

Alternativas:

A) Maria é considerada dependente de João para fins previdenciários.

B) A dependência financeira de Vitor a João deve ser comprovada por início de prova material.

C) A filiação de Maria ocorrerá com o pagamento da primeira contribuição à previdência social.

D) Para ser dependente de João ou de Maria, Joana deve ser inscrita na previdência social no momento do requerimento do benefício a que tiver direito.

E) A filiação de Vítor à previdência social deveria ser feita por João ou Maria na data da constatação da invalidez.

COMENTÁRIOS: A questão trata dos dependentes do RGPS, assunto disciplinado pela Lei 8.213/91. A assertiva A diz que Maria é considerada dependente de João para fins previdenciários. Todavia, a Lei 8.213/91 só considera como dependente o cônjuge divorciado ou separado judicialmente ou de fato que recebia pensão de alimentos[115]. Como Maria não recebe qualquer auxílio financeiro de João, ela não será considerada dependente dele.

---

115. Art. 76. A concessão da pensão por morte não será protelada pela falta de habilitação de outro possível dependente, e qualquer inscrição ou habilitação posterior que importe em exclusão ou inclusão de dependente só produzirá efeito a contar da data da inscrição ou habilitação.

A assertiva B diz que a dependência financeira de Vitor a João deve ser comprovada por início de prova material. Entretanto, Vitor é filho de João, e por conta disso é considerado um dependente da classe I[116], tendo dependência econômica presumida, não sendo necessária qualquer comprovação nesse sentido.

A assertiva C diz a filiação de Maria ocorrerá com o pagamento da primeira contribuição à previdência social. No entanto, a filiação da empregada doméstica se dá de forma automática, com o exercício da atividade remunerada, e não com o pagamento da primeira contribuição.

A assertiva D diz que para ser dependente de João ou de Maria, Joana deve ser inscrita na previdência social no momento do requerimento do benefício a que tiver direito. Essa afirmativa está correta, uma vez que incumbe ao dependente promover a sua inscrição quando do requerimento do benefício a que estiver habilitado[117].

A assertiva E diz que a filiação de Vítor à previdência social deveria ser feita por João ou Maria na data da constatação da invalidez. No entanto, é a inscrição, e não a filiação, que deve ser promovida no momento do requerimento administrativo.

Gabarito oficial: D

---

§ 2° O cônjuge divorciado ou separado judicialmente ou de fato que recebia pensão de alimentos concorrerá em igualdade de condições com os dependentes referidos no inciso I do art. 16 desta Lei.

116. Art. 16. São beneficiários do Regime Geral de Previdência Social, na condição de dependentes do segurado:

I – o cônjuge, a companheira, o companheiro e o filho não emancipado, de qualquer condição, menor de 21 (vinte e um) anos ou inválido ou que tenha deficiência intelectual ou mental ou deficiência grave;

[...] § 4° A dependência econômica das pessoas indicadas no inciso I é presumida e a das demais deve ser comprovada.

117. Art. 17, §1° da Lei 8.213/91.

QUESTÃO 243

Ano: 2022 • Banca: INSTITUTO AOCP • Órgão: IPE Prev • Prova: INSTITUTO AOCP - 2022 - IPE Prev - Analista em Previdência - Direito - Edital nº 002

Sobre o tema contagem recíproca de tempo de contribuição/serviço e seu regramento na Lei n° 8.213/91, assinale a alternativa INCORRETA.

Alternativas:

A) É vedada a emissão de Certidão de Tempo de Contribuição com o registro exclusivo de tempo de serviço, sem a comprovação de contribuição efetiva, exceto para o segurado empregado, empregado doméstico, trabalhador avulso e, a partir de 1° de abril de 2003, para o contribuinte individual que presta serviço à empresa obrigada a arrecadar a contribuição a seu cargo.

B) A Certidão de Tempo de Contribuição somente poderá ser emitida por regime próprio de previdência social para ex-servidor, ressalvados os casos de acúmulo Constitucional de cargos públicos.

C) É vedada a desaverbação de tempo em regime próprio de previdência social quando o tempo averbado tiver gerado a concessão de vantagens remuneratórias ao servidor público em atividade.

D) O tempo de serviço anterior ou posterior à obrigatoriedade de filiação à Previdência Social só será contado mediante indenização da contribuição correspondente ao período respectivo, com acréscimo de juros moratórios de zero vírgula cinco por cento ao mês, capitalizados anualmente, e multa de dez por cento.

E) Não será contado por um sistema o tempo de serviço utilizado para concessão de aposentadoria pelo outro.

COMENTÁRIOS: A contagem recíproca de tempo de contribuição/serviço é um assunto disciplinado pelo art. 94 e seguintes da Lei 8.213/91:

"Art. 96. O tempo de contribuição ou de serviço de que trata esta Seção será contado de acordo com a legislação pertinente, observadas as normas seguintes:

I - não será admitida a contagem em dobro ou em outras condições especiais;

II - é vedada a contagem de tempo de serviço público com o de atividade privada, quando concomitantes;

III - não será contado por um sistema o tempo de serviço utilizado para concessão de aposentadoria pelo outro;

IV - o tempo de serviço anterior ou posterior à obrigatoriedade de filiação à Previdência Social só será contado mediante indenização da contribuição correspondente ao período respectivo, com acréscimo de juros moratórios de zero vírgula cinco por cento ao mês, capitalizados anualmente, e multa de dez por cento. (Redação dada pela Medida Provisória nº 2.187-13, de 2001) (Vide Medida Provisória nº 316, de 2006)

V - é vedada a emissão de Certidão de Tempo de Contribuição (CTC) com o registro exclusivo de tempo de serviço, sem a comprovação de contribuição efetiva, exceto para o segurado empregado, empregado doméstico, trabalhador avulso e, a partir de 1º de abril de 2003, para o contribuinte individual que presta serviço a empresa obrigada a arrecadar a contribuição a seu cargo, observado o disposto no § 5º do art. 4º da Lei nº 10.666, de 8 de maio de 2003; (Incluído pela Lei nº 13.846, de 2019)

VI - a CTC somente poderá ser emitida por regime próprio de previdência social para ex-servidor; (Incluído pela Lei nº 13.846, de 2019)

VII - é vedada a contagem recíproca de tempo de contribuição do RGPS por regime próprio de previdência social sem a emissão da CTC correspondente, ainda que o tempo de contribuição referente ao RGPS tenha sido prestado pelo servidor público ao próprio ente instituidor; (Incluído pela Lei nº 13.846, de 2019)

VIII - é vedada a desaverbação de tempo em regime próprio de previdência social quando o tempo averbado tiver gerado a concessão de vantagens remuneratórias ao servidor público em atividade; e (Incluído pela Lei nº 13.846, de 2019)

Todas as assertivas estão corretas, pela transcrição literal dos dispositivos da Lei de Benefícios, com exceção da alternativa B, que diz "A Certidão de Tempo de Contribuição somente poderá ser emitida por regime próprio de previdência social para ex-servidor, ressalvados os casos de acúmulo Constitucional de cargos públicos.". Em verdade, a CTC só pode ser emitida para ex servidores, não havendo qualquer ressalva.

Gabarito oficial: B

QUESTÃO 244

Ano: 2022 • Banca: CESPE / CEBRASPE • Órgão: DPE-PI • Prova: CESPE / CEBRASPE - 2022 - DPE-PI - Defensor Público

Aldo iniciou seu contrato de trabalho em 1.° de março de 2021, passando a efetuar suas primeiras contribuições à previdência social. Em julho de 2021, Aldo sofreu um acidente de moto durante um final de semana em que não trabalhava, tendo, por isso, de ficar hospitalizado. No mês seguinte ao acidente, enquanto Aldo ainda se encontrava hospitalizado, a sua esposa deu entrada em pedido de auxílio-doença em benefício dele. Depois de três meses internado no hospital, Aldo faleceu, em 15 de outubro de 2021, sem deixar filhos ou pais vivos.

Nessa situação hipotética, dado o falecimento de Aldo, a sua esposa poderá receber do INSS

Alternativas:

A) O auxílio-doença, na qualidade de sucessora.

B) O salário-família, devido a partir da data do acidente de Aldo.

C) A pensão por morte, a partir da data do óbito de Aldo.

D) O auxílio-acidente.

E) A aposentadoria por invalidez do falecido esposo, na qualidade de sucessora.

COMENTÁRIOS: O assunto abordado na questão é a carência do benefício de auxílio doença e termo inicial da pensão por morte.

A assertiva A diz que a esposa de Aldo tem direito ao pagamento de auxílio-doença, na qualidade de sucessora. No entanto, a sucessão processual não ocorre em processos administrativos, mas apenas processos judiciais.

A assertiva B diz que a esposa de Aldo tem direito ao salário-família, a partir da data do acidente de Aldo. No entanto, a assertiva deixa claro que Aldo não tem filhos, não se concretizando, portanto, o fato gerador do benefício, que é a existência de filhos ou equiparados[118].

A assertiva C diz que a esposa de Aldo teria direito a pensão por morte, a partir da data do falecimento. A assertiva está correta, pois o benefício de pensão por morte não possui carência[119]. Assim, em que pese Aldo possuir apenas 4 meses de contribuição, ele estará coberto, e sua esposa fará jus ao benefício.

A assertiva D diz que a esposa de Aldo terá direito ao auxílio-acidente. Todavia, o auxílio acidente é o benefício devido "como indenização, ao segurado quando, após consolidação das lesões decorrentes de acidente de qualquer natureza, resultarem seqüelas que impliquem redução da capacidade para o trabalho que habitualmente exercia"[120], não sendo devido no caso vertente.

A assertiva E diz que a esposa de Aldo terá direito a aposentadoria por invalidez do falecido esposo. No entanto, esse benefício tem caráter personalíssimo, sendo um benefício devido ao segurado, e não aos seus dependentes.

Gabarito oficial: C

---

118. Art. 65. O salário-família será devido, mensalmente, ao segurado empregado, inclusive o doméstico, e ao segurado trabalhador avulso, na proporção do respectivo número de filhos ou equiparados nos termos do § 2° do art. 16 desta Lei, observado o disposto no art. 66.

119. Art. 26. Independe de carência a concessão das seguintes prestações:
I – pensão por morte, salário-família e auxílio-acidente;

120. Art. 86 da Lei 8.213/91.

QUESTÃO 245

Ano: 2022 • Banca: CESPE / CEBRASPE • Órgão: DPE-PI • Prova: CESPE / CEBRASPE - 2022 - DPE-PI - Defensor Público

Cleide, filha da companheira de Antônio, depois de anos trabalhando no sítio da família com a produção de queijos, desenvolveu uma receita de sucesso e passou a obter bom lucro com a venda do seu queijo artesanal. Cleide, então, comprou o sítio ao lado do sítio da sua família, de igual tamanho (um módulo rural), para que pudesse aumentar a criação de vacas, dispor de mais leite e, consequentemente, aumentar a produção de queijo. A família trabalha em regime de economia familiar. Cleide está grávida.

Considerando essa situação hipotética, assinale a opção correta.

Alternativas:

A) Cleide não é considerada segurada especial em regime de economia familiar, uma vez que enteada não entra no rol de segurados especiais previsto na Lei n.º 8.213/1991.

B) Os proprietários de áreas com mais de um módulo rural não podem ser caracterizados como segurados especiais em regime de economia familiar, mesmo que suas propriedades sejam exploradas em regime de economia familiar.

C) A contratação de empregados permanentes para ajudar na criação das vacas e na produção dos queijos descaracterizaria o regime de economia familiar.

D) A contribuição dos segurados especiais em regime de economia familiar é individual para cada membro da família.

E) Cleide não terá direito ao salário-maternidade, ainda que comprove o exercício da atividade rural nos doze meses anteriores ao nascimento do seu filho.

COMENTÁRIOS: A questão trata do enquadramento previdenciário do segurado especial.

A assertiva A diz que Cleide não é considerada segurada especial por ser enteada, não constando no rol de segurados especiais da Lei 8.213/91.

A letra A está errada, pois o enteado integra o rol de segurados especiais, por se tratar de equiparado a filho, nos termos do art. 11, VII, c da Lei 8.213/91.

A assertiva B está errada, pois a Lei assegura o enquadramento como segurado especial das pessoas que exerçam a atividade em até quatro módulos fiscais, conforme art. 11, VII, a da Lei 8.213/91.

A assertiva C está correta, pois a contratação de empregados permanentes descaracteriza o regime de economia familiar, havendo um limite temporal para a referida contratação. Nos termos da Lei de Benefícios (art. 11,VII, § 7º da Lei 8.213/91),

> *"§ 7º O grupo familiar poderá utilizar-se de empregados contratados por prazo determinado ou de trabalhador de que trata a alínea g do inciso V do caput, à razão de no máximo 120 (cento e vinte) pessoas por dia no ano civil, em períodos corridos ou intercalados ou, ainda, por tempo equivalente em horas de trabalho".*

A assertiva D está errada, pois a contribuição dos segurados especiais em regime de economia familiar é coletiva, pois se refere a todo o grupo familiar, sendo correspondente a 1,2% da receita bruta proveniente da comercialização da sua produção, acrescido de 0,1% da receita bruta proveniente da comercialização da sua produção para financiamento das prestações por acidente do trabalho, conforme art. 25 da Lei de Custeio.

A letra E está errada, pois é garantido o direito ao salário maternidade à segurada especial que comprova o exercício rural durante o período de carência, que é de 10 meses.

Gabarito oficial: C

QUESTÃO 246

Ano: 2022 • Banca: CESPE / CEBRASPE • Órgão: DPE-PI • Prova: CESPE / CEBRASPE - 2022 - DPE-PI - Defensor Público

Integra o salário de contribuição no regime geral de previdência social

Alternativas:

A) O valor relativo à assistência prestada por serviço médico ou odontológico, próprio da empresa ou por ela conveniado, inclusive o reembolso de despesas com medicamentos, óculos, aparelhos ortopédicos, próteses, órteses, despesas médico-hospitalares e outras similares.

B) A importância recebida a título de incentivo à demissão.

C) A parcela recebida a título de vale-transporte, ainda que paga em dinheiro, na forma da legislação própria.

D) A importância paga ao empregado a título de complementação ao valor do auxílio-doença, desde que este direito seja extensivo à totalidade dos empregados da empresa.

E) A gratificação natalina (décimo terceiro salário).

COMENTÁRIOS: A questão trata das parcelas que integram o salário de contribuição, tema disciplinado pela Lei de Custeio da Previdência Social.

A alternativa A diz que o valor relativo à assistência prestada por serviço médico ou odontológico, próprio da empresa ou por ela conveniado, integra o salário de contribuição. No entanto, a própria Lei 8.213/91 determina a exclusão dessas parcelas do salário de contribuição[121].

121. Art. 28. Entende-se por salário-de-contribuição: [...] § 9° Não integram o salário-de-contribuição para os fins desta Lei, exclusivamente: [...] q) o valor relativo à assistência prestada por serviço médico ou odontológico, próprio da empresa ou por ela conveniado, inclusive o reembolso de despesas com

A assertiva B diz que integra o salário de contribuição a importância recebida a título de incentivo à demissão. Da mesma forma, a Lei de Custeio exclui expressamente essa parcela do salário de contribuição[122].

A assertiva C diz que integra o salário de contribuição a importância paga ao empregado a título de complementação ao valor do auxílio-doença, desde que este direito seja extensivo à totalidade dos empregados da empresa. Essa parcela é expressamente excluída do salário de contribuição, por força de lei[123].

A assertiva E diz que a gratificação natalina (décimo terceiro salário) integra o salário de contribuição. Essa assertiva está correta, tendo em vista que a Lei de custeio estatui: "O décimo-terceiro salário (gratificação natalina) integra o salário-de-contribuição, exceto para o cálculo de benefício, na forma estabelecida em regulamento."[124]

Gabarito oficial: E

medicamentos, óculos, aparelhos ortopédicos, próteses, órteses, despesas médico-hospitalares e outras similares;

122. Art. 28. Entende-se por salário-de-contribuição: [...] § 9° Não integram o salário-de-contribuição para os fins desta Lei, exclusivamente: [...] e) as importâncias: [...] 5. recebidas a título de incentivo à demissão.

123. Art. 28. Entende-se por salário-de-contribuição: [...] § 9° Não integram o salário-de-contribuição para os fins desta Lei, exclusivamente: [...] a importância paga ao empregado a título de complementação ao valor do auxílio-doença, desde que este direito seja extensivo à totalidade dos empregados da empresa.

124. Art. 28, §7° da Lei 8.212/91.

EDITORA
JusPODIVM
www.editorajuspodivm.com.br
COLOR
system